GLOBAL TRENDS
PARADOX OF
PROGRESS

미국 대통령을 위한
NIC 미래 예측 보고서
(미국 국가정보위원회)

미국 국가정보위원회 지음 | 이미숙, 이영래 옮김

진보의 역설
PARADOX OF PROGRESS

발간사

미래에 대해 생각하는 일은 반드시 필요하지만 결코 녹록치 않다. 위기가 끊임없이 개입하다 보니 일상적으로 머리기사를 장식하는 사건들을 넘어 눈에 보이지 않는 일까지 예측하기란 여간 어렵지 않다. 이런 상황에서 진부한 표현을 쓰자면 '틀에서 벗어나' 생각하는 태도는 틀에 박힌 것을 쫓아가는 태도에 밀려나기 일쑤이다. 국가정보위원회에서 다음 20년 동안 우리 앞의 세계를 형성하는 요인과 선택을 평가하는 중대한 임무를 수행하는 것은 이 때문이다.

우리는 연작의 여섯 번째 버전을 ≪글로벌 트렌드 : 진보의 역설≫이라는 제목으로 발표하며 자부심을 느낀다 본서의 원 제목은 ≪Global Trend : Paradox of Progress≫이다 -역주. 보고서처럼 보일 수도 있겠지만 사실 이는 미래가 어떤 식으로 전개될지를 함께 검토하고 논의하며 조사하자는 초대이다. 물론 우리는 명확한 '해답'이 있는 양 가장하지 않는다.

전략 수립에는 장기적인 사고가 반드시 필요하다. ≪글로벌 트렌드≫ 시리즈는 우리에게 핵심적인 가정과 기대, 그리고 미래에 대한 불확실성을 재검토하라고 촉구한다. 서로 밀접하게 연결된 대단히 혼란스러운 세상에서 더욱 장기적인 관점을 얻으려면 앞으로 몇십 년 동안 어떤 문제와 선택이 가장 중대한 영향을 미칠 것인지에 관한 여러 난제에 답해야 한다. 테러리즘, 사이버 공격, 바이오 테크놀로지, 기후 변화의 중요성이 더욱 커지고 이에 대처하려면 지속적인 협력이 요구된다는 점에서 장기적인 관점이 반드시 필요하다.

미래를 자세히 들여다보다 보면 두려워지고 확실히 겸허해진다. 여러 가지 사건이 복잡한 방식으로 전개되지만 타고난 우리 두뇌는 이런 방식에 적합하게 만들어지지 않았다. 경제, 정치, 사회, 기술 분야의 요인들이 현기증 날만큼 어지럽게 충돌하고 그래서 최근에 일어난 극적인 사건과 더 중대한 사건을 혼동할 수 있다. 당신은 사람들이 '이성적으로' 행동할 것이라고 믿고 싶을 것이고, 실제로도 대개 이성적으로 행동할 것이다. 하지만 지도자와 집단, 군중, 일반 대중은 비슷한 상황이라도 상당히 다른 방식으로(그리고 예상과는 다르게) 행동할 수 있다. 이를테면 우리가 수십 년 동안 익히 알았듯이 대부분의 중동 체제는 나약했으나, 2011년 아랍의 봄에 일부 체제는 폭발한 반면 다른 체제들은 그러지 않았다. 우리는 경험을 통해 얼마나 많은 역사가 주기적으로 교대로 전개되는지 깨닫지만 그래도 일반적으로 내일이 오늘과 상당히 비슷하리라고 기대하는 것이 인간의 본성이며, 대개 미래에 대한 가장 확실한 예측이기도 하다. 실제로는 그렇지 않다는 사실이 밝혀질 때까지 말이다. 나는 레이건이 '사악한 제국evil empire' 연설을 한 후 여기서 말하는 제국, 즉 소련이 붕괴하기까지 고작 10년이 걸렸다는 사실을 잊지 않는다. 한 인간의 일생에서도 10년은 비교적 짧은 시간이다.

미래를 파악하는 일은 또한 흔히 우리가 깨닫지도 못한 채 머릿속에 담고 있는 가정들 탓에 복잡해진다. 최근 나는 대부분의 미국인에게 깊이 새겨

져 있지만 대개 인식하지 못하는 '번영의 가정prosperity presumption'을 떠올렸다. 우리는 번영을 비롯한 모든 좋은 일들(사람들은 더욱 행복하고 민주주의가 더욱 확대되며 전쟁이 일어날 가능성은 줄어들 것)이 일어나리라 가정한다. 하지만 정작 우리 앞에는 그 가정과 전혀 공통점이 없는 ISIL(이라크 레반트 이슬람국가) 같은 집단이 등장했다.

우리는 미래를 예측하는 이런 어려움을 감안하여 지금껏 포괄적으로 살핀 후 어떤 특정한 세계관을 택하기보다는 분석적인 기본 요소를 고수하기 위해 노력했다. 2년 전 우리는 핵심적인 가정과 불확실성(미국 외교 정책의 근간을 이루는 가정의 목록은 깜짝 놀랄 만큼 길며 그 가운데 많은 가정은 이미 대충 알려져 있다)을 확인하는 연습을 시작했다. 우리는 트렌드를 확인하고 시험하고자 연구를 실시하고 미국 정부 내외부의 수많은 전문가와 논의했다. 블로그의 설익은 주제와 주장들을 시험했다. 35개 국가와 1개 자치령을 방문해 전 세계 각계각층의 2,500명으로부터 아이디어와 피드백을 구했다. 다양한 시나리오를 개발해 핵심적인 불확실성이 어떤 각기 다른 미래를 초래할 수 있는지 상상했다. 그런 다음 NIC(미국 국가정보위원회)는 그 다양한 전개를 한데 모으고 다듬어서 지금의 이 결과물을 내놓았다.

이번 호 ≪글로벌 트렌드≫의 중심 주제는 권력의 변화하는 본성이 국가 내부와 국가 사이에서 긴장을 가중하고 있으며 국경을 초월한 성가신 문제들과 관련이 있다는 것이다. 본문이 책의 1부에서는 핵심 트렌드들을 제시하고 그 영향을 탐구하며 제각기 다른 선택과 발전이 다음 수십 년간 어떻게 판이한 방식으로 전개될 것인지 상상할 수 있는 3가지 시나리오를 제시한다. 이에 더하여, 부속물이 책의 2부에서는 더욱 세부적인 내용을 제시한다. 첫 번째로는 세계 각 지역을 위한 5개년 예측을 제시하고, 두 번째로는 준비된 핵심 글로벌 트렌드의 배경을 더욱 자세하게 설명한다.

국가정보위원회가 정기적으로 세계에 대한 공개 평가서를 발표한다는 사실에 놀라는 사람들이 있지만, 우리의 취지는 미래의 위험과 기회에 대한 공개적이고 깊이 있는 토론을 장려하려는 것이다. 더군다나 이를 공개하는 이유는, 일상적인 우리 업무의 핵심인 비밀의 장막은 1~2년 앞을 내다보는 데 그다지 도움이 되지 않기 때문이다. 전문가와 정부 관리뿐 아니라 학생, 여성단체, 기업가, 투명성 옹호자, 그 밖의 사람들과 접촉하는 편이 효과적이다.

이 프로젝트를 완수하기까지 수많은 두뇌와 손이 필요했다. 어려운 일은 수잔 프라이Suzanne Fry가 지휘하는, NIC의 전략적 미래 그룹Strategic Futures Group과 그녀의 유능한 팀원들, 리치 엥겔Rich Engel, 필리스 베리Phyllis Berry, 헤더 브라운Heather Brown, 케네스 다이어Kenneth Dyer, 다니엘 플린Daniel Flynn, 지네타 포드Geanetta Ford, 스티븐 그루브Steven Grube, 테렌스 마킨Terrence Markin, 니콜라스 무토Nicholas Muto, 로버트 오델Robert Odell, 로드 슈노버Rod Schoonover, 토머스 스톡Thomas Stork, 그리고 수십 명의 국가정보위원회 사무관들이 처리했다.

≪글로벌 트렌드≫는 NIC의 미래에 대한 사고방식을 대변한다. 미국 인텔리전스 커뮤니티외교나 안전 보장을 위해 전문적으로 각국의 모든 정보를 수집하고 분석해서 보고하는 국가의 정보 조직이나 기관을 총칭하는 말 ―역주나 미국 정책에 대한 공통된 공식 견해를 대변하지는 않는다. 장기 독자라면 이번 호는 제목에 연도를 언급하지 않았다는 사실에 주목할 것이다(지난 호는 ≪글로벌 트렌드 2030≫이었다). 그렇게 하면 자칫 정확한 자료라는 인상을 줄 수 있다고 판단했기 때문이다. 우리가 생각하는 '장기'란 다음 몇십 년을 의미하는 것이지만 이번 호

에는 다음 5년을 탐구하는 공간도 마련했다. 미국 새 행정부를 위한 시간대로 보면 5년이 더욱 적절한 기간일 것이다.

우리는 이 《글로벌 트렌드》를 통해 여러분의 사고가 확장되기를 바란다. 이후 몇 년에 대한 여러분의 전망이 비관적이든 낙관적이든 상관없이 세계가 직면한 핵심 문제를 탐구하는 일이 가치가 있다고 믿는다.

그레고리 트레버튼(Gregory Treverton)
국가정보위원회 의장

CONTENTS

발간사 5
정리하며 : 방법론에 대한 정보 332

제1부

진보의 역설과 미래 시나리오

한 눈에 보는 미래 15 • 미래의 지도 21

PART 01 세계의 판도를 바꿔놓을 미래 트렌드 25
세계의 흐름을 바꾸는 트렌드들 28

PART 02 머지않은 미래 67
가까운 미래, 긴장은 더욱 고조될 것이다 68

PART 03 먼 미래를 위한 3가지 시나리오 93
3가지 시나리오 : 섬, 궤도, 커뮤니티 94 • 미래 시나리오 1 : 섬 97 • 미래 시나리오 2 : 궤도 103 • 미래 시나리오 3 : 커뮤니티 108

PART 04 미래 시나리오가 알려주는 것들 113
회복 탄력성을 통해 기회를 창조하기 114

제2부

5년 후 미래 그리고 20년 후의 세계

2부에서 다뤄질 것들 125

PART 05 5년 후 미래 : 지역별 변화 127
재조정을 위한 변동의 시대가 시작된다 128 • 동남아시아와 동아시아 132 •
남아시아 147 • 중동과 아프리카 155 • 사하라 이남 아프리카 166 • 러시아
와 유라시아 178 • 유럽 185 • 북아메리카 192 • 남아메리카 201 • 남극과
북극 209 • 우주 215

PART 06 20년 후의 세계 : 주요 글로벌 트렌드 219
앞으로 20년, 인구의 변화와 불안해지는 세계 정세 221 • 사람들은 어떻게
살 것인가 232 • 사람들은 어떻게 창조와 혁신을 이뤄낼 것인가 241 • 사람
들은 어떻게 번영에 다다를 것인가 255 • 사람들은 어떻게 사고할 것인가
267 • 사람들은 어떻게 통치할 것인가 287 • 사람들은 어떻게 싸울 것인가
313 • 테러리즘 326

GLOBAL TRENDS **PARADOX** OF **PROGRESS**

1

진보의 역설과 미래 시나리오

한 눈에 보는 미래

우리는 역설 가운데 살고 있다 : 산업 시대와 정보 시대의 업적들이 전례 없이 위험하고 풍부한 기회를 제공하는 미래 세상을 창조하고 있다. 약속이 우세할지, 위험이 우세할지는 인류의 선택에 따라 달라질 것이다.

과거 몇십 년 동안의 진보는 역사에 길이 남을 만한 것이었다. 이 진보 과정에서 사람들이 연결되고 개인과 집단, 국가의 역량이 강화되었으며 10억 명이 가난에서 구제되었다. 하지만 아랍의 봄, 2008년 세계 금융 위기, 반체제적인 포퓰리스트 정치 같은 충격들을 초래한 것도 이 진보였다. 이런 충격은 그 업적이 얼마나 덧없는 것인지를 폭로하는 한편, 어둡고 힘겨운 머지않은 미래의 전조를 알리는 세계 판도의 심오한 변화들을 여실히 보여준다.

다음 5년 동안 국가 내외부의 긴장이 고조될 것이다. 점점 복잡해지는 세계적 과제들이 임박함에 따라 세계의 성장세는 둔화될 것이다. 지정학에 영향을 미치는 국가와 조직, 역량이 강화된 개인이 증가할 것이다. 좋든 싫든 간에 새로운 세계 판도는 냉전 이후 미국이 주도하던 시대와 점점 비슷해지고 있다. 따라서 세계 2차 대전 이후 등장했던 규칙 중심의 국제 질서와도 비슷해질 것이다. 국제 사회가 협력하고 대중이 기대하는 방식으로 통치하기가 한층 어려워질 것이다. 정보 '반향실echo chambers'이 서로 경쟁하는 무수한 현실들을 강화함으로써 세계적인 사건에 대한 공통된 이해에 걸림돌로 작용하는 한편, 거부권 행사자들은 사사건건 협력을 방해하겠다고 위협할 것이다. 이러한 협력의 위기는 경제부터 환경, 종교, 안보, 개인의 권리에 이르는 다양한 문제에서 정부의 적절한 역할에 대한 지역과 국가, 국제 사회의 각기 다른 견해에서 비롯될 것이다. 국가 간에 가치관과 이해관계가 달라서 국제 안보에 위협이 되는 한편, 도덕적인 경계(무엇의 책임을 누구에게 물을 것인가)에 대한 논쟁이 더욱 심화될 것이다.

이렇듯 혼란스러워 보이는 상황에 질서를 확립하고 싶겠지만, 이런 방법은 단기적으로는 비용이 너무 많이 들고 장기적으로 실패하고 말 것이다. 수많은 지역의 역량이 강화됨에 따라 관련자들이 급증하면, 그들은 성장 둔화, 재정적인 한계, 부채 부담의 시대에 용납하기 어려운 자원을 요구할 것이다. 그러면 국내에서는 민주주의가 붕괴해 독재나 불안 혹은 2가지 모두를 초래할 수 있다. 물론 지정학적인 국가 권력에는 물질적인 힘이 계속 중대한 요소겠지만, 미래의 가장 강력한 관련자는 네트워크와 관계, 정보를 이용해 경쟁하고 협력할 것이다. 이는 1900년대 강대국 정치에서 얻은 교훈이다. 물론 그 강대국들은 그 교훈을 되풀이해서 배워야 했지만 말이다.

미국과 소련의 대리전쟁들, 특히 베트남과 아프가니스탄에서의 전쟁은 탈냉전 시대의 갈등, 중동과 아프리카, 남아시아에서 현재 진행 중인 싸움의 전조였다. 이런 지역에서는 덜 강력한 상대국이 비대칭 전략과 이념, 사회 긴장을 내세워 승리를 허락하지 않는다. 점점 더 많은 소집단과 개인이 새로운 기술과 아이디어, 그리고 관계를 활용함에 따라 앞으로 몇십 년 동안 테러의 위협이 확대될 것이다.

한편 국가는 여전히 건재할 것이다. 지역의 공격자들과 비국가 관련자들은 자신이 진출할 수 있는 틈을 발견하는 한편 중국과 러시아는 대담해질 것이다. 미국과 국내 문제로 눈을 돌리는 서구에 대한 불신, 그리고 갈등 예방과 인권에 대한 기준의 붕괴로 말미암아 중국과 러시아가 미국의 영향력에 제동을 걸 것이다.

이 과정에서 그들의 '그레이 존gray zone 어느 영역에 속하는지 불분명한 집단이나 지역을 지칭하는 용어 —역주 공격과 다양한 형태의 붕괴가 본격적인 전쟁을 일으키지는 않겠지만, 계산 착오가 발생할 위험은 다분하다. 물질적인 힘으로 가속화를 관리할 수 있다는 과도한 자신감으로 말미암아 국가 간의 충돌이 일어날 위험이 냉전 이후 볼 수 없었던 수준까지 높아질 것이다. 본격적인 전쟁까지 악화되지는 않더라도, 기후 변화 문제에서 그렇듯 '우리에게 득이 될 때 국제적으로 협력한다'는 현재의 세태는 국가 간의 가치관과 이해관계의 중대한 차이점들을 가리고 있으며 지역의 지배권을 억제하는 데 그다지 도움이 되지 않는다.

이러한 그림은 여러 국가의 국내 사정에도 더 이롭지 않다. 수십 년 동안 세계가 통합되고 기술이 발전하면서 최고 부유층은 더욱 부유해졌다. 아시아를 중심으로 10억 명이 가난에서 벗어났지만, 그런 한편 서구 국가의 중산층이 무너져 세계화에 대한 반발이 일어났다.

이민의 물결은 지난 70년에 비해 현재 더욱 거세졌다. 그 결과 이민자들 때문에 사회 복지 재원이 줄어들고 일자리를 둘러싼 경쟁이 더욱 치열해진 다는 이야기가 무성하고 토착주의사회의 구성원들이 외국인, 외국의 관습, 사상 등을 없앰으로써 자신들의 삶의 방식을 개선시키고자 하는 운동 —역주와 반(反) 엘리트 정서가 강해졌다.

성장은 둔화되고 기술로 말미암아 고용 시장이 붕괴되었으며, 그 결과 앞으로 몇 년 동안 빈곤 해소를 위협하는 한편 국가 간의 긴장을 조성하고 국가주의를 부채질할 것이다.

그러나 이 암울한 가까운 미래는 절대적인 것이 아니다. 다음 5년이나 20년이 더 밝아질 것인지(아니면 더 어두워질 것인지)는 3가지 선택에 달려 있다. 역량이 강화된 개인과 급속도로 변화하는 경제로 대변되는 시대에 개인과 집단, 정부가 정치적인 질서를 창조할 것이라는 서로에 대한 기대를 어떤 식으로 재조정할 것인가? 개인과 집단은 물론이고 국가의 권력이 국제 협력과 경쟁의 새로운 패턴이나 구조를 어느 정도까지 창조할 것인가? 정부와 집단, 개인은 지금 기후 변화, 변혁적인 기술과 같은 다변적인 세계 문제에 어느 정도 대비하고 있는가?

3가지 스토리 혹은 시나리오(섬, 궤도, 커뮤니티)에서는 중대한 트렌드와 선택이 어떻게 엇갈리면서 미래로 향하는 다양한 길을 창조하는지 탐구할 것이다. 이런 시나리오는 단기적인 변동성에 대한 국가(섬), 지역(궤도), 그리고 준국가와 초국가(커뮤니티) 수준의 각기 다른 반응을 강조한다.

- 섬Islands에서는 장기적인 성장 둔화와 제로 성장을 초래하는 세계 경제의 구조 조정을 탐구하며, 경제적 번영의 전통적인 모형과 세계

화가 지속적으로 확대될 것이라는 가정에 도전한다.

이 시나리오는 세계화에 대한 보편적인 반발이 거세지는 한편 새로운 기술로 말미암아 노동과 무역이 변화하고, 정치적인 불안이 증가함에 따라 사회의 요구를 충족시키는 과정에서 정부가 직면하는 도전들을 강조한다. 아울러 일부 정부는 안으로 눈을 돌리고 다변적인 협력에 대한 지원을 줄이며 보호주의 정책을 채택하고 싶은 상황에 직면하는 반면, 경제 성장과 생산성의 새로운 원천을 활용할 방법을 찾는 정부도 있으리라는 점을 부각한다.

- 궤도Orbits에서는 긴장의 미래를 탐구한다. 국내에서 안정을 유지하는 한편 자국의 영향권을 확보하기 위해 애쓰면서 서로 경쟁하는 주요 강대국들이 이런 긴장을 조성한다. 이 시나리오는 국가주의가 팽배하고 파괴적인 신기술이 등장하며 세계적인 협력이 줄어드는 트렌드가 어떤 식으로 결합해 국가 사이에 충돌 가능성을 높이는지 살핀다. 아울러 안정과 평화를 강화하거나 긴장을 악화시킬 수도 있는 다양한 정책을 강조한다. 이 대목에서는 분노한 상태에서 핵무기가 이용되는데, 결국에는 이런 일이 재발하지 않도록 세계적인 지성인들을 단결시킨다.

- 커뮤니티Communities는 대중의 기대가 커지는 반면 국가 정부의 능력은 줄어들면 지역 정부와 민간 관련자를 위한 공간이 열리고, 정부의 의미에 대한 전통적인 가정(假定)에 도전이 제기된다는 사실을 보여준다. 이 시나리오에서 정보 기술은 여전히 핵심 조력자이며 기업, 옹호 단체, 자선 단체, 지역 정부는 자신의 의제를 지지하는 사람들을 움직일 서비스를 국가 정부보다 더 재빠르게 전달하는 것으로 나타

났다. 대부분의 국가 정부는 저항하지만 일부 정부에서는 새롭게 부상하는 네트워크에 권력을 어느 정도 양보한다. 중동부터 러시아에 이르기까지 다른 지역에서는 통제가 더욱 어려워진다.

진보의 역설이 암시하듯이 단기적으로 위험을 조장하는 트렌드가 이와 동시에 장기적으로 더 나은 결과를 얻을 기회를 창조할 수 있다. 만일 세계가 이런 기회를 이용할 수 있다면 미래는 우리의 3가지 시나리오가 제시하는 것보다 더 우호적일 것이다. 놀라움과 단절로 가득한 국가와 조직은 이런 기회를 잡을 수 있을 것이다. 새로운 세계 판도에서 회복 탄력성을 갖추어 변화하는 상황에 적응하고 예기치 못한 역경 속에서 오래 버티며 빠르게 회복할 조치를 취하는 그들은 인프라스트럭처, 지식, 관계에 투자해 경제, 환경, 사회, 사이버 등 다양한 충격을 관리할 것이다.

이와 마찬가지로 회복 탄력성이 가장 뛰어난 사회는 여성과 소수 민족 할 것 없이 최근의 경제와 기술 트렌드에 타격을 받은 모든 개인의 잠재력을 완벽하게 발휘하고 수용할 수 있는 사회가 될 것이다. 그들은 역사적인 흐름을 거스르기보다는 흐름에 따라 움직이며 점점 확대되는 인간 기술의 영역을 이용해 미래를 창조할 것이다.

어느 사회에서든 아무리 냉혹한 상황이라도 다른 사람들의 복지와 행복, 안전을 향상시키기로 결정하고 이를 위해 변혁적인 기술을 대대적으로 채택할 사람이 있을 것이다. 물론 이와 반대되는 사람들도 있겠지만(파괴적인 세력들도 전례 없이 역량이 강화되겠지만) 정부와 사회가 풀어야 할 핵심 난제는 지속 가능한 안전과 번영, 희망을 창조하기 위해 개인과 집단, 국가의 재능을 어떻게 결합할 것인가라는 점이다.

미래의
지도

우리의 미래 이야기는 역설로 시작해서 역설로 끝난다. 최근 몇십 년 동안 진보를 거듭했음에도 어둡고 힘겨운 머지않은 미래를 암시하는 글로벌 트렌드는 이와 동시에 더욱 희망적이고 안전한 미래를 창조하는 선택을 위한 기회를 품고 있다. 앞으로 우리는 다양한 시각으로 미래를 탐구할 수 있는 수많은 시간 지평을 이용해 갑작스러운 단절과 심오하고 속도가 느린 변화가 일어날 위험을 설명하고, 결정적 지점을 알릴 것이다. 우선 세계의 판도를 변화시키며 오늘날의 역설을 조명하는 **핵심 트렌드**를 탐구한다.

아울러 최근 몇 년 동안 세계의 역학이 왜 그리고 어떻게 더욱 도전적으로 변했는지를 분석하는 한 가지 방법으로서, 어떻게 이런 트렌드들이 **권력과 거버넌스, 협력의 본질을 변화시키고 있는지**도 살펴본다.

매우 다양한 개인과 정치, 기업의 선택이 결여된, 트렌드와 권력 역학의 **궤도가 긴장이 고조되는 머지않은 미래**에서 전개될 것이다.

우리는 방향을 전환해서 트렌드들이 '먼 미래를 위한 3가지 시나리오: 섬, 궤도, 커뮤니티'를 통해 20년간의 지평에 걸쳐 전개될 수 있는 궤도를 탐구한다. 각 시나리오에서는 더 밝거나 어두운 미래를 초래할 수 있는 결정적

학교가 끝나고 집으로 돌아가는 베트남 어린이들

지점을 확인하고 외국의 정책 계획 가정이 미치는 영향을 전개한다. 마지막으로 미래에 대응하기보다는 미래를 창조하는 과정에 따르는 잠재적인 기회와 타협점에 대해 이 세 시나리오가 제시하는 교훈을 살핀다. 미래의 가상 헤드라인을 자료 곳곳에 배치함으로써 핵심 트렌드들이 한 데 모이는 어느 시점에 등장할 수 있는 단절의 형태를 강조하고자 했다.

용어 설명

기후climate 몇십 년 혹은 더 긴 기간 동안 날씨의 평균치와 변화, 그리고 다른 통계를 총망라한다. 반면 날씨는 특정한 지역의 단기적인 대기 조건을 반영한다. 매우 덥거나 춥거나 비가 오는 날들이 날씨에 속하는 반면 장기 가뭄, 홍수, 폭염, 한파, 강력한 열대 폭풍 등은 기상 이변에 속한다.

기후 변화climate change 몇십 년이나 더 긴 기간 동안 측정한 기후의 변화를 의미한다.

기후 변이성climate variability 기후가 장기적인 평균치를 오르락내리락하는 방식을 반영한다.

선진국과 개발도상국developed and developing countries 우리는 1인당 소득이 비교적 높고 전반적으로 산업화된 국가와 산업화와 부가 제한적인 국가를 구분할 목적으로 이러한 용어를 이용했다. 이 연구의 목적에 따라 '개발도상국'에는 IMF의 '이머징마켓과 개발도상국' 집단에 속해 있으며 선진 경제 국가인 미국, 캐나다, 서부 유럽, 일본, 한국, 호주, 뉴질랜드를 제외한 모든 국가로 정의된다. 비록 세계은행은 경제 발전을 정의할 때 더 정확한 용어들을 사용하고 이런 관행을 따르는 조직이 더 많겠지만, UN과 재계의 용례를 광범위한 통상적인 용례를 고려해 전통적인 용어를 고수했다.

세계화globalization 세계의 사람, 기업, 정부의 상호작용과 통합의 과정으로, 국경을 넘는 무역, 자본, 사람, 아이디어, 정보의 움직임에 의해 주도된다.

거버넌스governance 세계은행 연구진이 내린 "한 국가의 권위가 행사되는 전통과 제도"라는 정의를 따랐다. 여기에는 "정부가 선택되고 감시받고 대체되는 과정, 확실한 정책을 효과적으로 수립하고 실행하는 정부의 능력, 국민과 국가의 경제적, 사회적 상호작용을 다스리는 기관에 대한 그들의 존중"이 포함된다.

국내 실향민 Internally displaced person, IDP 무장 충돌의 영향, 일반화된 폭력 상황, 인권 유린, 혹은 자연재해나 인재의 결과로, 혹은 이를 피하고자 어쩔 수 없이 도망치거나 집이나 평소의 거주지를 떠나지만 국제적으로 인정되는 국경을 넘지 않은 개인이나 개인의 집단이다.

국제 시스템international system　국가 간의 권력 배분과 상호작용, 이런 상호작용을 지배하는 일련의 제도와 규칙, 기준을 가리킨다. 국제 질서(international order)라는 용어는 흔히 이런 상호작용의 본질을 규정하는 데 쓰이며 일반적으로 1945년에 수립된 규칙 기반 국제 질서 같은 특정한 유형의 질서와 관련이 있다.

이슬라미스트islamisite　정치와 이따금 공적 생활의 다른 측면에서 이슬람의 역할을 증진시키는 데 열중하는 운동이나 접근 방식을 묘사한다. 반드시 폭력적이지는 않다.

주요 경제 국가major economies　세계 최대 선진국을 의미하며 G7(미국, 일본, 독일, 영국, 프랑스, 이탈리아, 캐나다)에 중국이 더해진다. "최대 경제 국가"를 의미하지 않는다. 브라질과 인도는 명목상 캐나다와 이탈리아를 능가하며 몇몇 다른 국가(러시아, 인도네시아, 멕시코, 한국, 사우디아라비아)는 구매력 평가 면에서 일부 G7국가를 앞서기 때문이다. 그럼에도 공통적인 인구 통계학적 문제뿐만 아니라 국가 경제 규모와 1인당 부의 균형을 반영하고자 이 집단을 이용했다.

이주민migrant　국제 국경선을 넘어 혹은 국가 내에서 자신의 평소 거주지를 떠나서 이동하고 있거나 이미 이동한 모든 사람이다. ❶그 사람의 법적 지위 ❷그 이동이 자발적인지 아닌지 여부 ❸움직임을 일으킨 원인 ❹체류 기관은 개의치 않는다.

이주migration　국경을 넘거나 국내에서 일어나는 한 사람이나 사람 집단의 움직임이다. 기간과 구성, 원인과 상관없이 모든 유형의 사람의 이동을 총망라하는 인구 이동이다.

국가주의nationalism　국가에 대한 개인의 충성과 헌신이 다른 개인이나 집단의 이익보다 앞선다는 전제에 기초한 이념이다. 국가(nation)는 공통적인 혈통, 역사, 문화, 혹은 언어로 결합되어 특정한 나라나 영토에 거주하는 사람들의 집단이다. 국가가 반드시 정치적 국가(state)인 것은 아니다.

토착주의nativism　신참이나 이주민에 비해 본토박이 혹은 기존 거주민의 이익을 증진시키는 것이며 외부 영향력이 아니라 전통적이거나 지역적인 관습에 대한 강조로 표현될 수 있다.

PART 01

세계의 판도를
바꿔놓을 미래 트렌드

2035년까지의 글로벌 트렌드와 핵심 영향들

부유한 나라들은 노화하고 있지만 가난한 나라들은 그렇지 않다. 부유한 나라와 중국, 러시아의 노동 연령 인구는 줄어들고 있으나 더 가난한 개발도상국, 특히 아프리카와 남아시아에서는 오히려 증가해서 경제, 고용, 도시화, 복지의 압력이 증가하고 이민을 부추긴다. 선진국과 개발도상국에서 모두 훈련과 지속적인 교육이 중요해질 것이다.

세계 경제가 변화하고 있다. 단기적으로 경제 성장은 계속 저조할 것이다. 부채가 증가하고 수요가 약화되며, 세계화에 대한 의혹을 불러일으켰던 2008~2009년 금융 위기로부터 회복하는 한편 주요 국가의 노동 인구가 감소하고 생산성의 증가 폭이 줄어들 것이다. 중국은 장기적인 수출과 투자 중심에서 소비자 주도 경제로 변화하기 위해 노력할 것이다. 낮은 성장률이 개발도상국의 빈곤 해소를 위협할 것이다.

기술이 진보를 가속화하는 한편 단절을 야기하고 있다. 급속한 기술 발전을 통해 변화의 속도가 빨라지고 새로운 기회가 창조되지만 승자와 패자 사이의 격차는 더 벌어질 것이다. 자동화와 인공지능은 국가가 적응할 수 없을 정도로 빠른 속도로 산업을 변화시켜 노동자를 해고하고 가난한 나라가 발전할 수 있는 일상적인 경로를 제한할 것이라고 위협한다. 유전자 교정 같은 바이오 테크놀로지가 도덕적인 차이를 부각시키는 한편 의학과 다른 분야에 대변혁을 일으킬 것이다.

아이디어와 정체성이 배타의 물결을 주도하고 있다. 세계의 연결성이 증가하고 성장이 저조함에 따라 사회 내외부의 긴장이 고조될 것이다. 포퓰리즘이 좌파와 우파에서 모두 증가해 자유주의를 위협할 것이다. 일부 지도자들은 국가주의를 이용해 통제를 뒷받침할 것이다. 종교적인 영향이 점점 중요해져서 많은 정부보다 더 큰 권위를 얻을 것이다. 거의 모든 국가에서 경제력 때문에 여성의 지위와 지도자의 역할이 제고되는 한편 반발도 일어날 것이다.

거버넌스가 더욱 어려워지고 있다. 대중은 정부에게 안보와 번영을 제공하도록 요구하지만 제자리걸음인 수입, 불신, 양극화, 그리고 새롭게 부상하는 수많은 문제가 정부 활동의 걸림돌이 될 것이다. 기술 때문에 정치 행위를 가로막거나 우회할 수 있는 플레이어의 범위가 넓어질 것이다. NGO, 기업, 역량이 강화된 개인을 포함해 관련자들이 증가함에 따라 세계적인 문제를 관리하기가 더욱 어려워지고 그 결과 임시방편이 증가하고 포괄적인 활동은 줄어들 것이다.

분쟁의 본질이 변화하고 있다. 주요 강대국 사이의 이해관계가 다양해지며 테러 위협이 증가하고 약소국가들의 불안이 계속되며 치명적이고 파괴적인 기술이 확산됨에 따라 충돌의 위험이 증가할 것이다. 멀리서 인프라스트럭처를 조준하는 원거리 정밀 무기와 사이버, 로봇 시스템과 대량 살상 무기를 개발하는 기술을 손에 넣기가 더욱 쉬워짐에 따라 이 기술로 파괴되는 사회가 증가할 것이다.

기후 변화와 환경, 의료 문제에 대한 관심이 요구될 것이다. 다양한 세계의 위험이 급박하면서도 장기적인 위험을 제기함에 따라 협력하기가 더욱 어려워진다 해도 이에 대처하려면 집단적인 행동이 필요할 것이다. 기상 이변, 물 부족과 토양 파괴, 식량 불안이 사회를 파괴할 것이다. 해수면 상승, 바다의 산성화, 빙하 해빙, 공해로 말미암아 생활 패턴이 변화할 것이다. 기후 변화를 둘러싼 긴장이 고조될 것이다. 여행이 증가하고 의료 인프라스트럭처는 열악하기 때문에 감염성 질환을 관리하기가 더욱 어려워질 것이다.

이러한 트렌드들이 결합해 전례가 없는 속도로 통치와 협력을 더욱 어렵게 만들고 권력의 본질을 변화시켜 세계 판도를 근본적으로 바꿀 것이다. 특히 경제, 기술, 안보 트렌드에 중대한 영향을 미칠 수 있는 국가와 조직, 개인이 증가할 것이다. 사회와 정부가 서로의 기대를 재조정할 때까지 국가의 정치 질서를 확립하기 어렵고 긴장이 고조될 것이다.

국가들 사이에 탈냉전 단극 시대 **탈냉전 이후 미국이 세계 패권을 주도함을 이름 −역주**는 막을 내렸고 규칙에 토대를 둔 1945년 이후의 국제 질서 역시 희미해질 것이다. 일부 강대국과 지역 침략자들은 세력을 이용해서 이익을 챙기려고 애쓰겠지만 일시적인 성과를 거두는 데 그칠 것이다. 거부권 행사자들이 증가하는 상황에서 전통적인 물질적 힘의 형태로는 결과를 얻고 유지하기가 점점 어려워지기 때문이다.

세계의 흐름을 바꾸는
트렌드들

탈냉전 시대가 새로운 전략적 환경에 길을 내주고 있다. 최근과 미래의 트렌드들은 향후 20년 동안 사이버 공격, 테러리즘, 기상 이변 등의 붕괴 조짐과 전례 없는 속도로 결합할 것이다. 이로 인해 문제는 더욱 증가하고 복잡해질 것으로 보인다.

인구 구성이 변화해 노동과 복지, 사회 안정을 위협할 것이다. 부유한 세계는 노화하는 반면 더 가난한 세계는 그렇지 않으며 오히려 더욱 남성화되고 있다. 도시 인구는 계속 증가하는 추세지만, 이 가운데 일부는 해수면 상승, 홍수, 폭풍 해일에 노출될 위험이 크다. 그래서 더 나은 삶에 대한 비전에 이끌리거나 경쟁의 공포로 인해 흔들리며 움직이는 사람이 증가하고 있다.

특히 대량 자동화 같은 기술이 노동 시장을 파괴함에 따라 좋은 일자리를 둘러싼 경쟁이 세계적으로 확산되었다. 또한 기술은 개인과 소집단의 역량을 더욱 강화하며 전례 없이 많은 사람들을 연결할 것이다. 이와 동시에 가치관과 국가주의, 그리고 종교는 사람들을 점점 분리시킬 것이다.

국가적인 차원에서는 대중의 기대와 정부의 성과 사이의 격차가 더욱 넓

남아프리카 공화국의 학생들. 다음 몇십 년 동안 주로 남아시아와 아프리카에서 세계 노동 인구가 증가할 것이다.

어질 것이다. 사실 민주주의 자체도 더 이상 당연시되지 않을 수 있다. 국제적으로는 개인과 소집단의 역량이 강화되면서 기후 변화 같은 중대한 세계 문제에 대항하는 집단 행위를 조직하기가 더욱 어려워질 것이다. 특히 새롭게 역량이 강화된 개인과 집단을 제대로 수용하지 못하는 국제 기관은 미래의 임무에 더욱 적합하지 않다는 사실이 확연히 드러날 것이다.

한편, 분쟁의 위험이 증가할 것이다. 전쟁은 갈수록 전장에만 국한되지 않고 멀리서는 사이버 무기로, 내부에서는 자살 테러리스트를 이용해 사회를 파괴하는 것을 목표로 삼을 것이다. 대기 오염과 물 부족, 기후 변화라는 조용하지만 만성적인 위협이 갈수록 두드러지고 세계적으로 이런 문제에 대한 분석과 대처 방법이 제각기 달라 과거보다 분쟁이 잦아질 것이다.

부유한 나라는 노화하고 있지만 가난한 나라는 그렇지 않다

비록 증가 속도는 느리지만 세계 인구는 더욱 증가하고 노화하며 도시에 집중될 것이다. 하지만 세계 주요 국가가 노화하는 와중에도 개발도상국은 여전히 젊기 때문에 개별 국가에 미치는 영향은 다를 것이다. 2035년 무렵 세계 인구는 73억 명에서 88억 명으로 증가하리라 예상된다. 출생률이 세계 나머지 지역의 두 배인 아프리카와 아시아 일부 지역에서는 노동 연령 인구가 급증할 것이다. 그 결과 정부와 사회가 얼마나 훌륭하게 교육과 인프라스트럭처, 그 밖의 핵심 분야에 대한 투자를 늘리는지에 따라 경제가 발전하거나 혹은 붕괴할 수 있다.

급속도로 노화하는 국가와 젊음을 유지하는 국가 모두 노동과 복지 패턴의 극적인 변화를 겪을 것이다. 60세 이상 인구는 현재 세계에서 가장 빠른 속도로 증가하는 연령 집단이다. 성공적으로 노화하는 사회라면 노인과 청년, 여성 노동 인구가 더 많이 참여해서 성인노동 연령의 감소를 상쇄시킬 것이다. 2035년 무렵이면 일본(52.4세), 한국(49.4세), 독일(49.6세), 그리고 다른 몇몇 국가의 중위 연령이 최고치를 기록할 것으로 보인다. 쿠바(48세), 러시아(43.6세), 중국(45.7세)뿐만 아니라 유럽은 특히 큰 타격을 받을 것이다. 미국의 노화 속도는 조금 느려서 2035년 무렵 중위 연령은 약 41세에 이르고, 노동 연령 인구의 성장세가 유지될 것이다.

- 만성적으로 젊은 인구(평균 25세 이하)가 아프리카와 아시아의 여러 지역, 특히 아프가니스탄, 파키스탄, 이라크, 예멘뿐만 아니라 소말리아

에 난제를 안길 것이다. 이 국가들은 역사적으로 폭력적이고 불안정한 경향이 많았다. 그러나 젊은 국가라도 부양해야 할 노인 인구가 점점 늘어나기 때문에 인프라스트럭처와 사회경제적 안전망의 필요성은 증가할 것이다.

UN의 예상 수치에 따르면 세계적으로 이전 20년(1995~2015년) 12억 명이었던 노동 연령 집단은 8억 5,000만 명으로 급격히 감소할 것이다. 하지만 이 새로운 노동자들은 대부분 남아시아와 아프리카 지역 출신이다. 이들 지역은 미흡한 인프라스트럭처, 제한된 교육 제도, 부패, 여성을 위한 기회 부족으로 말미암아 현대 세계 경제에서 새로운 고용을 창출하는 데 이미 애를 먹고 있는 경우가 많다.

- 오랜 문화 규범 탓에 여성을 노동 인구에 통합하기가 특히 어려울 테지만, 맥킨지 글로벌 연구소McKinsey Global Institute의 한 연구는 그런 조치들을 통해 생산량이 증가하고 생산성이 높아질 것으로 평가한다. 이 연구에 따르면 전 지역에서 여성의 역할과 상대적인 보상이 가장 평등한 국가 수준에 버금갈 만큼 향상될 경우 2025년 무렵 세계 GDP는 10퍼센트 이상 증가할 수 있다. 맥킨지는 교육, 금융 및 디지털 포용, 법적 보호, 복지 사업의 보상을 높이는 것이 경제적인 성 평등을 향상시키는 데 중대한 요소이며 모든 노동자에게 궁극적으로 이로울 것이라고 강조했다.

도시 인구가 증가하고 있다. 인구 통계학적 트렌드로 말미암아 특히 도시 인구를 뒷받침할 수 있는 서비스 및 인프라스트럭처를 제공하는 과정에 효과적인 공공 정책에 대한 대중의 압력이 높아질 것이다. 현재 전 세계 인구의 절반이 도시에 거주하고 있으나 2050년에는 3분의 2 수준으로 증가할 것이다. 젊은 국가는 교육과 고용에 집중함으로써 혜택을 얻는 반면 의료 서비스와 연금, 복지, 고용, 채용 제도를 변경하는 노화 국가는 성공적으로 인구 통계학적인 트렌드를 극복할 것이다. 물론 장기적으로는 이민과 노동 정책으로 (훈련과 교육을 통해) 노화하는 사회의 급격한 노동 인구 감소에 대처할 수 있으나 단기적으로는 계속해서 분열을 초래할 것이다.

- 인구 증가는 해수면 상승과 홍수, 폭풍 해일에 취약한 지역에 계속 집중될 것이다. 2035년 무렵 저고도 해안 지역 거주민은 아시아와 아프리카에서 각각 1억 5,000명과 6,000만 명에 이르러 2000년에 비해 약 50퍼센트 증가할 것이다. 방콕, 호찌민, 자카르타, 마닐라 같은 메가시티는 과도한 지하수 추출과 자연적인 지질학적 활동으로 말미암아 계속 가라앉을 것이다.

이동 인구가 증가한다······. 사람들은 경제적 기회를 찾고 분쟁과 악화되는 환경 조건을 피하려 할 것이다. 따라서 다음 20년 동안 이주의 물결은 계속 높은 상태에 머물 것이다. 국제 이주민(혹은 모국을 떠나 거주하는 사람들)과 강제로 추방된 사람들의 수는 2015년에 각각 2억 4,400만과 6,500만 명으로 최고치를 기록했다. 간단히 말해 전 세계 112명 가운데 한 명은 난민이거나 외국으로 추방된 사람 혹은 망명 희망자이다. 지역 간의 수입 격차, 지속적인 분쟁, 고질적인 인종 및 종교 갈등으로 말미암아 국제 이주민, 난민, 망명 희망자의 증가세는 계속될 것으로 보인다. 이동하는 사람들의 수는 환경 문제가 더욱 가시화됨에 따라 계속 높은 수준을 유지하거나 증가할 것이다.

일부 국가의 2015~2035년 노동 연령 변화 예상

세계 노동 연령 인구는 남아시아와 아프리카 국가에서 가장 크게 증가할 것이다. 이들 지역은 교육 수준이 가장 낮기 때문에 세계 경제가 숙련도 높은 노동자들에게 유리하게 발전할 경우 불리한 상황에 처할 것이다. 중국과 유럽에서 노동 연령이 가장 크게 감소하며, 숙련 노동자와 서비스 부문 노동자들에게 고용 기회가 가장 많이 주어질 것이다. 세계적으로 저부가가치 제조업(역사적으로 가난한 국가에서 경제 발전의 디딤돌이며 장래의 노동자들이 부를 얻을 수 있는 길이었던)은 자동화, 인공지능, 다른 제조 분야의 발전으로 인해 비숙련 노동자를 거의 필요로 하지 않게 될 것이다.

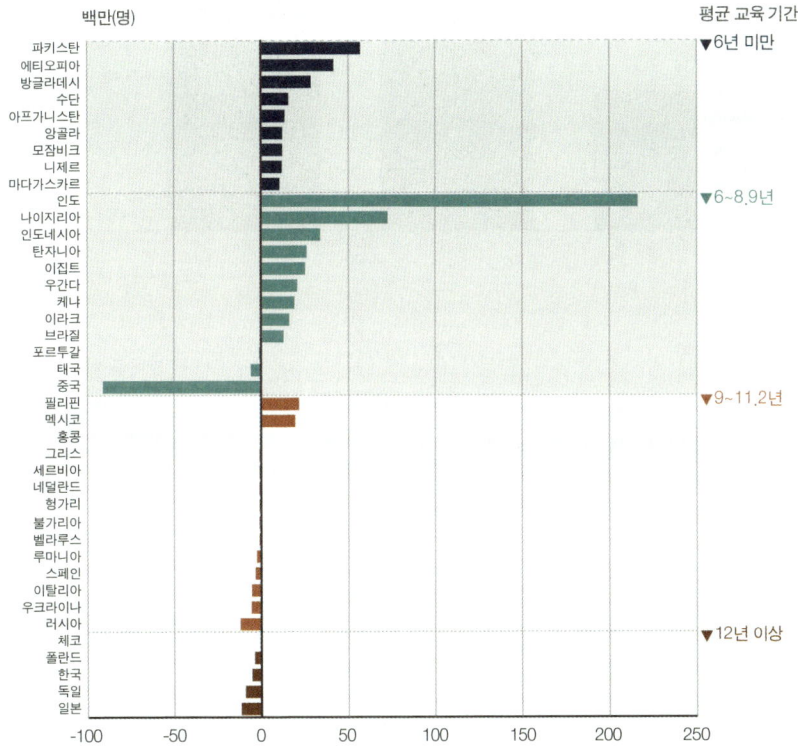

주의 : 이 차트에서 강조한 40개국은 노동 연령 인구의 절대 수치가 가장 크게 증가하거나 감소한 국가이다.

모든 규모의 도시 성장이 세계 도시 인구의 증가를 주도한다

이미 증가하고 있는 도시 인구에 농촌 지역 사람들이 가세함에 따라, 2015~2035년 20퍼센트 증가하는 세계 인구의 대부분은 도시 지역에서 거주할 것이다. 주민이 1,000만 명 이상인 메가시티를 필두로 해서 호주를 제외한 모든 대륙에서 모든 규모의 도시 인구가 증가할 것이다.

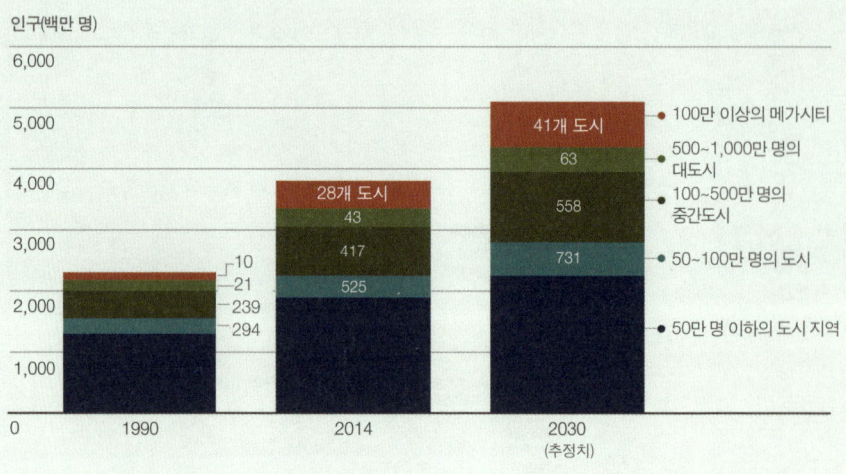

　…… 그리고 남자가 더 많아진다. 중동과 동아시아, 남아시아의 여러 국가에서 최근 여성에 비해 남성이 증가한다는 사실은 이러한 국가들이 위험에 처해 있으며 문화가 지속적으로 영향을 미친다는 사실을 시사한다. 주로 성별 구분 낙태, 여 유아 살해, 여성 차별로 말미암아 중국과 인도에서는 이미 결혼 가능성이 없는 남성의 수가 크게 증가하고 있다. 성 불균형을 바로잡으려면 수십 년이 걸리며 그동안 범죄와 폭력이 늘어날 것이다.

1820~2015년 극단적 빈곤 속에서 생활하는 세계 인구

극단적 빈곤이란 실질 구매력 평가를 기준으로 1일 소비(혹은 수입)가 1.90달러 미만인 생활로 정의된다(국가의 물가 차이와 인플레이션에 따라 조정).

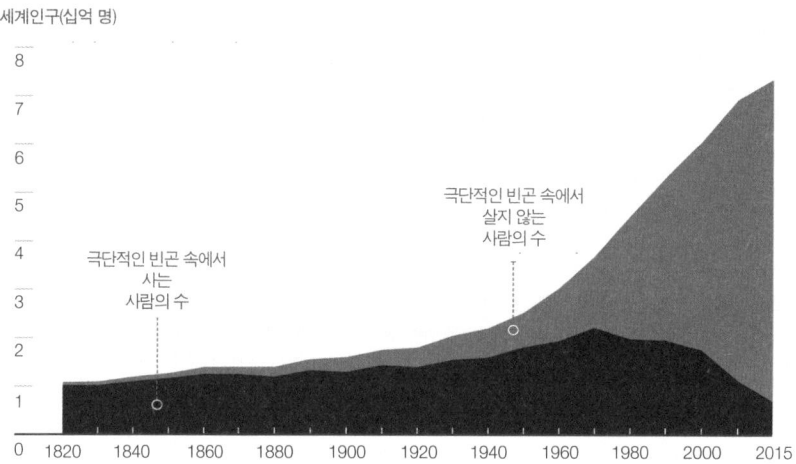

변화하는 세계 경제

가까운 미래와 먼 미래에 전 세계 국가 경제가 크게 변화할 것이다. 노동 연령 인구가 감소하고 역사적으로 탄탄했던 생산성 증가세가 사그라질 테지만, 부유한 국가는 경제 성장의 쇠퇴 추세를 멈추고 라이프스타일을 유지하기 위해 노력할 것이다. 개발도상국은 빈곤 퇴치 과정에서 상승세를 유지하는 한편, 급속도로 증가하는 노동 연령 인구를 자국 경제에 통합하고자 애쓸 것이다. 개발도상국과 선진국 모두 자동화와 그 밖의 기술 때문에 제조업의 일자리가 사라지면 이를 대체할 수 있는 새로운 서비스와 분야, 직업을 찾아내고 여기에서 활약할 인재를 교육하고 훈련시켜야 한다는 압박을 받을 것이다.

극빈층이 감소하고 있다. 중국과 주로 아시아 다른 나라들이 경제 개혁에 박차를 가한 것은 1990년 이후 거의 10억 명에 이르는 사람들의 생활 수준이 기록적으로 향상될 때였다. 그 결과 '극빈'(하루 2달러 미만)으로 생활하는 사람들이 35퍼센트에서 약 10퍼센트로 줄었다. 물론 하루 2달러로 편안한 생활을 할 수는 없지만 하루하루 근근이 살아가던 수준은 넘어섰다. 그러나 생활 수준이 향상되면서 미래에 대한 기대와 불안이 동시에 높아지고 행동 양식이 변했다.

서구의 중산층이 압박을 받고 있다. (경쟁이 치열해짐에 따라 비용 압박으로 인해 자동화가 진행되었고, 이와 더불어) 저비용 제조업이 세계적으로 급부상함에 따라 지난 수십 년 동안 미국과 유럽의 중산층 임금이 타격을 입었다. 그러나 이와 동시에 개발도상국에 새로운 기회가 주어졌으며, 전 세계 소비 제품의 가격이 하락했다.

임금 정체는 비용 효용성을 높이려는 끈질긴 노력을 가장 극적으로 보여준다. OECD에 따르면 미국, 독일, 일본, 이탈리아, 프랑스의 가계 실질 중간 소득 증가율은 1980년 중반부터 2008년 세계 금융 위기를 거치는 동안 연간 1퍼센트 미만이었다. 금융 위기가 발생한 이후에는 2015년 미국에서 어느 정도 향상되기는 했어도 숨 돌릴 틈이 거의 없었다. 맥킨지는 2014년 선진국 가구 가운데 3분의 2가 2005년 수준 이하로 떨어졌다고 추정했다.

성장이 약화될 것이다. 세계 주요 경제 국가들이 2008년 위기에서 서서히 회복하며 급증한 공공 분야 부채를 점차 해결함에 따라 다음 5년 동안 세계 경제는 성장세를 회복하기 위해 계속 안간힘을 쓸 것이다. 뿐만 아니라 중국이 자국 경제의 방향을 소비 기반 성장 쪽으로 재설정하기 위해 대대적으로 노력함에 따라 세계 경제는 개방 무역을 위협하는 정치적인 압박에 직면할 것이다. 그 결과 적어도 머지않은 시기에 세계 최대 경제 강국의 성과는 대부분 역사적인 기준에 미치지 못할 것이다.

> **2018년의 깜짝 가상 뉴스**
>
> **'로빈 후드 해커'
> 온라인 상거래를 마비시키고
> 시장을 발칵 뒤집다**
>
> 2018년 11월 19일, 뉴욕
>
> 일명 '로빈 후드 해커'라는 인물의 공격이 여러 차례 거듭된 이후 미국과 캐나다, 유럽에서 크리스마스 시즌이 시작되기 전에 온라인 상거래가 중단되었다. 이 공격은 최대 10만 달러를 신용 혹은 부채로 변경함으로써 대혼란을 일으켰고 그 결과 광란의 온라인 쇼핑이 시작되는 바람에 소매업자들은 모든 디지털 거래를 차단할 수밖에 없었다. 이 혼란으로 세계 금융 시장이 폭락했으며 해킹이 얼마나 오랫동안 어느 범위까지 계속될지 확인할 수 없어서 대부분의 거래소에서 거래가 중단되었다.

약화된 성장세가 최근에 거둔 빈곤 퇴치 성과를 위협할 것이다.

- 중국과 EU(세계 3대 경제 가운데 두 집단)는 장기적인 성장을 뒷받침하기 위해 중대하고 힘겨운 변화를 계속 시도할 것이다. 중국은 국가가 주도하는 투자 중심 경제에서 소비자와 서비스 중심 경제로 변화하면서 생활 수준을 높이고자 노력하고 있다. 이러한 중국이 최대 와일드카드가 될 것이다. 반면 EU는 높은 부채 수준과 EU 프로젝트의 미래를 위협할 깊은 정치적 분열을 관리하기 위해 고군분투하는 한편,

1988~2008년 세계 소득 백분위 수 기준 (구매력 평가로 본) 실질 임금 변화

1989~2008년 가구 실질 임금의 변화를 나타내는 '코끼리 차트Elephant Chart'는 세계화가 가장 활발했던 시기(세계화 덕분에 개발도상국들이 급성장한 시기)에 세계 가정 중에 가장 가난한 하위 3분의 2를 제외한 모든 가정과 세계에서 가장 부유한 가정의 소득이 가장 크게 증가했음을 보여준다. 이 도표와 전반적인 패턴은 같지만 상대적인 증가가 약간 다르게 나타나는 비슷한 도표들에서는, 가장 부유한 가정과는 달리 세계 가구 상위 3분의 1의 소득은 상대적으로 소폭으로 증가한 것으로 나타났다. 이 집단에는 미국과 다른 선진국의 많은 하위~중간 소득 가구가 포함된다. 도표에 이용된 데이터를 보면 각 소득 백분위 수의 변화를 알 수 있다. 모든 국가의 개별 가구는 백분위 수에서 위아래로 움직일 수 있었고 그 결과 세계 평균 가구보다 소득이 훨씬 더 크거나 작게 증가할 수 있었다.

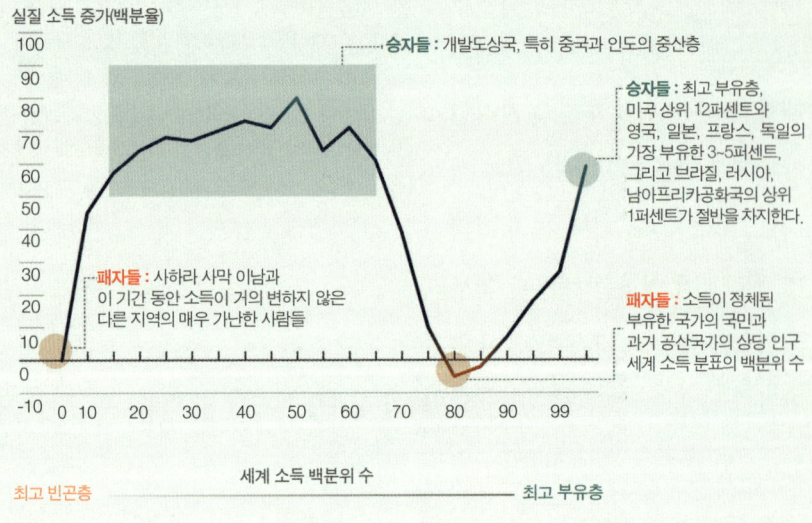

경제 성장에 박차를 가하고자 노력 중이다.

- (2008년 경기 하락 이전부터 시작된) 금융 위기와 중산층의 붕괴, 수입 불평등에 대한 대중의 인식이 향상됨에 따라, 서구 세계는 무역 자유화

금융 충격과 경제 침체

지난 몇십 년 동안 미국, 유럽, 중국, 일본은 부채에 힘입은 경제 성장을 이루었다. 이것은 부동산 거품과 불안정한 개인 소비, 석유와 다른 일상용품의 가격 급상승, 그리고 마침내 2008년 미국과 유럽의 대대적인 금융 위기를 촉발하였고 그 결과 세계 경제를 약화시켰다. 일부 중앙은행은 성장세를 높이고 싶은 간절한 마음에 금리를 거의 0퍼센트로(심지어 그 이하로) 낮추었다. 또한 2008~2016년에 양적 완화를 통해 회복을 가속화함으로써 중국, EU, 일본, 미국 중앙은행의 수입을 11조 달러 이상 늘이고자 노력했다.

이런 노력 덕분에 주요 금융 기관의 채무 불이행을 막고 고전을 면치 못하던 유럽 국가 정부들이 저금리로 돈을 빌릴 수 있었다. 하지만 정부나 기업, 혹은 개인의 소비가 증가함에 따라 경제가 탄탄하게 성장하지는 못했다. 뿐만 아니라 지출 수준이 높아지고 인플레이션이 거의 0에 가깝거나 마이너스에 이르는 상황에서 은행이 (그런 소비를 뒷받침하기 위해) 대출을 증가시킬 만한 유인을 창조하지 못했다.

이를테면 2008년 이후 성장에 불을 붙이려는 중국 정부의 노력은 아프리카와 남아메리카, 그리고 중동의 제조업체들뿐만 아니라 석유와 원자재 시장을 유지하는 데 도움이 되었다. 그럼에도 (주로 산업 역량을 향상시키기 위한 투자가 바탕이 된) 중국의 성장은 지속될 수 없다는 인식 때문에 이들 시장은 침체되고 말았다. 투자가들은 이 같은 저금리 저성장 환경에서 계속 몸을 사렸다. 그들은 이머징마켓에서 더 높은 수익을 거두었다가 이따금 불황일 때는 안전한 대피소를 찾기를 반복했기 때문에 신흥 경제의 성장을 뒷받침할 믿을 만한 디딤돌을 제공하지 못했다.

의 대가가 이득보다 더 크다고 느꼈다. 그 결과 70년 동안 이어져 내려온 세계 무역 자유화는 대대적인 반발에 직면했으며, 지속적인 자유화에 대한 전망이 어두워지고 보호주의를 강화할 위험이 증가했다. 세계는 미국을 비롯한 전통적인 무역 지지 국가에서 정책 축소의 조짐을 찾으려 할 것이다. 또한 자유 무역의 범위와 상대는 줄어들 것이다.

기술이 장기적인 예측을 까다롭게 만든다

세계 최대 경제 국가는 대부분 노동 연령 인구가 감소하는 탓에 고전하고 있다. 이외에도 모든 국가가 고용을 유지하고 제대로 훈련받은 회복 탄력적인 노동자들을 육성하는 문제에 직면할 것이다. 자동화, 인공지능AI, 그 밖의 기술 혁신이 첨단 제조업과 심지어 사무 서비스 등 사회경제적인 사다리의 위아래 할 것 없이 현존하는 수많은 일자리를 위협하고 있다.

- 부유한 국가의 생산성을 높일 새로운 방법을 발견하기가 더욱 어려워질 것이다. 세계 2차 대전 이후 성장을 이끌었던 인구 통계학적 요인과 효율성 향상 요인, 투자 요인이 사라지고 있다. 최대 경제 대국의 인구가 노화하는 지금 이 문제는 특히 의미심장하다. 기술 발전은 선진국과 개발도상국에서 모두 생산성을 향상시키는 데 도움이 되겠지만 이를 십분 이용하려면 교육, 인프라스트럭처, 규제, 그리고 관리 관행을 개선해야 한다.
- 기술이 점점 노동력을 대체하고 임금을 낮추도록 압력을 가하면서 개인 소득 기반 조세 수입의 증가 속도가 국가의 성장 속도보다 느려지고, 심지어 실질적인 면에서 감소할 것이다. 그런 세금에 의존하는 국가들은 재정 압박이 증가함에 따라 부가가치세나 다른 수익 구조에 눈을 돌릴 것이다.

기술 혁신이 진보를 가속화하는 한편 단절을 초래한다

(바퀴부터 실리콘 칩까지) 기술은 역사의 궤도를 크게 바꾸었지만 기술이 경제, 사회, 정치적, 그리고 안보의 역학을 언제 어디서 어떻게 바꿀 것인지를 예상하기란 그리 녹록하지 않다. (저온 핵융합 같은) 영향력이 큰 예측들은 아직 실현되지 않았다. 그런 반면 전문가들의 예상보다 더욱 빠르고 강력하게 전개된 변화들도 있다. 최근 크리스퍼CRISPR* 같은 유전자 교정과 조작 분야의 획기적인 발전들로 인해 포괄적인 새로운 가능성이 열리고 있다.

기술로 말미암아 변화가 가속화되고, 복잡한 새로운 도전과 단절, 긴장이 발생하는 한편 개인과 소집단, 기업, 국가의 역량은 계속해서 강화될 것이다. 특히 첨단 정보 통신 기술ICT, 인공지능, 신소재, 로봇부터 자동화에 이르는 제조 역량, 생물공학의 발전, 새로운 에너지원이 노동 시장을 파괴할 것이다. 또 의료, 에너지, 운송 시스템을 바꾸고 경제 발전을 변화시킬 것이다. 아울러 기술은 인간에게 어떤 의미인가에 대한 근본적인 질문들을 제기할 것이다. 그런 발전들로 말미암아 여러 사회 간의 가치관 차이가 커질 테고, 그 결과 이런 분야의 국제 규제나 기준을 수립하기가 여의치 않을 것

---

* **크리스퍼**CRIPER는 '간헐적으로 반복되는 회문 구조 염기 서열 집합체Clustered Regularly Interspaced Short Palindromic Repeats'의 두문자어로, DNA 즉 모든 살아있는 유기체의 유전자 명령을 담고 있는 분자의 짧은 단위를 뜻한다. 몇 년 전 화학 반응을 가속화하거나 촉진시키는 일련의 효소가 있는 크리스퍼를 응용해 특정한 유전자 배열을 수정할 수 있다는 사실이 밝혀졌다. 이런 역량이 생물학 연구에 대변혁을 일으키고 있으며 그 결과 바이오 테크놀로지 애플리케이션을 개발해 의학, 건강, 산업, 환경, 농업 문제에 대처하는 속도가 더욱 빨라지는 한편, 윤리와 보안 측면의 중대한 문제들을 제기하고 있다.

이다. 특히 합성생물학, 유전자 교정, 그리고 인공지능에서 이런 응용 방식과 관련된 실존적인 위험이 실제로 존재한다.

ICT가 더욱 다양해지는 업무 관행과 사람들이 생활하고 소통하는 방식을 변화시킬 것이다. 관련 기술들을 토대로 효율성이 높아지고 운송, 엔지니어링, 제조, 의료 서비스, 여타 서비스의 고용이 변화할 것이다. 이 같은 도구들이 이미 존재하고 있으나, 개발업자들이 더 많은 일자리를 자동화하는 방법을 배우고 있으므로 점점 주류에 합류할 것이다. 인공지능에 대한 투자가 급상승하고 산업 및 서비스 로봇 공학, 지역 인프라스트럭처 없이 작동하는 클라우드 기반 플랫폼의 판매가 급증함에 따라 (특히 가까운 미래에) 노동 시장이 집중적으로 파괴될 가능성이 증가할 것이다. (점점 더 많은 서로 연결된 디바이스가 상호작용할 수 있는) '사물 인터넷Internet of Things, IOT' 덕분에 효율성이 향상되는 한편 보안 위험 또한 증가할 것이다. 새로운 ICT는 특히 금융 분야에 더욱 지대한 영향을 미칠 가능성이 있다. (디지털 화폐, 거래를 위한 '블록체인' 기술의 애플리케이션, 인공지능, 예측 분석을 위한 빅데이터 등) 새로운 금융 기술이 금융 분야를 개편해 앞으로 시스템의 안정성과 중대한 금융 인프라스트럭처의 보안에 큰 영향을 미칠 것이다.

바이오 테크놀로지는 (유전자를 조작하는 새로운 방법에서 힘을 얻은) 유전자 검사 및 교정이라는 진보를 통해 공상 과학을 현실로 바꾸고 있다. 이를 통해 한 사람의 게놈을 배열하는 데 필요한 시간과 비용이 크게 줄었다. 인간의 역량을 강화하거나 질병에 대처하거나 수명을 연장하거나 식량 생산을 증대하는 더욱 맞춤화된 접근 방식을 발견할 가능성이 열릴 것이다. 초기에 이 기술을 이용할 수 있는 나라가 소수에 불과하다는 사실을 고려할 때, 이런 기술에 대한 접근은 새로운 절차를 밟고 대가를 지불할 수 있는 나라에 한정될 것이다. 접근성을 놓고 분열된 정치적인 논쟁이 따를 것으로 예상된다.

첨단 소재와 제조 테크닉의 지속적인 발달로 운송과 에너지 같은 핵심 분야의 변화가 가속화될 것이다. 세계 나노 기술 시장이 최근 몇 년간 두 배 이상 증가해 전자부터 식품까지 애플리케이션이 끊임없이 확대되었다.

새로운 에너지 혁신을 통해 석유와 천연가스의 새로운 원천의 가용성이 높아지는 한편, 수요 측면의 광범위한 기술 발전으로 말미암아 경제 성장과 에너지 사용량 증가 사이의 연결 고리가 끊어지고 있다. 이를테면 태양전지판의 발전으로 태양력 전기 비용이 크게 감소해 소매가격 면에서 경쟁력을 얻었다. 새로운 에너지원이 증가함에 따라 전반적인 세계의 에너지 비용이 낮아지고, 화석 연료의 공급 쇼크에 대한 세계 에너지 시스템의 회복 탄력성은 높아져 특히 중국, 인도, 자원이 부족한 다른 가난한 개발도상국들이 혜택을 받을 것이다.

  새로운 기술이 등장하면 그 기술과 그것이 인간, 사회, 국가, 그리고 지구에 가하는 누적 효과를 평가하기 위해 세심한 분석이 필요할 것이다. 새롭게 부상하는 ICT, 바이오 테크놀로지, 신소재를 위한 안전 기준과 일반 프로토콜을 수립하는 것이 시급한 당면 과제이다. 그러나 (정부, 경제, 학문, 종교 분야 할 것 없이) 이런 분석에 대해 설명하는 것은 고사하고, 분석하는 데 필요한 다양한 전문 지식을 갖춘 조직마저 그리 많지 많은 것이 현실이다.

당면 과제를 평가하고 심사숙고할 자원을 수집하는 일이 더욱 중요해질 것이다.

- 규제 기준이 없는 탓에 (인간 지능에 비해 역량이 떨어진다 해도) 인공지능의 개발과 배치는 인간에게 본질적으로 위험하게 작용하고, 국민의 사생활을 위협하며, 국가의 이해관계를 약화시킬 가능성이 있다. 나아가 로봇 공학의 기준을 개발하지 못하면 공동으로 이용할 시스템이 없다는 점에서 경제적 효율성이 떨어지고 경제적 기회를 잃을 수 있다.
- 생물 약제학의 발전들로 말미암아 지적재산권에 대한 긴장이 발생할 것이다. 특허 거부와 폐지, 의무 인가가 확산되면 신약을 위협하고 다국적 의약 기업의 수익이 줄어들 것이다. 정부에서는 상충되는 고려 사항들을 기준으로(유전자 설계GE 작물과 같은) 새로운 바이오 테크놀로지를 채택할 경우 사회가 얻을 수 있는 혜택을 평가해야 할 것이다.

국제적으로 기술 리더십을 갖춘 국가가 기준과 프로토콜을 수립하고 연구의 윤리적인 한계를 규정하며 지적재산권을 보호할 능력을 얻을 것이다. 기술 리더십을 보호하기 위한 단기 조치는 인간의 건강을 향상시키고 생물학적 시스템을 변화시키며 정보와 자동화 시스템을 확대하는 기술과 관련해 특히 중요해질 것이다. 발전 초기 다자간 참여를 통해 분산적으로 접근하면 국제 사회의 긴장을 완화할 수 있다.

그러나 그러려면 (편협하고 제한적일지언정) 이해관계와 가치관의 수렴이 필요하다. 각 나라는 기술과 자국에 유리하게 작용하는 규제 프레임워크를 추구하기 때문에 기술 리더십과 파트너십만으로는 아마 긴장을 피할 수 없을 것이다.

아이디어와 정체성을 근거로 배척할 것이다

세계의 상호 연결성이 (줄어들기보다는) 늘어나면서 아이디어와 정체성에 대한 이견이 증가할 것이다. 현재의 인구 통계와 경제, 거버넌스 트렌드가 지속된다면 다음 20년간 포퓰리즘이 증가할 것이다. 기술과 문화의 상호작용이 가속화되고 경제와 사회, 기술이 종잡을 수 없이 급변하는 상황에서 사람들이 의미와 안전을 추구함에 따라 배타적인 국가와 종교의 정체성 역시 증가할 것이다. 정계 지도자는 지지자를 모으고 정치적인 통제권을 강화하는 데 유용한 정체성에 이끌릴 것이다. 이와 마찬가지로 정체성 집단의 영향력은 더욱 커질 것이다. 정보와 통신 도구에 대한 접근성이 증가함에 따라 정체성 집단이 정치 문제, 종교, 가치관, 경제적인 이해관계, 민

2015년 인도 갠지스 강의 힌두교 신 가네쉬 입수 의식

족성, 성별, 라이프스타일을 중심으로 조직력과 동원력을 얻게 될 것이다. 갈수록 분리되는 정보와 미디어 환경에서 정체성이 강화될 것으로 보인다. 조직과 정부, 선구적인 사상가들은 신중하게 조직한 활동뿐만 아니라 맞춤형 검색과 개인화된 소셜 미디어를 제공하는 알고리즘을 이용할 것이다. 이런 일부 정체성은 비록 멀리 떨어져 있지만 생각이 같은 사람이나 집단들로부터 영감을 얻고자 하는 노력에 따라 초국가적인 성격을 띨 것이다.

정체성 정치가 등장함에 따라 단기적으로는 무엇보다 미국과 서부 유럽의 관용과 다양성의 전통이 붕괴할 것으로 보인다. 이것은 세계가 이러한 이상(관용과 다양성)을 수용하는 데 걸림돌이 될 것이다. 그런 한편 국가주의가 득세하고 서구 세계의 특성이 위협을 받아 중국과 러시아의 권위적인 통제권이 강화되며 아프리카와 중동, 동아시아와 남아시아의 정체성 충돌과 긴장 상태를 부추길 것이다. 이를테면 인도 정부가 어떤 식으로 힌두교의 국가주의적 경향에 대처하고, 이스라엘이 초정통적인 종교적 극단주의의 균형을 맞출 것인지가 미래의 긴장을 결정하는 핵심 요소로 떠오를 것이다.

포퓰리즘이 서구 세계와 아시아 일부 지역에서 부상하고 있다. 엘리트층과 주류 정치, 그리고 기존 기관에 대한 의혹과 적대감이 특징인 포퓰리즘은 세계화가 미친 경제적 영향에 대한 거부감과 정치 및 경제 분야의 엘리트층이 대중의 관심사에 보이는 대응에 대한 좌절감을 반영한다. (이를테면 프랑스, 그리스, 네덜란드의 정당 지도자들이 유럽 국민의 생계를 보호하지 못했다며 기존 조직을 비난함에 따라) 유럽 전역에서 좌파와 우파의 포퓰리즘 정당이 부상했다. 필리핀이나 태국과 마찬가지로 남아프리카 공화국에서도 포퓰리즘의 물결이 일었다.

- 나아가 서구 연합의 핵심 민주 국가의 이민 반대와 외국인 혐오 정서는 다양한 사회를 장려하고 세계의 인재를 활용하는 서구 세계의 일부 전통적인 장점의 원천을 약화시킬 수 있다.
- (좌우를 막론하고) 포퓰리스트 지도자와 집단은 대중의 지지를 조장함으로써 민주주의 관행을 이용해 집행부의 힘을 강화할 것이다. 이는 문명사회와 법치, 관용의 기준들을 느리지만 꾸준히 붕괴시킬 수 있다.

국가주의와 일부 종교적 정체성. 중국, 러시아, 터키, 그리고 다른 여러 나라에서 포퓰리즘의 친척 격인 국가주의에 이끌릴 것이다. 이런 나라의 지도자들은 실존적인 면에서 국제관계를 묘사하는 한편 국내의 정치적 대안을 제거함으로써 정치적 통제권을 강화하려고 노력한다. 이와 마찬가지로 중동과 북아메리카에서 배타적인 종교적 정체성을 통해 지역과 국내의 역학이 조성됨에 따라 사하라 사막 이남 아프리카의 여러 지역에서 기독교와 이슬람교 공동체 사회 간에도 그런 역학이 조성될 것이다. 러시아에서는 정치적 통제권을 강화할 목적으로 국가와 종교가 계속 결합할 것이다.

- 격변의 시대에 사람들이 더욱 강한 정체성과 소속감을 추구함에 따라 배타적이든 아니든 상관없이 종교적 정체성이 강력한 연결고리로 계속 남을 것이다. 전 세계 80퍼센트가 종교적으로 연결되어 있으며 그 비율이 점점 증가하고 있다. 퓨 리서치센터Pew Research Center에서

종교의 미래를 주제로 실시한 한 연구에 따르면 이런 현상의 원인은 개발도상국의 높은 출산율이다. 미국 정치에 대한 여러 연구에서는 어떤 사람이 따르는 특정한 신앙보다 종교성, 다시 말해 개인이 표현하는 신앙의 강도가 유권자의 행동을 예측할 수 있는 더 효과적인 요인인 것으로 나타났다.

거버넌스가 갈수록 어려워지고 있다

정부가 통치하고 정치 질서를 창조하는 방법이 급속도로 증가해 앞으로 수십 년 동안 한층 다양해질 가능성이 존재한다. 각국 정부는 안보와 부에 대한 대중의 요구에 부응하기 위해 더욱 안간힘을 쓸 것이다. 변화하는 정보 환경, 정부가 관리해야 한다고 대중이 기대하는 문제의 증가, 그리고 정책 수립과 실행을 막을 수 있는 역량이 강화된 관련자들이 늘어날 것이다. 뿐만 아니라 재정적인 한계, 정치 양극화, 부실한 행정 능력으로 말미암아 상황은 더욱 어려워질 것이다. (부패와 엘리트층의 스캔들에다) 정부의 성과가 대중의 기대에 크게 미치지 못하는 결과가 더해져 대중의 불신과 불만이 커질 것이다. 아울러 시위와 불안이 발생할 가능성과 거버넌스의 다양성이 높아지리라 예상된다.

- 브라질과 터키 같은 지역(지난 10년 동안 중산층이 증가한 국가)에서 주목할 만한 시위가 발생한 것은 더욱 부유해진 국민이 더욱 훌륭하고 투명한 정부와 사회를 기대하고 있음을 뜻한다. 국민은 또한 이미 얻은

것을 잃지 않기 위한 보호막을 원한다. 한편 성장 속도가 주춤하고 중산층의 임금이 정체되며 개발도상국의 불평등이 심화됨에 따라 대중은 생활 수준을 향상시키고 보호해달라고 요구하기 시작할 것이다. 여러 정부가 증가한 부채, 더욱 치열해진 세계 경제의 경쟁, 금융과 일상용품 시장의 변동에 제약을 받을 때 이런 현상이 일어날 것이다.

- (2008년 금융 위기와 페트로브라스Petrobras 부패 스캔들 등 엘리트층의 예상치 못한 실패와 더불어) 지도자나 정부 기관의 정보에 관한 대중의 접근성이 커지자 기존 권위에 대한 대중의 신뢰가 약화되고 세계적으로 포퓰리스트 운동이 확산되었다. 뿐만 아니라 정보 기술을 통해 개인의 목소리가 커지고 엘리트층에 대한 불신이 심화되면서 일부 국가에서 정당과 노동조합, 시민 단체의 영향력이 붕괴되었다. 그 결과 민주국가의 대표에 위기가 발생할 가능성이 발생했다. 조사에 따르면 선진국에서는 정부에 대한 신뢰가 떨어진 반면, 특히 중동과 남아메리카 신흥국의 국민 다수는 정부 관리들에 대해 '대중이 그들을 좋아하는지에 관심이 없다'고 믿었다. 미국인들의 정부에 대한 신뢰는 평가가 시작된 1958년 이후 최저 수준으로 나타났다.
- 북아메리카와 서부 유럽의 젊은이가 기성세대에 비해 언론의 자유를 지지할 가능성이 적어짐에 따라 민주주의 자체에 대한 의문이 증가할 것이다. 민주국가와 독재국가의 요소를 결합하는 나라가 증가하는데 이런 조합은 대개 불안을 초래한다. 프리덤 하우스Freedom House의 보고에 의하면 2016년 '자유' 평가 수치가 하락한 국가는 개선된 국가보다 거의 두 배가량 많았으며 이는 10년 만의 가장 큰 하락이었다.

국제 기관은 더욱 복잡한 환경에 적응하기 위해 고전하겠지만 그래도 수행해야 할 역할이 남아 있을 것이다. 이를테면 평화유지와 인도주의적 지원 같은 문제에서 주요 강대국의 이해관계가 일치할 때 국제 기관의 역할이 가장 주효할 것이다. 이런 문제에서는 제도와 기준이 이미 잘 정비되어 있기 때문이다. 하지만 회원국과 조직의 이해관계가 다양해지고 새로운 국제 문제가 더욱 복잡해짐에 따라 국제 기관과 지역 기관에 서서히 개혁이 일어날 것이다. 일부 기관과 회원국은 필요할 때마다 개입해 비국가 관련자나 지역 조직과 협력할 조치를 취하고 소규모로 규정된 문제를 목표로 삼는 접근 방식을 선호할 것이다.

- 거부권의 증가. 국가 간의 이해관계가 다양해짐에 따라 전반적으로 UN 안전보장이사회 회원국을 대대적으로 개혁하기가 어려워질 것이다. 반면 주요 강대국과 예비 강대국의 이해관계가 충돌함에 따라 분쟁 내처 과정에서 국제적인 공식 활동이 원활하지 못할 것이다. UN 안전보장이사회를 개혁해야 할 필요성에 동의하는 사람은 많겠지만 회원국에 대해 합의가 이루어질 가능성은 희박하다.
- 느린 대처. 기존 기관들이 유전자 수정, 인공지능, 인간 증강 같은 새로운 문제로 고전할 가능성이 있다. 국가와 정부 기관, 국제 기관이 기준과 정책, 규제와 규범을 수립하는 속도보다 기술이 더 빠른 속도로 변화하기 때문이다. 아울러 사이버와 우주가 새로운 도전들을 제기할 것이다. 이는 특히 사용 기준과 역량을 형성하는 과정에서 민간 통상 관련자들의 역할이 더 커졌기 때문이다.
- 멀티 이해관계자 다국간주의. 공식 국제 기관이 도전에 대처하고자

기업, 시민 사회 조직, 지역 정부와 긴밀히 협력하면서 다국적인 역학이 확장될 것이다. 멀티 이해관계자 포럼이 성장함에 따라 토론의 새로운 포맷이 등장하고 민영 분야의 거버넌스 참여가 증가할 것이다.

분쟁의 성격이 변화하고 있다

주요 강대국 사이의 이해관계가 복잡해지고, 테러 위협과 약소국의 불안이 계속되며, 살상 및 파괴 기술이 확산되면서 다음 20년 동안 국가 간 분쟁을 포함해 분쟁 발생 위험이 증가할 것이다. 지난 20년 동안 횟수와 강도 면에서 분쟁이 줄어들던 추세가 역전되고 있는 것처럼 보인다. 국제적인 보고에 따르면, 2011년 이후 분쟁의 횟수, 그리고 전투와 관련된 사망자와 그 밖의 분쟁 희생자가 크게 증가했다. 다양한 군사 및 비군사적 도구를 채택해 전쟁과 평화 사이의 선을 흐리게 하고, 단계적 확대와 억제의 오래된 기준을 약화시킬 관련자가 증가할 것이다.

미래의 분쟁은 전통적인 군사 수단을 통해 전쟁터에서 적군을 패배시키기보다는, 심리적이나 지정학적으로 점점 중요해지는 인프라스트럭처, 사회 응집, 기본적인 정부 기능을 파괴시키는 데 역점을 둘 것이다. 비전투원들이 표적이 되는 사례가 증가해 인종, 종교, 정치 단체 사이의 불화를 조장함으로써 국내의 사회 협력과 공존을 파괴할 것이다. 그런 전략의 대가는 더 크지만 결정적인 분쟁이 줄어드는 추세를 확인할 수 있다.

파괴적인 집단. (테러리스트, 폭도, 운동가, 범죄 조직 등) 비국가 및 준국가 집단들이 더 많은 이익을 얻고자 더욱 다양한 살상 및 비살상 도구를 이용하고 있다. 헤즈볼라Hizballah와 ISIL 같은 단체들은 지난 10년간 고성능 무기를 확보했다. 휴대 가능한 대전차용 미사일, 지대공 미사일, 무인 드론, 그 밖의 정밀 유도 무기가 더욱 일반화될 가능성도 있다. 이를테면 어나니머스Anonymous처럼 자제할 이유가 비교적 적은 운동 단체가 파괴적인 사이버 공격을 택할 가능성이 있다. 저지하기가 더 어렵기 때문에 지금껏 국가들은 공세를 취하고 이들을 더욱 적극적으로 공격해야 했다. 이 과정에서 이따금 집단의 이념적인 대의명분이 발생한다.

원거리 전쟁. 한편 국가 및 비국가 관련자들은 계속해서 원거리 공격의 역량을 강화할 것이다. 사이버 공격, 정밀 유도 무기, 로봇 시스템, 무인 무기의 개발이 활발해져서 방어자를 제압하면서 살상할 가능성이 적으므로 공격자가 분쟁을 개시할 한계선이 낮아진다. 따라서 특히 분쟁의 초기 단계에서 전쟁은 상대 군대와의 직접적인 충돌보다는 원거리 작전으로 변화할 것이다.

- 미래에는 장거리, 전통적인 정밀 유도 무기를 보유하고 있는 두 군대가 위기에 직면할 경우 급속히 빠르게 분쟁으로 이어질 위험이 있다. 양측 모두 공격받기 전에 공격해야 할 동기가 있기 때문이다.
- 뿐만 아니라 적의 공격 역량을 파괴하려는 군대는 십중팔구 내비게이션과 표적화 정보를 제공하는 위성을 포함해 명령과 통제, 표적화 인프라스트럭처를 공격의 표적으로 삼을 것이다. 이를테면 러시아와 중국은 궤도를 순회하는 위성을 파괴할 무기 시스템을 계속 연구해서

미국과 다른 국가의 위성을 더욱 위협할 것이다.

새로운 WMD 문제. 기술이 발전하고 강대국 간의 불균형이 심화됨에 따라 핵무기와 다른 형태의 대량 살상 무기WMD의 위협이 증가할 것이다. 2035년까지 현재 핵무기 보유국은 자국 핵무기를 현대화하지는 않을지언정 적어도 유지할 것이 거의 확실하다. 북한이 핵무기를 과시하며 다른 국가들을 위협하고, 이란의 의도를 명확히 파악할 수 없는 상황에서 다른 국가들이 핵무기 개발에 뛰어들 가능성이 있다. 또한 첨단 기술, 특히 바이오 테크놀로지의 확산으로 새로운 관련자가 WMD 역량을 확보해야 할 한계선이 낮아질 것이다. 뿐만 아니라 약소국이 내적으로 붕괴할 경우, 쇠락하고 있거나 이미 쇠락해서 더 이상 자국의 무기나 과학 기술 지식을 통제할 수 없는 국가의 테러리스트들이 독단적으로 무기를 강탈해 사용할 위험이 있다.

'그레이 존' 분쟁. '평화시'와 '전시'의 구분이 모호해지면 적들이 분쟁에

우주

한때 주요 강대국들의 전용 공간이었던 우주가 점점 민주화되고 있다. 우주 개발 국가 기관의 예산이 답보 상태에 머물면서 민간 산업이 빈틈을 채우고 우주 여행, 소행성 채굴, 공기 팽창식 우주 거주 공간과 같은 중대한 프로그램을 추진할 것이다. 하지만 상업적인 잠재력을 완벽하게 실현하기까지는 십중팔구 몇십 년이 걸릴 것이다. 한편, 우주 활동이 증가하면 위험이 따를 것이다. 세계가 우주 진출을 확대하는 과정에 가장 큰 위협 요소인 우주 쓰레기를 확인하고 제거하기 위해 국제적 조치가 필요할 수 있다. 우주 자산이 제공하는 무한한 전략적·상업적 가치를 고려할 때 우주는 점점 접근과 사용, 통제권을 놓고 국가들이 경쟁할 무대가 될 것이다. 위성을 의도적으로 무력화하거나 파괴할 목적으로 위성 공격 기술을 배치시킨다면 세계의 긴장이 심화될 수 있다. 우주 개발 국가(특히 중국, 러시아, 미국)가 우주 활동을 위한 행동 수칙에 동의할지 여부가 관건이다.

평균 표면 온도 변화 예상 수치

굵은 곡선은 컴퓨터 모델링으로 평가한 세계 표면 온도의 변화를 나타내지만 실제 변화 곡선에는 (평균보다 높은) 정점과 (평균보다 낮은) 계곡이 많을 것이다. 정점은 분명 미래의 평균적인 기후 조건을 한눈에 보여주므로 질적인 면에서 중요하다.

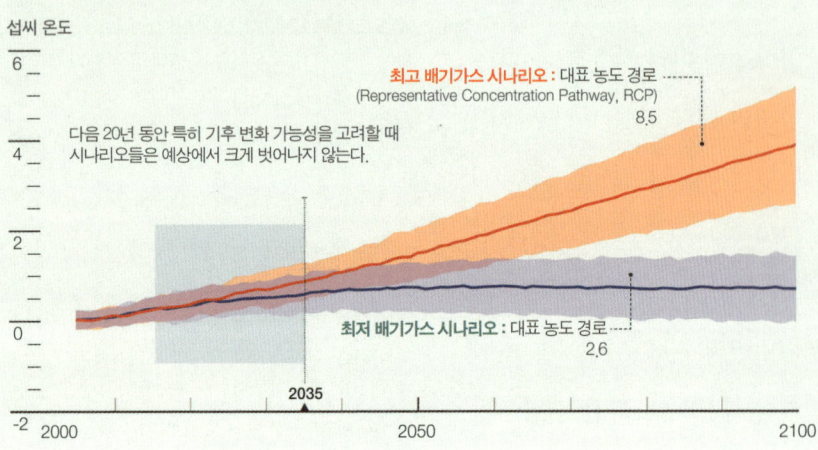

대처할 때 단계적 확대 및 억제와 관련된 전통적인 수치에 의존하기가 어려워질 것이다. 강권 외교, 언론 조작, 비밀 작전, 정치적 전복, 경제적 강압은 오래된 압력 전술이지만 사이버 파괴, 역정보 캠페인, 대리 공격을 개시하기가 용이하고 효과적인 까닭에 긴장과 불확실성이 고조되고 있다. 전면전에 돌입하는 한계선을 넘어서지 않을 능력을 갖추면 평화시와 전시 사이에 존재하는 '그레이 존'에서 경제, 정치, 안보 측면의 경쟁력을 유지할 수 있을 것이다.

다른 지역에 비해 기후 변화를 더욱 우려하는 남아메리카와 아프리카

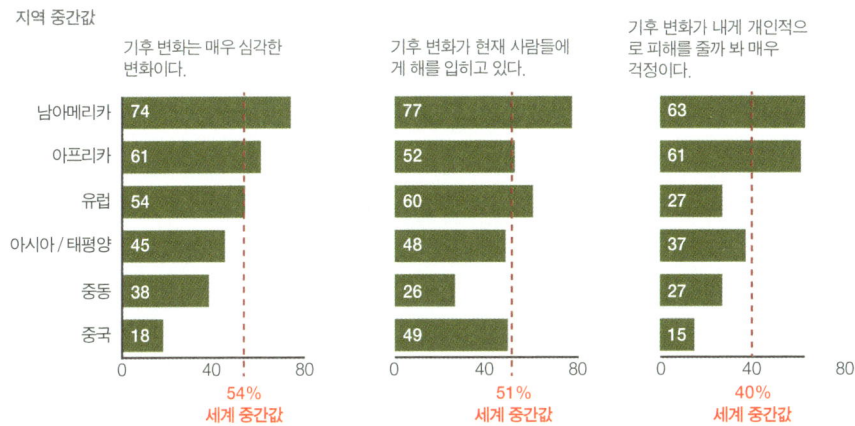

주의: 미국 조사 결과 45퍼센트가 "기후 변화는 매우 심각한 변화"라고 말했다. 41퍼센트가 "기후 변화가 현재 사람들에게 해를 입히고 있다"고 말했고 30퍼센트가 "기후 변화가 내게 개인적으로 피해를 줄까 봐 매우 걱정"이라고 말했다.

기후 변화가 가시화되다

기후가 변화하고 환경 및 천연자원에 대한 스트레스가 증가하며 인간과 동물 건강의 연관성이 커지고 있다. 다시 말해 기존의 접근 방식으로는 속도 면에서 따라가지 못할 복잡하고 체계적인 위험이 존재한다. 환경과 관련된 최근의 약속을 지키고 청정에너지 기술을 수용하며 예측할 수 없는 환경적·생태학적 사건에 대비하겠다는 개인과 집단, 정부의 의지가 앞으로 닥칠 세계의 당면 과제에서 협력 가능성을 시험할 기준이 될 것이다.

기후 변화. 기후 변화로 말미암아 더욱 극심한 기상 이변이 일어나서 인간과 바다, 담수, 생물학적 다양성과 같은 중대한 시스템에 대한 위협이 더욱 커질 것이다. 이 같은 변화는 다시 사회, 경제, 정치, 안보에 직간접적으로 영향을 미칠 것이다. 기상 이변으로 흉작과 산불, 정전, 인프라스트럭처 붕괴, 공급 사슬 붕괴, 이주, 감염성 질환 창궐 등이 발생할 수 있다. 사람들이 기후에 영향을 많이 받는 장소, 이를테면 도시, 해안 지역, 물 부족 지역 등에 집중적으로 거주함에 따라 그런 이변이 더욱 뚜렷해질 것이다. 특정한 기상 이변의 원인을 기후 변화에서만 찾을 수는 없으나, 기후 변화에 관한 정부 간 패널IPCC에 따르면 기상 이변과 기록적인 기상 현상이 일어나는 특이한 패턴이 갈수록 일반화될 것이다.

현재 어떠한 온실가스 감소 정책을 실시하고 있든 상관없이 이미 배출된 온실가스 탓에 다음 20년 동안 세계 평균 온도는 대폭 상승할 수밖에 없다. 대부분의 과학자들은 기후 변화가 현재 조건을 악화시켜, 이를테면 덥고 건조한 지역은 더욱 덥고 건조해질 것이라고 예상한다.

- 장기적으로 볼 때 세계적인 기후 스트레스 때문에 사람들이 직면하는 질병과 그들이 사는 방식과 장소가 바뀔 것이다. 기후 스트레스로는 해수면 상승, 해수 산성화, 영구 동토층과 빙하 해빙, 공기의 질 저하, 운량 변화, 온도와 강우량의 지속적인 변화 등을 꼽을 수 있다.
- 현재 기후 변화 모형에 따르면 장기적으로 평균 세계 표면 온도가 상승할 것이다. 그러나 기후 전문가들은 기후 역사와 시스템의 복잡성을 고려할 때 더욱 급작스럽고 극단적인 변화가 일어날 수 있다고 경고한다.

(관찰된 것이든 예상되는 것이든 상관없이) 기후 변화가 사람들의 세계관에 중대한 요소로 작용할 것이다. 여러 가지 생태적·환경적 스트레스가 국경을 넘어 확산되면서 기후의 영향에 대처할 지역 사회와 정부의 능력이 약화되었다. 변화가 일어나는 강도와 지역이 다르므로 정책의 시급성 또한 제각기 다를 것이다. 개발도상국 국민의 인식이 높아지고 정치적인 영향력이 커짐에 따라 세계적으로 이런 문제에 대처하라는 대중의 압력 또한 커질 것으로 예상된다.

- 오염과 수질, 기본적인 생활권을 걱정하는 중산층이 증가하면서 중국의 사례는 오늘날 개발도상국들을 위한 경고가 되었다. 2016년 퓨 리서치센터가 중국인을 대상으로 실시한 조사에서 조사 대상자의 절반이 더 깨끗한 공기와 경제 성장을 맞바꿀 의향이 있다고 대답했다.

기후 변화 및 이와 관련된 자연재해, 정책 결정, 새로운 감소 기술 또한 투자와 산업의 승자와 패자를 만들 것이다. 한 대형 금융 자문 회사는 기후 변화로 말미암아 다음 35년 동안 선진국 주식 시장의 주요 분야가 지속적으로 하락하리라 예측한다. 한편 선진국 주식 시장에서 대부분의 분야에 대한 투자는 증가할 것이다. 농업, 인프라스트럭처, 부동산도 2050년까지 혜택을 받을 것으로 예상된다. 전 세계 개발과 인도주의 구호 기관에서 실시한 조사에 따르면 1970년 이후 가뭄, 폭풍, 홍수, 산불로 발생한 재정 손실은 소폭이지만 꾸준히 증가했다. 이후 수십 년 동안 더욱 빈번하게 심각한 재해가 일어날 것이다.

기후 변화는 지정학적인 경쟁과 국제 협력을 동시에 야기할 것이다. 기

> **2033년의 깜짝 가상 뉴스**
>
> ## 방글라데시의 기후 지구 공학이 시위에 불을 붙이다
>
> 2033년 4월 4일, 다카(Dhaka)
>
> 방글라데시가 세계 최초로 개조한 보잉 747 비행기에서 대기 상층으로 1미터톤(M/T)의 황산염 연무제를 분사함으로써 기후 변화의 속도를 늦추려고 시도했다. 이는 태양 복사열의 온난화 효과를 감소시키기 위해 계획된 6회의 비행 가운데 1차 비행이었다. 이 유례없는 조치로 인해 25개국에서 외교적인 경고를 발령했고 몇몇 방글라데시 대사관에서 폭력적인 대중 시위가 발생했다. 산성비 농도 상승과 오존층 파괴 등 의도치 않은 중대한 결과가 발생하리라는 경고에도 방글라데시 정부 관리들은 강력한 허리케인이 잇따라 발생한 이후 '자국 방어에 반드시 필요했다'고 주장했다.

후 변화 문제에서 세계의 지도자로 발돋움하려는 중국은 파리 협정2015년 12월 12일 유엔 기후 변화협약 당사국총회 본회의에서 채택된 협정으로, 195개 당사국 모두 온실가스 감축 목표를 지키도록 협의하였다 −역주을 지키겠지만 모니터링 메커니즘에 대한 지지를 약화시켜 인도 같은 개발도상국의 지지를 얻을 것이다. 만일 일부 국가에서 대규모 기후 조건을 조작하고자 지구 공학 기술을 연구한다면 기후 변화 관리를 둘러싼 긴장이 크게 고조될 수 있다. 초창기 연구 활동은 대개 성층권에 연무제를 주입하거나, 해양 구름을 화학적으로 밝게 만들거나, 궤도에 우주 반사경을 설치하는 등 온도와 강우 패턴을 변경하는 기술을 탐구하기 위한 컴퓨터 모형에 의존한다. 다른 접근 방식들은 대기의 이산화탄소를 제거하는 일에 초점을 맞춘다. 이 같은 활동에 대한 국제 기준이나 규제가 없다는 사실을 감안하면 대규모 지구 공학 테크닉을 테스트하고 시행하려는 모든 활동은 위험과 의도하지 않은 잠재적인 결과를 둘러싼 긴장을 초래할 수 있다.

환경과 천연자원. 거의 모든 지구 시스템이 자연과 인간이 야기한 스트레스를 겪고 있다. 국내외 환경 보호 활동은 이 스트레스가 발생하는 속도를 따라가지 못한다. 단일 분야를 관할하는 여러 기관이 물, 식량, 에너지, 토지, 건강, 인프라스트럭처, 노동의 복잡한 상호의존성에 대처하기 위해 고심할 것이다.

- 새로운 대기 질 정책이 실행되지 않는 한 2035년 무렵 전 세계 환경 관련 사망자의 제1 원인은 실외 공기 오염일 것으로 예상된다. 세계 보건 기구에 따르면 도시 인구의 80퍼센트 이상이 이미 안전 한계치를 넘어서는 공기 오염에 노출되어 있다.
- UN에 의하면 2035년 무렵 세계 인구의 절반이 물 부족에 직면할 것이다. 인구 증가와 소비 증가, 농업 생산 등으로 물 수요량이 물 공급량을 앞질러 일부 지역에서는 지하수가 고갈되고 강우 패턴이 변화하는 바람에 물 공급에 대한 신뢰가 떨어질 것이다. 2035년 무렵 30개국이 넘는 나라(거의 절반가량이 중동 국가)가 극심한 물 스트레스를 겪으면서 경제, 사회, 정치의 긴장이 고조될 것이다.
- 북극과 남극의 얼음이 녹아서 시간이 갈수록 해수면 상승의 속도가 빨라질 것이다. 북극의 항해 가능성이 커지면 앞으로 수십 년 동안 통상 무역 경로가 단축되고 그 지역의 천연자원에 대한 접근성이 확대될 것이다. (아시아의 모든 주요 강의 원천인) 티베트 고원Tibetan Plateau에서 녹고 있는 빙하 역시 광범위한 영향을 미칠 것이다.
- 세계 식량의 95퍼센트를 생산하는 세계 토양 가운데 현재 3분의 1 이상이 퇴화되었다. 토양 퇴화(주로 인간이 야기한 변화로 인한 토양 생산력

물 분배가 더욱 쟁점이 될 것이다

인구 증가, 도시화, 경제 개발, 기후 변화, 그리고 물 관리 부실로 말미암아 물 스트레스를 겪는 나라가 증가하고 공동 수자원을 둘러싼 긴장이 고조될 것이다. 역사적으로 국가들 간의 물 분쟁은 폭력적인 충돌보다는 분배 합의로 마무리되었지만 더는 이런 패턴을 유지하기가 어려울 것이다. 댐을 건설하거나 산업 용수가 오염되거나 혹은 기존 조약 조항을 무시하거나 받아들이지 않으면 물 긴장이 악화되지만 정치적·문화적 스트레스가 흔히 더 큰 요인으로 작용한다.

세계 263개 국제 하천 유역 가운데 거의 절반이 공동 관리 협정을 맺지 않았으며 600개가 넘는 국가 간 대수층 시스템 가운데 협정을 맺은 것은 손가락으로 꼽을 정도이다. 게다가 많은 기존 협정은 기후 변화, 생물학적 다양성 상실, 수질 같은 새로운 문제에 대처하기에 적합하지 않다. 메콩 강, 나일 강, 아무다리야 강, 요르단 강, 인더스 강, 브라마푸트라 강 등 주요 하천 유역에서 진행 중인 논쟁을 통해 점점 자원이 부족해지는 시대에 물 거버넌스 구조를 어떻게 바꾸어야 할지 해답을 찾을 수 있다.

의 상실)가 이미 새로운 토양 형성보다 40퍼센트 이상 빠른 속도로 일어나고 있다.

● 국내외의 지속적인 노력에도 생물권의 다양성은 지속적으로 감소할 것이다. 기후 변화로 서식지 상실과 퇴화, 과잉 개발, 오염, 외래종의 침입이 점점 증폭되면서 산림, 어장, 습지에 부정적인 영향을 미칠 것이다. 여러 해양 생태계, 특히 산호초가 해양 온난화와 산성화에서 비롯되는 중대한 위험에 직면할 것이다.

건강. 인간과 동물 건강의 상호 연결성이 점점 커질 것이다. 세계 연결성이 증가하고 환경 조건이 변화하면 병원체와 그 숙주의 지리적인 분포에 영향을 미치고, 이는 다시 인간과 동물의 여러 감염성 질환의 등장과 전염, 확산에 영향을 미칠 것이다. 질병 통제를 위한 국내외 보건 시스템의 결함을 바로잡지 못한 탓에 감염성 질병의 발생을 감지하고 관리하기가 더욱 어려워지고 그 결과 근원지와 멀리 떨어진 곳에서도 전염병이 창궐할 가능성이 커질 것이다.

- 그러나 다음 몇십 년 동안 노화와 영양 부족, 위생, 도시화, 불평등 심화 등 인구 통계학적 요인과 문화적 요인으로 말미암아 (심장병, 뇌졸중, 당뇨병, 정신병 같은) 비전염성 질환이 감염성 질환보다 더 빠른 속도로 증가할 것이다.

트렌드의 결합이 권력과 정치를 변화시킬 것이다

이런 세계 트렌드가 결합한 결과 권력 행사의 의미가 변화하고 거버넌스가 더욱 어려워질 것이다. 개인과 지역 사회, 혹은 국가가 대처해야 할 영역을 넘어서는 문제가 수십 년 전에 비해 증가하고 더욱 빠르게 복잡해질 것이다. 과거에는 장기적인 것으로 생각되었던 문제가 단기적으로 영향을 미치는 경우가 더욱 잦아질 것이다. 예컨대 기후 변화와 바이오 테크놀로지의 부주의한 사용이나 악용 같은 복잡한 상호의존성으로 말미암아 인간의 생활이 악화되고 파괴될 가능성이 있다. 사이버와 정보 기술(인간의 의존성이 점점 증가하는 복잡한 시스템) 때문에 새로운 형태의 상거래와 정치, 즉시 파악할 수 없는 영향과의 충돌이 발생할 것이다.

경제와 기술, 안보 관련 트렌드 때문에 지정학적인 영향력을 행사하는 국가가 증가하고 그 결과 단극 체계의 탈냉전 시대가 막을 내릴 것이다. 지난 세기의 경제적인 진보를 통해 물질적인 소유권을 보유하고 최고 강대국과 중간 강대국의 위치에 오른 국가(브라질, 중국, 인도, 인도네시아, 이란, 멕시코, 터키)가 증가했다. 이로써 국제 질서를 확립하려는 관련자(그리고 상충되는 이해관계와 가치)가 증가할 가능성이 열렸다. 세계 경제 성장의 미래는 불확실하지만 주요 예측 전문가들은 이머징마켓 국가의 GDP 공헌도가 지금보다 더 높아져 세계 경제 활동의 초점이 동쪽으로 옮겨갈 것이라는 데 뜻을 모은다.

기술과 부는 개인과 소집단의 역량을 강화시키고, 거버넌스와 분쟁의 기존 패턴을 근본적으로 바꿀 것이다. 물질적인 부의 변화는 국제 권력의 균형에 도전하고 있다. 이와 마찬가지로 부유한 나라에서 역량은 강화되었으나 악전고투하는 중산층이 기존의 국가와 사회의 관계, 구체적으로 말해 정부와 국민, 엘리트층과 대중이 서로에게 기대하는 역할과 책임 관계에 엄청난 압력을 가하고 있다. 특히 아시아의 빈곤이 해소되어 이제 생존에 급급하지 않고 정치적인 목소리를 주도하는 개인과 집단이 증가했다. 이들의 정치적인 목소리를 증폭시킨 요인은 소비와 저축, 인터넷과 현대 커뮤니케이션이었다.

- ICT 혁명을 통해 개인과 소집단은 정보와 세계적으로 영향력을 행사할 능력을 얻었고, 그들의 행동과 관심, 가치관이 과거 어느 때보다 중요해졌다.
- 비영리 다국적 기관, 종교 집단, 그 밖의 다양한 조직들이 현재 부와 영향력, 추종자들을 축적할 능력을 얻어 정치 권력자가 행사하던 방식보다 더 효과적으로 복지와 안보 문제에 대처할 수 있게 되었다.
- 이와 마찬가지로 모집과 통신이 용이해지고 무기 기술에 대한 접근성이 증가함에 따라 비국가 단체가 지역 질서를 무너트릴 수 있는 능력

을 얻었다.

정보 환경이 세계 문제에 대한 공통된 인식을 저해하고 있다. 과거 대중과 그들이 인식하는 현실을 단편화시켜 국제 협력을 조장할 수 있었던 것은 이런 공통된 인식 덕분이었다. 아울러 새로운 정보 환경에서 일부 사람들이 언론의 자유와 '아이디어 시장' 같은 민주주의 이상에 의문을 제기하고 있다. 공식 기관에 대한 불신이 증가하는 한편 전통적인 매체와 소셜 미디어가 확산되고 양극화되며 상업화되는 것을 두고, 일부 학자와 정치 관측자는 현대를 '탈 진실' 혹은 '탈 사실' 정치학의 시대라고 묘사한다. 최근 위키리크스의 폭로를 조작하는 등 우크라이나와 미국의 대선에 대한 러시아의 대처 방식에서 입증되었듯이 대중을 조종하려는 악의적인 시도가 비교적 쉬워졌다.

- 여러 연구 결과, 개인들은 자신의 의견이나 사전 지식과 상반되는 정보 때문에 견해를 바꾸거나 이의를 제기하지는 않는 것으로 드러났다. 그러나 왜곡되거나 적대적인 출처의 정보 때문에 집단이 분열된다는 믿음이 강해질 가능성은 있다.
- 문제를 해결하기 위해 사람들은 흔히 그들과 생각이 같은 지도자나 사람에게 의존하고 그들이 '진실'을 해석할 것이라고 믿는다. 에델만 신뢰도 지표 Edelman Trust Barometer 조사에 따르면 대학 교육을 받은 뉴스 소비자와 대중 사이의 신뢰 격차가 점점 넓어지고 있다. 이 국제적인 연구에서 응답자들은 '나와 비슷한 사람'에게 점점 의존하며 CEO나 정부 관리들보다 이들을 더 신뢰하는 것으로 나타났다.

- 2014년 퓨 리서치센터 조사에서 나타났듯이 보도 기관에 대한 미국 국민의 신뢰도는 고작 54퍼센트에 지나지 않는다. 대신 개인은 세계와 지역 사건에 대한 뉴스와 정보를 얻을 때 소셜 미디어에 이끌린다.

특히 권위와 정보의 신뢰도에 의문이 제기될 때 새로운 정책과 협력을 이끌어내거나 공통 과제에 대한 해결책을 실행하는 건설적인 힘보다는, 결과가 일어나지 않도록 저지하는 개인과 집단이 힘을 행사하기가 한층 쉬워질 것이다.

- 민주 정부에게 이는 공통된 관심사에 대한 이야기를 구성하고 전달하기가 더욱 어려워질 것이라는 의미이다. 뿐만 아니라 정책을 시행하기도 더욱 까다로워진다.
- 정당에게는 이해관계를 통합하고 국가에 대변하는 과정에서 그들이 전통적으로 수행했던 역할이 더욱 약화될 것이라는 의미이다. 정당 당원 대신 특별 이익 단체가 증가했던 것은 인터넷이 등장하기 훨씬 전인 1970년대 초반부터지만, 이러한 트렌드가 더욱 강화된 것은 정보 기술과 소셜 네트워킹을 통해서였다.
- 정보를 억제하고 조작하려는 권위적인 사고의 지도자 및 체제의 욕구와 이를 행동에 옮길 수 있는 기술적인 수단이 증가할 것이다.

변화하는 권력의 본질

글로벌 트렌드들이 결합함으로써 거버넌스와 협력은 더욱 어려워지고 있다. 물질적인 형태의 전통적인 권력만으로는 원하는 결과를 얻어낼 수 없게 된 것이다. (일반적으로 국내 총생산, 군비 지출, 인구 규모, 기술 수준으로 측정되는) 물질적인 힘은 언제나 국가의 으뜸가는 수단이었으며 앞으로도 그럴 것이다. 그런 힘을 갖춘 강대국은 (최근 파리 기후 협정에서 그랬듯이) 의제를 정하고 협력을 이끌어내며 러시아의 크림 합병에서 입증되었듯이 일방적으로 결과를 강요할 수 있다. 하지만 ISIL 같은 비국가 관련자가 안보 환경을 형성하는 과정에 끼친 영향이나 그런 발전에 반격하는 과정에 주요 강대국이 직면했던 여러 제약은 물질적인 힘만으로는 설명할 수 없다. 뿐만 아니라 불복종의 길을 선택한 사람들을 강제로 움직이게 만들 수는 없다.

조치를 취할 능력을 거부하거나 제공하지 않을 수 있는 관련자가 늘어남에 따라 (폭력적인 극단주의와 맞서든, 기상 이변에 대처하든 상관없이) 결과를 얻어내고 유지하기가 더 어려워질 것이다. 점점 더 많은 국가와 비국가 관련자들이 사이버와 네트워크 같은 새롭거나 비전통적인 형태의 힘을 발휘하고 있다. 이들은 심지어 사건에 영향을 미치고 파괴를 일으키기 위해 환경을 조작하며 적절한 비용으로 결과를 성취할 목적으로 '물질적으로 강력한' 국가의 능력에 더욱 제약을 가한다. 국가와 대규모 조직에서는 (운동가, 국민, 투자자, 소비자 등) 의견이 다른 사람들이 떠나거나 복종하던 태도를 접거나 이따금 폭력적으로 시위할 가능성이 높아질 것이다. 뿐만 아니라 정보와 다른 네트워크를 통해 세계적인 연결성이 확대됨에 따라 힘은 약해도 연결성이 높은 관련자들이 대단한 영향력을 발휘할 수 있다.

지난 세대들보다 더 빠르고 통합적이며 적응력이 뛰어난 형태로 물질적인 역량과 관계, 정보를 활용할 수 있는 국가와 집단, 개인이 미래의 가장 강력한 관련자가 될 것이다. 이들은 물질적인 역량을 이용해서 영향력을 발휘하고 어떤 경우에는 결과를 얻어내거나 혹은 거부할 것이다. 그런 한편 대중의 대대적인 지지를 확보하고 정보를 이용해 자신의 대의명분에 동참하도록 사회와 국가를 설득하거나 조종함으로써 '결과의 힘'을 입증할 것이다. 중복되기는 해도 똑같지는 않은 관심사와 가치관에서 설득력 있는 이야기와 이념을 창조하고 관심을 창출하며 신뢰와 신용을 쌓는 능력을 얻을 것이다. 가장 강력한 엔티티들(entities)은 (기업, 사회나 종교 집단, 일부 개인은 물론이고) 국가로 하여금 그들의 물질과 관계, 그리고 정보 능력의 깊이와 균형을 입증하는 한편 모든 문제에서 협력망을 창조하도록 유도한다. 결과를 유지하려면 끊임없이 관계를 돌봐야 할 것이다.

PART 02

머지않은
미래

가까운 미래,
긴장은 더욱 고조될 것이다

이런 글로벌 트렌드가 다음 5년간 거버넌스에 도전하고 힘의 본질을 바꾸면서 중대한 결과를 얻어낼 것이다. 그리고 국내외의 모든 지역과 모든 형태의 정부에 긴장을 고조시킬 것이다. 이런 단기적인 조건들로 말미암아 테러리즘의 위협이 확대되고 국제 질서의 미래는 균형을 맞출 것이다.

국민이 끊임없이 변화하는 세계에서 정부에게 무엇을 기대할 수 있는지에 대한 기본적인 의문을 제기함에 따라 긴장이 고조되고 있다. 해외에서 일어나는 사건이 점점 그런 조건들을 결정할 때 대중은 국내에서 더욱 포괄적이고 확실하게 부와 평화를 제공하라고 정부에게 요구하고 있다.

이런 역학이 다시 국가 간의 긴장을 고조시키고 그 결과 다음 5년 동안 국가 간 분쟁이 일어날 가능성을 높이고 있다. 유럽이 휘청거리고 세계에서 미국이 수행하는 역할이 불확실해지며 분쟁 예방과 인권을 위한 기준이 약화되면서 중국과 러시아가 들어설 자리가 생긴다. 이런 요인들로 말미암아 지역의 비국가 공격자들이 대담해져 리야드Riyadh와 테헤란Tehran, 이슬라마바드Islamabad와 뉴델리New Delhi, 한반도 등의 지역 대립이 새로운 양상을 띨 것이다. 거버넌스의 부족은 파키스탄과 북한 같은 국가의 불안

2015년 한 은행 밖에서 잠자고 있는 그리스의 노숙자. 은행들은 금융 위기 동안 인출을 제한하기 위해 이따금 문을 닫았다.

과 위협 인식을 자극할 것이다.

- 주요 강대국 사이의 경제적 상호의존성은 공격적인 행동을 계속 견제하겠지만 미래의 분쟁을 막기에는 역부족일 것이다. 강대국과 중간 국가 모두 경제적인 강압과 금융 제재 조치에 취약한 상호의존성을 낮추고, 자국의 이익을 적극적으로 추구할 행동의 자유를 확대할 방법을 모색할 것이다.

한편 국가와 집단, 개인이 다양한 방식으로 해를 가할 능력을 얻음에 따라 테러의 위협이 확대될 것이다. 국내외적으로 긴장이 고조되면 (그리고 테러의 위협이 점점 커지면) 세계는 더욱 무질서해지고 국제 사회에서 규칙과 제도, 힘의 분배에 대해 상당한 의문이 제기될 것이다.

유럽의 긴장과 미래의 연합에 대한 의혹이 더욱 커지는 것은 경제와 안보 문제에 제대로 대처하지 못하는 기관들 때문이다. EU 기관에서 유로존 국가를 위한 금융 정책을 결정했지만 재정과 안보 책임은 여전히 각국 정부의 몫이었다. 그 결과 가난한 회원국은 부채에 허덕이고 그들의 성장 전망은 낮아졌으며 각 나라가 자국의 안보 정책을 결정해야 했다. 이민과 성장 둔화, 실업에 대한 대중의 불만은 토착주의에 불을 지피고 대륙의 여러 가지 문제에서 자국의 해결책을 선호하게 되었다.

- **전망_** 유럽은 또 다른 충격에 직면할 것이다. 은행의 자본과 규제가 여전히 공평하지 않은 상태에서 유럽 내외부의 이주가 계속될 것이며, 브렉시트는 다른 유럽 국가들의 지역 및 분리주의 운동을 부추길 것이다. 노화하는 인구 탓에 경제 산출이 약화되고 제품과 투자에서 서비스(이를테면 의료 서비스)로 소비가 옮겨갈 것이다. 젊은 노동 인구가 부족해 조세 수입이 줄어들고 그 결과 노동 인구를 증대하기 위한 이민을 놓고 논쟁이 일어날 것이다. EU의 미래는 제도를 개혁하고, 고용과 성장을 창조하고, 엘리트층에 대한 신뢰를 회복하고, 이민이 국가 문화를 파격적으로 바꿀 것이라는 대중의 우려에 대처할 수 있을지에 달렸다.

앞으로 5년 동안 **미국**의 회복 탄력성은 시험받을 것이다. 유럽에서 그랬듯이 경제적으로 어려운 시기에는 사회와 계층이 분열되었다. 임금이 정체되고 소득 불균형이 심화되면서 세계 경제 통합과 상승이라는 '아메리칸 드림'에 대한 의혹이 불거지고 있다. 일자리를 찾고 있는 25~54세 미국 남성의 비율은 대공황 이후 최고치를 기록했다. 하지만 2015년 중간 소득은 5퍼센트 상승했으며 부동산을 매입할 수 있고, 국내외 투자 수익률이 높고,

일반적으로 이민자의 노동을 활용하고, 연방 지원에 대한 기대가 낮은 일부 지역에서는 회복의 징조들이 보인다.

- **전망_** 경제 향상의 징조가 보이지만, 지도층과 기관에 대한 대중의 신뢰가 떨어지고 정치가 극히 마비되었으며 저성장과 사회보장 지출이 정부 수입에 제약을 가함에 따라 중대한 도전에 직면할 것이다. 뿐만 아니라 로봇 공학과 인공지능의 발전으로 노동 시장이 더욱 파괴될 것이다. 한편 미국 정부가 세계 지도자의 역할을 맡을지 여부는 오리무중이다. 그러나 1970년대 불안의 시기를 겪은 후에 경제가 크게 회복되어 세계 지도자의 역할을 맡았듯이 미국은 고난에서 회복한 경험이 있다. 국가와 지역의 혁신, 탄력적인 금융 시장, 모험 수용성, 다른 나라에 비해 균형적인 인구 통계학적 구성은 긍정적인 가능성을 보여준다. 마지막으로 미국은 포용적인 이상(비록 완벽하게 실현되지는 않았으나 한 인종이나 민족이 아니라 모두를 위한 삶과 자유, 행복 추구)을 바탕으로 건국된 나라라는 점에서 독특하다. 이 유산은 분열에 대처할 때 여전히 결정적인 장점이다.

중앙아메리카는 약소국인 데다가 마약 거래로 지금껏 고통받았으며 앞으로도 그럴 것이다. 같은 약소국이라도 **남아메리카**는 세계 대부분의 지역보다 안정적이었고 (좌파와 우파의 포퓰리스트 물결에서 회복한 것을 비롯해) 민주적인 발전이 많았다. 그러나 경제와 사회 안정을 향상시키려는 정부의 노력은 예산과 부채 제약에 부딪히고 있다. 일상용품에 대한 국제 사회의 수요가 약화되면서 성장이 둔화되었다. 새롭게 중산층에 진입한 사람들의 기대가 국고에 부담을 더하고 정치적인 불만을 부채질해서 가난과 불평등을 극복하고 진보하려는 남아메리카의 발목을 잡을지 모른다. 시민운동 사회 조직이 엘리트층의 부패, 부족한 인프라스트럭처, 부실 경영에 대한 인식을 높임으로써 사회적 긴장을 고조시킬 것이다. 대중이 등을 돌릴지도 모르는 일부 현직자가 권력을 지키려고 노력하고 있고 이로 말미암아 일부 국가에서는 정치적 경쟁이 치열해지고 민주주의가 퇴보할지 모른다. 중앙아메리카 북부에서는 특히 폭력이 기승을 부리는데 이는 갱단과 조직폭력단이 기본적인 제품과 서비스를 제공하지 못하는 체제의 기본적인 거버넌스를 약화시켰기 때문이다.

- **전망_** 중앙아메리카와 남아메리카에서는 부실 경제와 만연한 부패에 시달리는 정부에서 많은 변화가 일어날 것이다. 좌익 행정부는 아르헨티나, 과테말라, 페루 같은 나라에서 권력을 잃었고 베네수엘라에서는 수세에 몰렸다. 새로운 지도자에게는 상황을 개선할 역량을 입증할 만큼의 충분한 시간이 주어지지 않을 것이다. 멕시코가 진행한 대대적인 개혁의 성패에 따라 다른 남아메리카 국가들이 이와 비슷한 정치적 모험을 감행할 것인지 여부가 결정될 것으로 보인다. 균형적인 연령 구성, 풍부한 에너지 자원, 아시아, 유럽, 미국과의 탄탄한 경제적 관계를 갖춘 이 지역에서 일부 국가들은 OECD에 가입하는 절차를 경제 정책의 개선 기회(그리고 유인)로 삼을 수 있다.

서구는 국내로 눈을 돌릴 것인가? 북아메리카의 선진 민주국가, 유럽, 일본, 한국, 호주의 지도자들은 중산층의 행복을 회복할 방법을 모색하는 한편, 일부는 포퓰리스트와 토착주의를 누그러뜨리기 위해 노력할 것이다. 그 결과 지난 수십 년 동안과는 달리 서구 세계는 국내 문제에 더 집중할 수 있게 될 것이다. 이들은 국내에서 재정적인 한계, 인구 통계학적 문제, 부의 집중에 대처할 계획을 시험하는 한편 비용이 많이 드는 해외에서의 모험을 피하려 할 가능성이 높다. 다른 지역에 비해 EU의 거버넌스 문제와 내부 과제에 몰두하는 EU에서 이런 경향이 더욱 뚜렷하게 나타나리라 예상된다.

2021년의 깜짝 가상 뉴스

'긱 노동자' 런던과 뉴욕의 폭동

2021년 9월 17일, 런던

점점 증가하는 독자적인 임시직 노동자를 대변하는 긱 워커 무브먼트(The Gig Workers Movement, GWM)가 낮은 임금과 고용 불안, 수당 부족에 항의하기 위해 폭력 시위와 서비스 중단, 런던과 뉴욕의 대기업에 대한 사이버 공격을 조직했다. 무브먼트 지도자들은 기본적인 식량 및 주택 보완 프로그램에 대해 사회적으로 더욱 강력한 지지를 얻지 못할 경우 계속해서 파괴적인 시위를 감행하겠다고 경고했다. 수백만 개의 손상된 인터넷 연결 디바이스를 이용한 사이버 공격은 기업의 정보 시스템을 무력화시켰다.

- EU의 내적 분열, 인구 통계학적 도전, 정체된 경제 성과가 세계적인 플레이어로서 EU의 입지를 위협한다. 적어도 앞으로 5년 내 EU를 떠난다는 영국의 결정을 고려해 유럽의 관계를 개편해야 할 필요성이 발생했다. 그렇기 때문에 유럽의 국제적인 영향력이 서서히 훼손되고 미국과의 협력 체계가 약화될 가능성이 있다. 반면 유럽 사람들의 토착주의 정서 탓에 유럽 정치 지도자에 대한 국내의 정치적 지지 기반이 약화될 가능성도 존재한다.
- 미국이 담당하는 역할에 관한 의문의 핵심은 우방을 지원하고 분쟁을

관리하며 자국의 분열을 극복하는 과정에서 국가가 무엇을 제공할 수 있고 국민이 무엇을 지원할 수 있느냐는 문제이다. 외국의 국민과 정부는 타협과 협력의 증거를 찾고자 워싱턴을 지켜볼 것이다. 이들은 특히 세계 무역, 세제 개혁, 첨단 기술에 대한 노동 인구의 준비성, 인종 간의 관계, 국가와 지역 차원의 실험에 대한 개방성에 초점을 맞출 것이다. 국내 상황이 진전되지 않으면 경비 절약으로 방향을 바꾸고, 중산층이 약화되고, 세계가 더욱 무질서에 빠지고, 영향력이 지역에 국한될 것이다. 그러나 사람과 안정이라는 미국의 자본은 막대하다. 세계의 수많은 최고 인재들이 미국에서 살고 일하기를 원하며 효과적이고 건설적인 해외 정책에 대한 국내외의 희망은 여전히 높은 수준이다.

중국은 아직 정치적 안정을 성취하지 못한 채 어려운 시험에 직면해 있다. 지난 30년간 기록적인 경제 성장과 사회 변화의 시기를 거친 후 중국은 성장이 둔화되고 부채의 여파에 시달리는 가운데 이제 투자 주도의 수출 기반 경제로부터 국내 소비에서 힘을 얻는 경제로 변화하고 있다. 정부가 정당성과 정치 질서를 유지하려면 깨끗한 공기, 적절한 가격의 주택, 서비스 개선, 지속적인 기회에 대한 신흥 중산층의 요구를 충족시켜야 할 것이다. 시진핑 주석의 권력이 강화되어 기존의 안정된 승계 체계가 위협받고 있는 한편, 중국의 국가주의(중국 정부가 외교상 갈등에 직면할 때 이따금 지지를 얻기 위해 조장하는 요소)를 통제하기가 어려울 수 있다.

- 전망_ 중국 정부는 분명 민간 소비를 장려하려는 노력이 제자리를 잡

경제가 극적으로 성장하며 중국의 빈부 격차는 더욱 부각되고 있다.

는 동안 성장을 지지할 만큼 자원이 풍부할 것이다. 그럼에도 국영 기업을 고수할수록 금융 충격이 일어날 위험이 더 커질 것이다. 이런 금융 충격은 경제를 관리하는 정부 능력에 의혹을 제기할 수 있다. 다른 아시아 국가나 심지어 아프리카의 저비용 생산국가와의 경쟁과 자동화는 비숙련 노동자의 임금에 압력을 가할 것이다. 급속도로 감소하는 중국의 노동 연령 인구가 성장에 강력한 역풍으로 작용할 것이다.

러시아는 국가주의와 군대의 현대화, 핵무기 과시, 해외 개입을 통해 강대국으로서의 위상을 되찾기를 간절히 원하고 있다. 그러나 정체된 국내 경제가 3년 연속 침체기로 접어듦에 따라 제약이 점점 증가하고 있다. 러시아 정부는 안정과 질서를 중요시하며 개인의 자유와 다원주의 대신 안전을 제시한다. 지금껏 국내의 인기와 체제의 권력을 제공하는 원천은 (심지어 파괴를 이용해서라도) 세계 무대에서 위상을 지킬 수 있는 러시아 정부의 능력이었다. 푸틴 대통령은 유럽의 퇴폐주의와 다문화주의의 물결에 대항해 보수적인 기독교 가치관을 수호하는 최후의 보루라고 찬양받는다. 따라서 이 이야기의 핵심은 러시아 국가주의이다. 푸틴의 개인적인 인기는 높으나 여당의 지지율은 35퍼센트에 그친다는 사실에서 생활 환경의 질이 악화되고 권력이 남용되는 현실에 대한 대중의 불만을 확인할 수 있다.

- 전망 _ 만일 정부의 전술이 실패한다면 러시아의 위상은 약화될 것이다. 그러면 더욱 적극적으로 국제 활동을 전개하더라도 엘리트층이 불만을 품어 국내 상황이 불안정해지기 쉽다. 러시아의 인구 통계학적 상황은 1990년대 이후 다소 개선되었으나 여전히 암담한 실정이다. 남성의 기대 수명은 선진국 가운데 최하 수준이며 인구가 지속적으로 감소할 것이다. 경제를 다양화할 때까지 걸리는 기간이 길어질수록 러시아 정부는 통제권을 잃지 않기 위해 국가주의를 더욱 부추기고 개인의 자유와 다원주의를 희생시킬 것이다.

더욱 독단적인 중국과 러시아. 중국과 러시아 정부는 일시적인 경쟁 우위를 지키는 한편 그들이 생각하는 역사적인 부당 행위를 바로잡기 위해 노력할 것이다. 이는 경제적·인구 통계학적 역풍으로 인해 자국의 물질적 진보가 더욱 둔화되고 서구 세계가 기반을 되찾기 전에 해야 할 일이다. 중국과 러시아 양국의 세계관에 따르면, 그들의 지역은 그들이 지배하는 것이 정당하며 그들에게는 그 지역 안보와 경제의 이해관계에 적합한 지역 정치와 경제를 창조할 능력이 있다. 최근 몇 년 동안 양국은 해당 지역에서 영향력을 강화하고 지정학적인 면에서 미국과 경쟁하며 배타적인 지역 영향권을 인정하라고 미국 정부에게 압력을 가하고자 적극적으로 움직였다. 미국은 전통적으로 이런 입장에 반대했다. 이를테면 중국은 미 해군이 서태평양에 지속적으로 주둔하고 미국이 이 지역의 동맹에 역점을 두며 대만을 보호하는 것을 구태의연하고 중국의 '100년 굴욕'의 연속을 대변하는 일이라고 생각한다.

- 그러나 최근의 중국-러시아 협력은 전략적인 것이다. 만일 중국 정부가 중앙아시아에서 러시아의 이권을 위협하거나 러시아 이외에 중국 정부가 선택할 수 있는 저렴한 에너지 공급원이 더 많아진다면 경쟁관계로 되돌아갈 가능성이 있다. 더군다나 중국과 러시아가 생각하는 자연스러운 영향권 사이에 서로 합의한 경계가 존재하는지도 확실하지 않다. 이 지역에서 인도의 경제력과 위상이 강화되면 계산은 더욱 복잡해질 것이다. 인도 정부는 점점 확대되는 자국의 이권을 보호하기 위해 중국, 러시아, 미국을 오가며 손을 잡기 때문이다.
러시아의 독단적인 태도로 말미암아 발트 해와 유럽 다른 지역의 반러시아 감정은 더욱 강화되어 분쟁의 위험이 고조될 것이다. 러시아는 국제 협력을 구하고 이따금 협력하는 척 가장하는 한편, 자국의 이권에 위배된다고 인식되는 기준과 규칙에 공개적으로 도전하고 미국의 정책과 선호에 대한 저항을 부추기는 '관리 민주주의 국가'의 지도자들을 지지할 것이다. 러시아 정부는 세계 경제의 규칙에 크게 영향을 받지 않으므로 예상컨대 미국과 유럽의 제도적 우위를 약화시키는 조치를 취할 것이다. 또한 NATO와 유럽의 결의를 시험하고 서구 세계의 신뢰를 약화시키기 위해 노력할 것이다. 아울러 유럽의 남북 및 동서 분열을 이용하고 미국과 EU를 이간질하려 할 것이다.
- 이와 마찬가지로 러시아는 중동과 미국의 영향력을 견제할 수 있을

> **2019년의 깜짝 가상 뉴스**
>
> **중국, 군사 기지를
> 건설하기 위해
> 피지의 무인도를 매입하다**
>
> 2019년 2월 3일, 베이징
>
> (중국 정부와 인민 해방군과 연줄이 있는) 오늘 중국의 한 개발 회사는 최근에 피지 정부로부터 무인도 코비아 아일랜드(Cobia Island)를 8억 5,000만 달러에 매입했다고 발표했다. 서구의 증권 분석가들은 중국이 이 섬을 이용해 하와이 남서쪽 3,150마일 지점에 남태평양 영구 군사 기지를 건설할 계획이라고 판단한다.

것으로 보이는 세계 여러 지역에서 더욱 적극적인 태도를 보일 것이다. 마지막으로 초강대국의 위상을 되찾는 티켓이자 더욱 강력한 재래식 군사력에 대한 대비책 겸 억제책으로써 핵무기에 계속 매달릴 것이다. 소문에 따르면 러시아 군사 교리에는, 재래식 무기를 이용한 지속적인 분쟁이 위기를 고조시켜 대규모 핵무기 교전으로 이어질 위험이 있음을 입증하고 이로써 분쟁을 '축소시키는 것이' 러시아에게 가장 이로운 상황이라면 핵무기를 제한적으로 사용한다는 내용이 포함되어 있다.

앞으로 몇 년 동안 심각한 대치가 일어날 가능성이 있는 **동북아시아**에서는 한반도 주변의 긴장이 고조될 것이다. 김정은은 후원과 테러를 통해 권력을 강화하고 있으며 머지않아 미국까지 위협할 수 있는 장거리 미사일을 개발하면서 핵과 미사일 프로그램을 고수하고 있다. 중국, 한국, 일본, 미국에게는 동북아시아의 안보 위험을 관리할 공통적인 동기가 있지만 현재로서는 상호 불신뿐만 아니라 전쟁과 점령의 역사로 말미암아 협력이 어려운 상황이다. 추가 핵 실험과 미사일 실험을 포함해 계속되는 북한의 도발 때문에 이 지역의 안정이 악화되고 주변 국가들이 자국의 안보 이권을 보호하고자 이따금 일방적으로 조치를 취할 가능성도 있다.

불안에 대한 상반되는 견해들

중국과 러시아는 세계의 무질서를 (그들이 생각하기에) 미국에게 이로운 '자유'라는 미국적 개념과 가치를 지구 곳곳에 확산시키려는 서구의 음모의 산물이라고 묘사한다. 반면 서구 정부들은 냉전이 끝날 무렵 악화된 근본적인 상황이자 불완전한 정치·경제적 발전이라고 본다. 30여 년 전부터 나약하고 허약한 국가에 대한 우려가 고조되었다. 이런 국가에서 (일부 사례에서 볼 수 있듯이 질병이나 난민, 혹은 테러리스트 등) 외적 요인들을 야기한다고 생각했기 때문이다. 그러나 세계의 상호연결성이 확산되면서 세계에서 고립된다는 것은 환상이 되었으며 인권 기준이 상승되어 피지배민에 대한 국가의 폭력은 용납되지 않게 되었다.

미국과 당시 소련이 냉전을 끝낸 한 가지 결과로, 후원을 놓고 협상할 능력이 없는 독재자, 정치, 군대, 보안군에 대한 외적인 지지는 사라졌다. 강압적인 정부에 불리한 또 한 가지 요소는 비선진국에서 유례없는 규모와 속도의 정치·경제적 발전이 일어난 덕분에 가난에서 벗어난 국민들이 거버넌스에 대응하고 참여한다는 사실이다. 정치와 경제 발전이 거의 동시에 혹은 연속해서 일어난 지역에서는 현대화와 개인의 역량 강화를 통해 정치적 안정이 더욱 탄탄해졌다. (여러 아랍 국가, 그리고 아프리카와 남아시아의 나머지 지역에서처럼) 경제 발전이 정치적인 변화보다 빠르게 일어났거나 정치적 변화를 수반하지 않은 지역에서는 불안이 뒤따랐다. 중국은 주목할 만한 예외였다. 중국은 공공재를 공급함으로써 지금껏 정치적 질서를 유지했으나 현재 부패 척결 운동으로 말미암아 불확실성이 고조되고 있으며 지난 15년 동안 민중 시위가 증가했다. 러시아 역시 중대한 예외이다. (주로 에너지와 일상용품의 가격이 비쌌기 때문에) 옐친 집권기의 무질서를 해결하는 데 경제 성장이 도움이 되었다.

이라크와 아프가니스탄에서 미국이 겪은 일은 강압과 자금 주입으로는 국가의 나약함을 극복할 수 없음을 보여준다. 탄탄한 정치적 질서를 수립하려면 포용, 엘리트층의 협력, 군부를 통제하고 공공 서비스를 제공할 국가 행정이 필요하다. 지금껏 입증되었듯이 이는 생각처럼 쉬운 일이 아니다.

북한의 군대 행진, 2013년

- 김정은은 안보와 위신, 정치적 정당성을 얻고자 '북한은 핵무장 국가'라는 국제 사회의 인정을 받겠다고 결심했다. 그는 그의 부친이나 조부와는 달리 비핵화 관련 회담에 참석하는 일에는 좀처럼 관심을 보이지 않았다. 대신 2012년 당 헌법에 북한의 핵 상태를 성문화했으며 2016년 당 대회에서 이를 재확인했다.
- 중국은 북한과 관련된 계속되는 전략적 난제에 직면하고 있다. 북한의 행동은 그 지역에 미군이 주둔하는 것이 시대착오적이라는 중국의 주장을 약화시키는 한편 이웃 국가와 의존 국가에 대한 중국의 영향력이 부족하다는 사실(혹은 영향력을 발휘하겠다는 정치적 의지가 없다는 사실)을 입증한다. 북한의 행동으로 말미암아 미국의 동맹이 더욱 강화되었고, 미국 우방들은 더욱 단호하게 행동하며 아울러 이따금 더욱 돈독하게 협력한다. 어쩌면 시간이 지나면 중국의 대북한 정책이 변화할지 모른다.
- 한국과 일본은 자국의 안보 역량을 향상시키는 한편 미국의 안보 우산을 유지하는 일에 역점을 두고 있으니 양국의 결정 또한 중요하다.

중동과 북아프리카는 사실상 이 지역의 모든 트렌드가 잘못된 방향을 향하고 있다. 분쟁이 계속되고 정치와 경제 개혁을 실시하지 않는 탓에 이 지역의 한 가닥 희망인 빈곤 해소가 어려워졌다. 자원 의존성과 해외 지원은 시장과 고용, 인력 자원을 억제함으로써 국가에 대한 국민의 의존도를 높이는 동시에 엘리트들을 지원했다. 유가가 석유 호황기 수준으로 회복될 가능성이 없으므로 대부분의 정부는 현금 지급과 보조금을 제한해야 할 것이다. 그런 한편 소셜 미디어는 대중이 불만을 발산할 새로운 도구를 제공했다. (무슬림 형제단 회원과 시아파를 포함한) 보수 종교 집단과 쿠르드 정체성을 핵심으로 삼는 윤리 기반 조직은 이 지역의 무능한 정부를 대신할 최고의 후보이다. 그런 집단에서는 일반적으로 국가보다 양질의 사회 복지 사업을 제공하며, 그들의 정치는 그 지역의 정치적·경제적 엘리트들보다 더욱 보수적이고 종교적인 대중에게 공감한다.

- 전망 _ 현재 트렌드에 제동을 걸지 않고 방치한다면 이 지역은 더욱 분열될 것이다. 이슬람 극단주의 집단의 영향력이 확대되어 소수 민족에 대한 관용과 소수 민족의 수가 감소하고 그 결과 추가 이민이 필요한 상황에 처할 것이다. 이집트와, 어쩌면 사우디아라비아 같은 아랍 국가에서 질서가 무너질 가능성이 있다면 통치자가 무력을 이용해 통제를 강요하려 할 수도 있다. 다시 말해 개인의 역량을 강화하는 기술, 더욱 자유로운 정보의 흐름, 빈곤 해소 같은 반대 트렌드와 상반되는 충돌이 일어날지 모른다. 대신 더욱 탄탄한 안정과 총체적인 번영을 제공한다면 민주주의로 변화하는 것이 매력적인 모형이 될 수 있을 것이다. 빈곤 해소와 교육, 여성의 역량 강화 면에서 발전할 경우

일부 지역에서 차세대 노동 인구인 젊은이들을 더욱 많이 이용할 원동력을 얻을 것이다.

지정학적으로 볼 때 중동과 북아프리카의 지역 분쟁과 인도주의적 위기가 심화된다면 국제 분쟁이 해결될 것이라는 믿음과 인권 기준은 더욱 약화될 것이다. 그 지역 국가들이 미국은 믿을 수 없다고 인식함에 따라 러시아와 (어쩌면) 중국이 경쟁자로 나설지도 모른다. 아랍 국가들은 미국의 약속을 곧이곧대로 받아들이지 않을 것이다. 이런 인식이 생겨난 데는 몇 가지 이유가 있다. 미국은 시리아에서 한계선을 시행하지 않았다. 또 2011년에 무바라크와 다른 아랍의 현직 대통령을 지원하지 않았으며, 전통적인 수니파 동맹과 이스라엘에서 멀어져 이란에 기울어진다는 의혹을 받았다. 미국의 아시아 재균형 정책은 중동 지역으로 하여금 무시받는다고 느끼게 했다.

- 한편 이란과 이스라엘, 어쩌면 터키의 권력과 영향력은 그 지역 다른 국가에 비해 커질 것이다. 그러나 서로 반목한다는 점은 변하지 않을 것이다. 이스라엘과 페르시아 만 아랍 국가들은 이란의 세력과 핵 역량, 공격적인 행동이 증가한다는 사실을 계속 우려할 것이다. 이란과 사우디가 서로 경쟁하며 전 지역에 선동적인 발언과 이단의 의혹을 부채질함에 따라 이런 우려가 더욱 부각된다.

사하라 사막 이남 아프리카에서는 민주적인 관행이 확대되었고 시민 사회 단체가 증가했으며 거버넌스 개선에 대한 대중의 요구가 더욱 절박해졌다. 그럼에도 '빅 맨' 통치와 찬조 정치, 민족 정실주의와 씨름하는 아프리카 국가가 많다. 많은 지도자가 개혁보다는 정치적 생존에 집중하고 그 가운데 일부는 임기 제한을 거부한다. 세계의 경제적인 역풍은 일상용품 가격의 인상을 막고 해외 투자를 약화시켜 진보의 걸림돌로 작용한다. 민주주의로 발전한 일부 국가마저도 여전히 취약할 뿐만 아니라 선거 때만 되면 폭력 사태가 발생하기 일쑤이다. 기독교와 이슬람교 단체 간의 긴장이 분쟁으로 악화될 수 있다.

- 전망 _ 다음 5년 동안 도시에 거주하고, 스마트폰을 이용하고, 네트워크로 연결되고, 교육 수준이 높고, 발언권을 더 요구하는 더 젊은 아프리카 사람이 증가할 것이다. 도시화의 속도가 빨라지면 인프라스트럭처에 부담을 주고 엘리트층의 부패가 더욱 뚜렷이 드러날 것이며, 이는 서비스와 기회에 대한 대중의 불만을 부채질할 것이다. 약 7,500만~2억 5,000만 명의 아프리카 사람들이 심각한 전쟁 스트레스를 경험해 집단 이민이 발생할 가능성이 있다. 그럼에도 아프리카는 계속해서 발전을 거듭하고자 노력하

2033년의 깜짝 가상 뉴스

IMF의 발표에 따르면 아프리카의 경제 성장률이 아시아를 앞지른다

2032년 2월 11일, 워싱턴 DC

국제 통화 기금(The International Monetary Fund, IMF)은 지난해 수많은 진보가 결합해 지역 발전에 박차를 가한 덕분에 아프리카의 경제 성장률이 5퍼센트를 기록함으로써 사상 최초로 아시아를 앞질렀다고 발표했다. 태양력 전지판과 가정용 배터리가 저렴해져서 지난 10년 동안 이 지역 에너지에 대변혁이 일어났다. GMO와 탈염 기술의 발전으로 식량 생산이 안정되었다. 금융 서비스와 디지털 결제, 그리고 피어 투 피어 소셜 펀딩이 증가해 상거래가 더욱 활성화되었다. 3D 프린팅이 널리 사용됨에 따라 점점 증가하는 아프리카 노동 인구를 바탕으로 지역 제조업이 성장했다.

는 정부, 기업, NGO, 개인을 위한 실험의 장으로 남을 것이다. (중산층 증가, 점점 활발해지는 시민 사회, 민주 제도의 확산 등) 지난 20년 동안의 진보는 긍정적인 잠재력이 있음을 의미한다.

남아시아에서는 다음 5년 동안 중국 경제가 시들해지고 다른 지역의 성장세가 주춤하면서 인도 경제가 세계에서 가장 **빠른** 속도로 성장할 것이다. 그러나 불평등과 종교를 둘러싼 내적 긴장이 성장에 걸림돌이 될 것이다. 그럼에도 인도는 계속해서 개발을 지원하고 인도 경제와의 연결성을 높임으로써 남아시아 약소 국가에게 인도의 경제 성장에 동참할 기회를 제공하고 지역의 주도적인 강대국으로서 입지를 굳히려 더욱 노력할 것이다.

아프가니스탄과 파키스탄, 그 지역의 취약한 공동 관계에서 폭력적인 극단주의, 테러리즘, 불안이 사라지지 않을 것이다. (ISIL의 확장과 관련된 이데올로기에 대한 공감뿐만 아니라) 라슈카레타이이바Lashkar-e-Tayyiba, LET, 탈레반 파키스탄 분파Tehrik-i-Taliban Pakistan, TTP, 알카에다al-Qa'ida와 제휴 단체들의 테러 위협 또한 이 지역에서 계속 뚜렷이 나타날 것이다. 소수 민족 차별과 더불어 일자리를 둘러싼 경쟁은, 특히 몇몇 국가의 남아선호 현상에서 비롯된 비정상적인 성비를 고려할 때 지역 젊은이들의 과격화에 일조할 것이다.

- 전망 _ 열악한 공중 보건, 위생, 인프라스트럭처 상태에 어떻게 대처하는지에 따라 인도 발전의 질이 결정될 것이다. 이를테면 영양실조에 걸린 인도 아동의 비율은 사하라 사막 이남보다 높다. 방글라데시와 인도, 파키스탄이 증가하는 도시 인구에게 일자리와 교육을 제공

신흥 경제 국가의 수입이 역사상 어떤 시점보다도
더 빠르게 더 큰 규모로 증가하고 있다

인도와 중국의 1인당 수입은 과거 규모가 훨씬 작았던 신흥 경제 국가보다 더 빠르게 두 배로 증가했다.

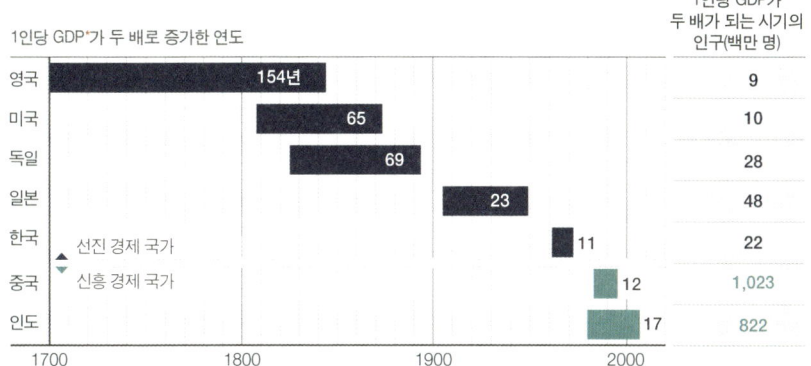

* 1년 구매력 평가 1,300~2,600달러

하지 못하고 관리들이 계속해서 주로 정체성 정치(인종, 민족, 종교, 성별을 토대로 개인의 주요한 관심과 협력 관계가 형성된다는 개념—역주)를 통해 통치한다면 포퓰리즘과 종파주의가 심화될 것이다. 오염과 지진, 기후 변화의 영향(몬순 패턴의 변화, 빙하 해빙 증가 등)으로 말미암아 공중 보건, 식품 안전, 인프라스트럭처, 생활이 악화될 것이다. 그러나 특히 정부가 사회를 분열시키는 남성 우월 단체에 대한 지원을 억제한다면 개인의 역량이 강화되는 시대를 맞아 민영 분야와 지역 사회 단체, NGO에 대해 개방적인 남아시아의 위상이 높아질 것이다.

남아시아에서 파키스탄은 인도의 경제적 역량과 재래식 군사적 역량에 비대칭적 수단으로 대처할 수밖에 없다고 느낄 것이다. 그들은 핵무기와 운송 수단을 확장하고 '전장 핵무기battlefield nuclear weapons'와 해상 기반 선택 방안을 연구함으로써 인도에 맞설 핵 억제력을 제고하고자 노력할 것이다. 대조적으로 인도는 (유럽, 일본, 미국, 그 밖의 나라와 군사적 파트너십을 맺으려는) 중국과 파키스탄 양국에 초점을 맞추고 파키스탄에 맞서서 확전의 주도권을 확보하고자 노력하는 한편 재래식 군사 역량을 향상시킬 것이다.

- 다음 20년 동안 인도와 파키스탄, 어쩌면 중국이 해상에 핵무기를 배치할 경우 인도양은 점점 핵화(核化)될 것이다. 핵무장한 함대 사이의 해상 사고를 관리할 원칙이 확실치 않은 상태에서 수많은 핵 강대국이 존재하므로 계산 착오와 부주의로 전쟁이 일어날 위험이 크다. 해상 기반 운송 수단을 위한 핵 결합 요건이 수립되면 지금껏 남아시아의 미사일을 핵무기와 분리해서 저장해온 안전밸브는 필요가 없을 것이다.

점점 증가하는 테러리즘의 위협

해를 가할 국가와 집단, 개인의 수단과 동기가 다양해짐에 따라 테러리즘의 위협이 증가할 것이다. 정보의 시대에 분쟁이 장기화됨에 따라 테러리스트들이 대규모로 사람을 모집하고 활동하는 것이 가능해졌다. 이는 위협의 본질이 변화했다는 의미이다. 세계적으로 테러리즘으로 인한 사망자가 범죄나 질병으로 인한 사망자보다 더 적지만, 그렇다 해도 대규모 파괴 성향의 새로운 역량이 등장할 가능성은 대단히 현실적으로 보인다. 가능성은 낮아도 막대한 영향력을 가진 사건이 일어날 가능성을 생각하면 이 문제에 대한 국제적인 협력과 국가의 관심이 시급해 보인다.

　테러리스트들은 종교에 대한 자의적인 해석으로 자신의 폭력을 계속해서 정당화할 것이다. 그러나 여기에는 몇몇 근본적인 추동 요인도 작용하고 있다. 국내적으로 보면 많은 중동 국가의 국가 구조가 붕괴되어 극단주의자들이 뛰어들 공간이 허용되고 있다. 현재 진행 중인 이란과 사우디아라비아의 대리전 또한 시아파-수니파의 종파주의를 부채질하며 일부 무장 집단들은 종교적인 차이를 이유로 더욱 분열되고 있다. 게다가 '멀리 있는 적'을 타도할 목적으로 동원된 일부 집단은 여전히 '서구 패권주의'라는 인식을 강력한 슬로건으로 삼는다.

- 비록 종교가 주도하는 테러리즘의 위치는 변화하겠지만, 시아파와 수니파 사이의 분열은 단기간에 악화되어 2035년 무렵에도 누그러지지 않을 것이다. 수 세대 동안 계속되었던 독재 정부와 경제적 불평등을 배경으로 대대적이고 급속한 정치적 변화가 일어나는 지역에서 ISIL의 것이든 알카에다의 것이든 상관없이 살라피 지하디즘Salafi-jihadism 같은 강력한 이념들이 결합하면 폭력 사태가 발생할 가능성이 높은 복합적인 상황이 발생한다. 중앙아프리카의 호전적인 기독교와 이슬람교, 버마의 호전적인 불교, 인도의 폭력적인 힌두트바Hindutva힌두 우파 민족주의 -역주는 계속해서 테러와 분쟁을 부채질할 것

이다.
- 세계 일부 지역에서 극단주의자들은 분노를 이용할 것이며, 종교 동맹을 강화한다는 공통적인 정체성과 그들이 인식하는 부정을 결합할 것이다. 많은 개발도상국에서 정보 연결성과 국가의 취약성이 증가하고, 선진국에서 전통적인 일자리에서 밀려나 고립된 사람이 증가함에 따라 전통 종교가 점점 의미와 연속성의 원천으로 자리 잡을 것이다. 비록 불안은 아닐지언정 정치와 경제가 불확실한 상황, 그리고 급속한 변화로 말미암아 사람들이 의미와 연속성을 찾고자 이념과 정체성을 수용할 것이다.
- (15세기의 인쇄기와 구텐베르크 성경이든, 1989년의 월드 와이드 웹의 발명이든 간에) 정보 기술의 발전 덕분에 종교적인 메시지가 널리 확산될 수 있다. 이는 종교가 국경을 초월하고 흔히 국가의 권위보다 일상생활에 더 큰 영향을 미친다는 사실과 무관하지 않다. 대다수 신자들이 평화롭게 생활하겠지만 극단적인 견해를 가진 사람들은 정보 기술을 통해 같은 생각의 추종자들과 심약한 신참들을 모집할 것이다. (기독교, 이슬람교, 폭력적인 종교적 국가주의, 유대교, 불교, 힌두교 등) 세계 종교의 교리에는 대부분 이런 식으로 이용할 수 있는 배타적인 요소들이 담겨 있다. 종교 이외에도 심리적인 요인과 사회적인 요인 또한 테러리스트들이 신참과 자원을 모으고 응집력을 유지하기에 효과적일 뿐만 아니라 테러리즘에 가담하라고 사람들을 선동할 것이다.
- 일정 수준의 고립, 주류 사회 문화와 단절됨, 정치 과정에 참여하지 못함, 사회에서 경제적인 혜택을 충분히 받지 못함.

2015년 11월 13일 파리 바타클랑(Bataclan) 테러 공격의 희생자들을 추모해 한 남자가 '르 카리용(Le Carillon)' 레스토랑 앞에서 촛불을 켜고 있다.

- 민족과 친족의 유대(또래, 사회 네트워크나 가족 네트워크), 모험과 명예, 소속에 대한 욕구.
- '국적 상실' 유럽 도시의 젊은 이주민이 태어난 지역 사회와 단절되고 게다가 유럽인이라는 새로운 정체성을 얻을 기회나 효과적인 유인(誘因)이 없음.
- 민족과 종교를 둘러싼 긴장(현재 분쟁 지역을 제외한), 이를테면 태국의 말레이족과 타이족, 버마의 이슬람교도와 불교 신자, 나이지리아의 기독교인과 이슬람교 사이의 긴장. 기술은 양날의 검이다. 한편으로 이를 통해 테러리스트의 통신과 모집, 물류, 치명성이 향상될 것이다. 다른 한편으로 정부 기관에 위협을 확인하고 분석할 수 있는 더욱 정교한 테크닉을 얻을 것이다. 앞으로 비국가 관련자가 기술을 이용해 자신의 활동과 정체성을 숨길 수 있을 것이다. 예컨대 사이버 도구를 이용해 전기 시스템을 해체시키면 대량 파괴 효과를 일으킬 수 있으며 이 중 일부는 치명적인 결과를 초래할 것이다. 통신 기술은 또한 새로운 회원을 모집하고 활동 자금을 제공하며 메시지를 유포할 비국

> **2019년의 깜짝 가상 뉴스**
>
> **최근 암살 미수 사건 이후 멕시코가 민간 드론을 금지하다**
>
> 2019년 5월 13일, 멕시코시티
>
> 고위 정부 관리를 표적으로 삼아 마약 조직의 다섯 번째 '드론 폭탄' 암살 기도가 발생한 지 약 3개월이 지난 후 멕시코 정부는 오늘 민간인이 드론을 소유하는 것을 범죄라고 발표했다. 가장 최근의 표적은 신임 내무부 장관이었다.

가 관련자의 핵심 요소로 자리 잡을 것이다. 아울러 기술 발전을 통해 영향력은 크지만 일어날 가능성이 낮은 테러리스트 WMD 시나리오를 막는 기술적인 장벽이 낮아지고, 재래식 살상 무기가 테러리스트 집단의 손에 넘어갈 것이다.

● 기술을 통해 체계적이고 통제된 알카에다부터 단편적인 지하드 과격분자까지 위협을 더욱 분산할 수 있을 것이다. 이 트렌드는 대(對) 테러 활동에 도전을 제시하고 장래 테러 음모와 전략의 본질을 바꿔놓을 것이다.

균형 잡힌 미래 국제 질서

권력이 세계적으로 분산되어 국제 의사 결정 '테이블'의 자리를 뒤섞어 놓음에 따라 오늘날의 정치·경제·안보 구조를 확립한 2차 세계 대전 이후의 국제 질서에 의문이 제기될 것이다. 현재 강대국 자리를 노리는 국가는 자국의 이익에 유리한 방식으로 게임의 규칙과 국제 상황에 적응하기 위해 노력할 것으로 보인다. 이 역학 탓에 UN 안전보장이사회나 브레튼우즈Bretton-Woods 기관 등 국제 기관의 개혁이 어려워질 것이다. 더군다나

1945년 이후 자유주의 가치관과 미국 리더십의 특징이었던 시민 권리, 정치적 권리, 인권이 앞으로도 그럴 수 있을지에 의문이 제기될 것이다. 현재 트렌드가 지속된다면 확고부동하다고 생각되었던 기준이 점점 위협을 받겠지만, 새로운 기준을 수립해야 한다는 합의에 이르기는 어려울 것이다. 이는 특히 러시아와 중국, ISIL 같은 다른 관련자들이 자신에게 유리한 지역 및 국제 기준을 수립하기 위해 노력하기 때문이다. 새로운 국제 질서의 특성은 뚜렷하다.

- 중국과 러시아가 근린 지역에 대한 영향력을 키우고 미국의 영향력이 닿지 않는 질서를 권장함에 따라 지정학적인 경쟁이 치열해진다.
- 비록 국가와 조직이 미래 질서에 대한 국민의 기대를 계속 형성하겠지만, 국민과 준국가 관련자의 관심사가 국제와 국내 정치를 분리할 수 없을 정도까지 점점 국가를 압박할 것이다.
- 그 결과 머지않아 일부 개인과 소집단이 새로운 레거시 플랫폼과 논거, 제도를 통해 그런 아이디어들을 옹호한다 해도 일부 국가에서 기존 안보 개념과 인권에 대한 충성도가 떨어질 것이다.
- 독재 체제들이 점점 인권 기준을 재해석하고 조작할 가능성이 있다. 그러면 십중팔구, 예컨대 보호책임Responsibility to Protect 같은 개념을 언제 적용할 것인지 같은 치외 법권 의무에 관한 국제무대의 합의가 줄어들 것이다. 이는 국내 시민 사회와 인도주의적 분쟁의 해결에 부정적인 영향을 미칠 것이다.
- 21세기를 위한 일련의 공통 원칙을 수립할 수 있는 가장 유력한 후보는 기후 변화에 관한 새로운 기준과 관행(그리고 기후 변화가 국제 사회

와 국가 개발 정책에 미칠 영향)이다. 퓨 리서치센터에서 40개국을 대상으로 실시한 조사 결과, 응답자의 다수가 기후 변화를 심각한 문제라고 답했으며, 세계적으로 평균 54퍼센트가 매우 심각한 문제라고 답했다. 단편적인 국제주의가 계속되는 한 국제 경쟁이 세계적인 무질서와 불확실성으로 이어질 단기적인 가능성은 여전히 높을 것이다. 지배 국가들이 지역 문제에서 자국의 이익을 적극적으로 주장하는 한편, 일부 세계 문제에 대한 협력을 제한하고 있으므로 국제 기준과 제도가 쇠퇴하고 국제 체제가 지역적인 영향력을 놓고 경쟁하는 방향으로 분열될 것이다.

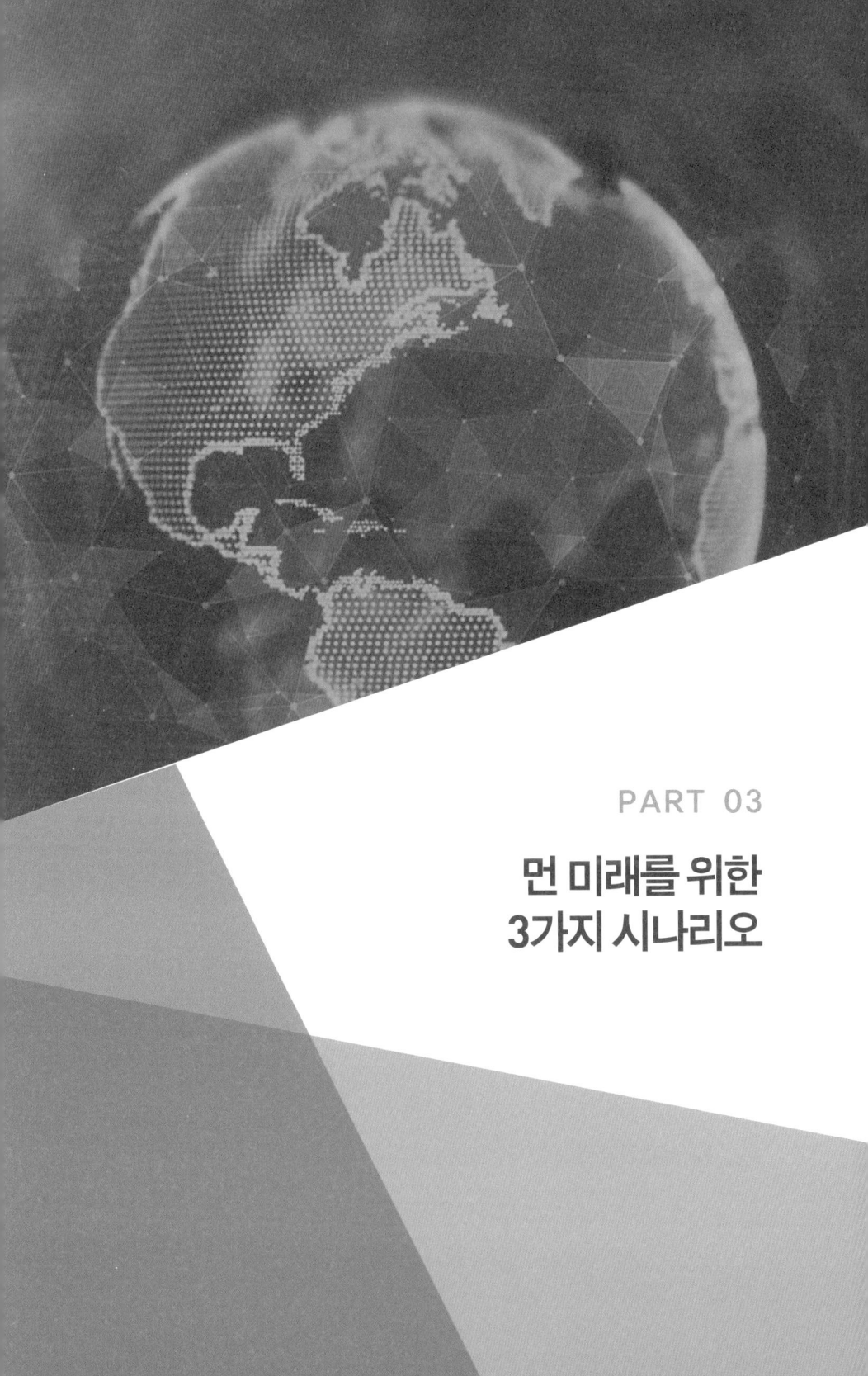

PART 03

먼 미래를 위한
3가지 시나리오

3가지 시나리오:
섬, 궤도, 커뮤니티

다음 5년 이후의 미래를 예측하는 과정에는 변수가 무척 많다. 따라서 (흔히 시나리오라고 일컫는, 일련의 짧은 이야기로 전달되듯이) 선택된 트렌드와 선택, 불확실성이 여러 경로에서 어떤 식으로 전개될지 고려하는 것이 도움이 된다. 한 가지 시나리오로는 미래의 세계적인 전개 상황을 완전히 묘사할 수 없으나 여러 가지 시나리오로 중대한 문제와 트렌드가 어떤 식으로 미래를 특징적으로 설명하는지를 보여주는 일은 가능하다. 이를테면 '냉전' '도금 시대Gilded Age' 미국에서 경제 확장과 금권 정치가 횡행하던 1870~1898년의 시대, 마크 트웨인의 풍자소설 제목이다 —역주는 과거 시대의 지배적인 주제를 정의했다. 우리가 생각하기에 향후 20년을 결정하는 3가지 주된 불확실성은 다음과 같다.

❶ **국내의 역학.** 정부와 대중은 어떤 식으로 서로에 대한 기대를 재조정하고 역량이 강화된 개인과 급변하는 경제로 요약되는 고도 변화의 시대에 정치 질서를 창조하는가.

❷ **국가 간의 역학.** 선택 집단과 개인과 더불어 주요 강대국은 어떤 식으로 경쟁과 협력의 패턴을 형성하는가.

❸ **장기 및 단기 균형**. 국가와 다른 관련자는 단기적으로 기후 변화와 변혁적인 기술 같은 복잡한 세계 문제에 어느 정도 대비할 것인가.

3가지 시나리오(섬, 궤도, 그리고 커뮤니티)에서는 중대한 트렌드와 선택이 어떤 식으로 엇갈려서 미래로 향하는 다른 길을 창조할 수 있는지를 탐구한다. 이 시나리오들은 (국가-섬, 지역-궤도, 그리고 준국가와 초국가-커뮤니티 단계로) 단기적인 변동성에 대한 다양한 반응을 가정한다. 아울러 이런 트렌드에 대한 미국의 다양한 반응, 예를 들면 외교 관계보다 미국 국내와 경제 문제를 우선시하거나, 세계 문제에 참여해 해외에서 미국 이익을 보호하거나, 거버넌스 관행을 조정해 영향력이 큰 관련자가 증가하는 등의 대응을 이용한다. 한 가지 결과를 보장할 수는 없지만 다음 시나리오는 앞으로 몇 년 후에 정책 입안자들이 직면할 유형의 문제들을 특징적으로 묘사한다.

시나리오 분석 방법론

훌륭한 시나리오는 과학이라기보다는 예술이다. 이야기는 우리의 가정에 도전할 만큼 상상력이 풍부해야 하는 한편, 그럴듯하다고 느낄 만큼 근거가 확실해야 한다. 세상은 놀라운 방식으로 일정하게 반전에 반전을 거듭하기 때문이다. 그러나 이런 결과 가운데 미리 정해진 것은 없다. (의도적이든 우연히든 간에 개별적으로 그리고 집단으로) 사람의 선택은 사건의 전개를 주도하는 가장 중대한 변수일 것이다. 이 보고서에서 살피는 트렌드를 재료로 시나리오를 훨씬 더 많이 만들 수도 있지만, 우리가 작성한 시나리오들이 미래에 대한 사고와 토론을 자극하기를 바란다.

• 미래에 대해 창의적으로 생각하기는 대개 어렵다. 바로 가장 최근 사건과 현재 사건이 판

단을 왜곡시키는 경향이 있기 때문이다. 대체 시나리오를 개발하면 발표되지 않은 미래에 대한 가정에 도전함으로써 그렇지 않았다면 구별하기 어려운 새로운 가능성과 선택을 드러내는 데 도움이 된다.

- 우리의 시나리오와 여기에 담긴 여러 도전과 기회가 서로 배타적인 것은 아니다. 미래에는 각 시나리오의 여러 요소가 나타나겠지만, 강도나 발생하는 지역은 다를 것이다. 이를테면 '섬' 시나리오에서 묘사된 미래를 보고 자국의 이익을 확보할 조치를 취함으로써 심화되는 경제적 불안정과 국내로 눈을 돌리는 서구에 즉각 대응하는 한편, '궤도' 시나리오 방향으로 미래를 전개할 국가들도 있을 수 있다. 혹은 경제와 기술 변화를 효과적으로 대처하지 못하는 국가 정부 탓에 지방 정부와 민영 분야의 역할이 커져서 '커뮤니티' 시나리오가 등장할 환경을 조성할 수 있다.

- 우리는 이 시나리오들을 이용해 계획과 관련된 현재의 가정에 도전하고 미래에 등장할 도전과 기회에 대비하는 문제를 논의하기를 독자들에게 권한다. 새로운 상황이 등장하면 시나리오를 재평가해야 한다.

미래 시나리오 1 :
섬

이 시나리오에서는 장기간 저성장이나 제로성장에 머무는 세계 경제의 개편과 관련된 문제를 조사하고 경제적 번영과 세계화 확대의 전통적인 모형이 미래에도 계속될 것이라는 가정에 도전한다. 이 시나리오는 경제적·물리적 안전에 대한 미래 사회의 요구를 충족시키는 과정에서 거버넌스의 어려움을 강조한다. 세계화에 대한 대중의 반발이 증가하고 새로운 기술이 업무와 무역을 변화시키며 정치적 불안이 심화되기 때문이다. 아울러 변화하는 경제와 기술 환경에 적응하는 과정에서 정부가 직면할 선택을 부각시킨다. 이런 변화하는 환경에서는 내부로 눈을 돌리고 다각적 협력에 대한 지지가 감소하며 경제 성장과 생산성의 새로운 원천을 이용할 방법을 찾고자 보호주의 정책과 그 밖의 정책을 채택할 수 있다. 다음은 2008년 세계 금융 위기 이후 20년을 돌아보는 한 경제학자의 이야기이다.

세계화, 금융 변동성, 불평등 심화의 단점에 대처하던 지난 20년 동안 세계 환경이 변화했다. 공공 부채 증가, 인구 노화, 자본 투자 감소로 말미암아 선진국에 가해지는 압박이 더욱 강해졌다. 시장 변동, 파괴적인 기술, 질병 창권, 테러리즘으로부터 보호해달라는 대중과 재계의 요구를 충족시키고자 국내로 눈을 돌린 나라가 많았다. 변화를 관리하지 못한 나라에서는 대중의 불만이 고조됨에 따라 정치 불안도 심화되었다. 조세 수입으로는 의무를 다할 수 없어서 공공 서비스를 유지하기에 급급한 정부가 많다. 금융 위기가 발생하기 전에 중산층에 속한 인구 집단이 가장 큰 위기에 직면했고, 이 가운데 중급 빈곤 수준으로 다시 떨어진 사람이 많았다. 정부들이 국내 압박에 반응해 보호주의 정책을 채택함에 따라 세계화는 둔화되었다. 경제학자들은 대부분 다음과 같은 전개 상황을 세계 경제 성장을 둔화시키고 수십 년 동안 계속된 세계화 트렌드의 역전을 가속화시키는 핵심 요인으로 꼽는다.

- 부가 점점 집중되는 불평등이 심화됨에 따라 사회 내부의 긴장이 고조되고 세계화에 대한 대중의 반발이 일어났다.
- 인공지능과 자동화 기술이 확산되면서 경제학자들의 예상보다 더 많은 산업이 파괴되었다. 이 트렌드로 말미암아 수많은 해고 노동자들이 반격에 나서 정치 집단을 구성하고 일부 국가에서는 정부가 이미 지지를 약속했던 세계 무역 기관과 협정에 참여하지 못하도록 막았다.
- 정부가 포괄적인 세계 협정보다는 지역 무역 블록과 쌍방 무역 협정을 선호함에 따라 무역 패턴이 변화했다. 적층 가공(3D 프린트) 같은 신기술을 포괄적으로 채택하면서 지역 생산업체들은 제조품의 세계 무역을 감소시키는 해외 공급업체들보다 경쟁 우위를 얻었다.
- 세계 경제 성장이 둔화되면서 에너지 가격이 하락해 에너지 생산업체들 사이에 경쟁이 치열해진 한편 러시아, 중동, 남아메리카의 에너지 의존 국

가들은 추가로 압박을 받았다.
- 중국과 인도는 '중진국의 함정middle income trap'에서 헤어 나오지 못했고 그 결과 경제 성장과 임금, 생활 수준이 정체를 겪었다. 이는 해외 무역이 침체되었을 때 경제 성장을 주도할 만큼 충분한 국내 수요를 창출하지 못했기 때문이었다.
- 국내의 도전과 경제적 도전에 직면한 미국과 유럽은 국내에 초점을 맞추었다. 미국과 EU는 국내 산업을 보호하고자 보호주의 정책을 채택했다. 유럽 국가들은 수출이 감소하고 서비스 산업이 충분히 발전하지 못해 고전을 면치 못했다. 독일과 프랑스는 유로존을 뒷받침할 만큼 충분한 공통 기반을 발견했다. 그러나 새로운 경기 부양책은 유럽 주변 국가의 경제 성장에 다시 활력을 불어넣지는 못했으며, 노동 제한을 완화시키겠다는 의지가 부족했던 탓에 국제 경쟁력을 유지하거나 제고시킬 EU 회원국들의 능력은 약화되었다.
- 지적재산권 도용과 사이버 공격이 증가하면서 일부 정부에서는 엄격한 통제 방안을 도입했고 이는 인터넷을 통한 정보 공유와 협력에 걸림돌이 되었다.
- 기후 조건의 변화는 특히 중동과 아프리카에서 여러 정부의 대처 능력에 도전을 제시했다. 가뭄이 길어져 식량과 물 공급이 감소했으며 기온이 높아 사람들이 야외에서 일하기가 어려웠다. 이 지역을 떠난 사람은 이주할 곳을 찾을 수 없었다. 서구 국가의 심각한 테러 공격이 잇달아 일어나 정부가 이민을 제한하는 엄격한 보안 정책을 택했기 때문이다.
- 2023년 세계적으로 전염병이 발생해 질병 확산을 막는다는 취지로 세계 여행이 급격히 감소했고 그 결과 세계 무역이 둔화되고 생산성이 하락했다.

이런 여러 가지 사건이 겹치면서 세상은 더욱 방어적이고 분열적으로 변했다. 불안해진 국가들이 은유적인 동시에 물리적으로 외부 도전으로부터 '벽을 쌓아' 변화무쌍한 바다에서 '섬'이 되었기 때문이다. 테러리즘과 국가 파산, 이민, 기후 변화에 대한 국제 협력이 약화되어 스스로 자국을 방어해야 할 고립 국가가 많아졌다. 뿐만 아니라 국방 예산이 감소한 데다 국내 문제에 몰두하다 보니 서구 국가들은 중대한 이권이 위협을 받지 않는 한 군사력을 중요시하지 않았다.

2008년 금융 위기가 발생하고 20년이 지난 다음에도 경제적인 도전은 여전히 존재한다. 하지만 몇 가지 발전 상황을 보면 우리는 지금 경제 성장과 번영의 새로운 시대에 진입하고 있다. 인공지능, 머신 러닝데이터의 생성 양, 주기, 형식 등 방대한 빅 데이터들을 분석해 미래를 예측하는 기술 —역주, 적층 가공, 자동화 같은 기술 발전은 (비록 전통적인 노동 시장을 파괴했지만) 경제 효율성과 생산성을 증대해 더 많은 나라에 경제 성장과 활동의 새로운 영역을 창조할 잠재력이 있다. 대개의 경우 기계 혼자서가 아니라 인간과 기계의 협력을 통해 가장 창의적이고 혁신적인 해결책을 발견할 수 있다는 인식이 이미 상실한 일자리를 복구하는 데 도움이 될 것이다. 물론 훈련을 통해 해고된 개별 노동자들에게 기회를 제공하려는 시도는 보편적으로 성공을 거두지는 못했다.

뿐만 아니라 세계화와 무역이 둔화되자 지역 단위에서 새로운 세대의 실험과 혁신, 기업가정신이 탄생하고 있다. 국가에서 탄소세를 부과하는 바람에 식품 가격이 상승하자 지역 농업 생산이 활성화되었다. 의견이 같은 기업가와 취미 기술 전문가의 커뮤니티에서 공유하는 과학 기술 지식은 물론이고,

온라인 교육 자원을 제공하는 사회에서 이런 발전들이 가장 뚜렷이 나타난다. 그러나 일부 정부는 신기술이 제기하는 안보 문제에 충분히 대비하지 못했다. 이런 신기술로 인해 기술로 무장한 범죄 조직과 테러 집단, 그리고 정부의 통제를 우회하는 새로운 방법들이 증가했다.

아울러 바이오 테크놀로지와 의료 서비스가 발전함에 따라 새로운 산업이 탄생했다. 의료 서비스를 이용하기가 더 쉬워지자 노동 인구의 건강이 향상되어 생산성이 높아지고 있다. 의료 서비스가 개선되어 노동 연령 인구가 증가하면 인구가 노화되는 나라의 경제를 부양시킬 수 있다. 뿐만 아니라 기본적인 의학과 진단학에 로봇 공학과 인공지능을 더욱 많이 도입하면 의료 서비스를 적절한 가격에 더 광범위하게 제공할 수 있다. 이미 현금이 궁한 정부에서 노령 국민들을 돌보는 데 드는 비용 부담이 줄어들었다.

경제 성장률을 높이려면 신기술, 지역적인 혁신, 기업가 정신에 계속 의존해야 할 것이다. 미래의 경제 파괴에 완충 작용을 하는 한편 적응 능력이 가장 떨어지는 사회 구성원에게 복지를 보장할 정부 프로그램이 절실히 필요하다. 그러나 이런 문제에 대처하기 위해서는 정치적인 분열을 극복해야 한다. 그렇지 않으면 여러 정부에 필요한 예산 절충안을 수립할 수 없다. 기술, 전문 지식, 자원을 활발하게 거래함으로써 이런 노력을 지속적으로 지원한다면 국내외에 존재하는 경제적 격차를 메우는 데 도움이 될 것이다.

'섬' 시나리오의 의미

이 시나리오는 불평등, 선진국의 성장률 저하, 실업, 사회 분열 등을 초래한 세계 경제 환경의 변화에 정부가 대처하지 못할 경우 발생하는 파급 효과를 탐구한다.

여기에서는 부유한 국가가 과거 경제 정책의 부정적인 부산물에 대처하고 포퓰리즘과 포용 사이의 긴장을 관리할 필요성을 강조한다. 연구와 혁신을 권장하고, 정보 공유를 장려하고, 양질의 교육과 과학, 기술, 엔지니어링, 수학의 평생 교육을 실시하고, 실무 재교육을 제공하고, 첨단 기술 인재를 유치해서 보유하기 위한 세금, 이민, 보안 정책을 채택하는 국가가 가장 크게 성공할 것이다.

이런 발전은 실험과 혁신, 기업가정신을 장려함으로써 국내 제조업을 부양하고 고용을 창출할 것이다. 반대로 정보 접근을 통제하고 지적재산권을 존중하지 않으며 첨단 인재를 유치하지 못하도록 방해하는 국가는 새로운 기술 발전이 제공하는 경제적 혜택을 누리지 못할 것이다.

한편 이런 발전들로 말미암아 기술로 무장한 테러리스트의 공격과 범죄 행위의 형태 측면에서 새로운 문제가 발생하므로 보안이 또 다른 핵심 문제로 대두될 것이다.

미래 시나리오 2:
궤도

이 시나리오에서는 긴장의 미래를 탐구한다. 국내에서 안정을 유지하고자 노력하는 한편 자국의 영향력을 확보하고자 경쟁하는 주요 강대국들 때문에 이런 긴장이 발생한다. 이 시나리오는 국가주의의 고조, 분쟁 패턴의 변화, 새로운 파괴적 기술, 세계 협력의 감소 등 여러 트렌드가 어떤 식으로 결합해 국가 간 분쟁이 일어날 위험을 높이는지 검토한다. 아울러 안정과 평화를 강화하거나 긴장을 악화시킬 수 있는 정책 선택을 중점적으로 다룬다. 2032년 스미스 대통령의 두 번째 임기가 끝날 무렵 국제 환경에 대한 그의 평가를 고찰하는 어느 국가정보위원회 고문의 회고록을 살펴보자.

스미스 대통령의 임기 동안 나는 차기 대통령이 더욱 나은 세상을 맞이할 것이라는 희망을 주는 수많은 발전을 목격했다. 하지만 불과 얼마 전까지만 해도 지정학적인 긴장이 고조되어 국가 간 분쟁이 일어나기 직전까지 치달았다. 주요 강대국 간의 지정학적 경쟁이 증가한 것은 경쟁국 간의 상충되는 가치관, 군비 증강, 국가주의 강화, 국내 불안 등이 합쳐진 결과였다. 2020년 초반 미국은 정치 분열과 재정 부담으로 말미암아 세계 무대에서 활약하지 못했고 그 결과 해외에서는 미국이 장기간 몸을 사리는 방향으로 향한다고 평가하기에 이르렀다. 특히 중국과 러시아는 이 시기를 각자 자국의 지역, 경제, 정치, 안보 궤도에 속한 주변 국가에 미치는 영향력을 키울 기회라고 판단했다. 이란 또한 중동의 불안을 이용해 영향력을 확대하려고 시도했다.

2020년 중반 이런 상황에서 국제 사회는 지역 세력권을 놓고 경쟁하는 방향으로 옮겨 갔다. 세력권의 중심에 위치한 강대국들은 자국이 해당 지역 내에서 경제, 정치, 안보의 영향력을 행사할 특권이 있다고 주장했다. 중국은 자국의 경제력과 군사력을 이용해 주변 국가의 행동에 영향을 미치고 자국 시장에 진출하려는 외국 기업에게 양보하라고 강요했다. 인도와 일본, 그 밖의 국가는 자국의 이익을 침해하려는 중국에 맞서기 위해 더욱 단호하고 독자적인 외교 정책을 채택했고 그 결과 동아시아와 남아시아의 긴장이 고조되었다. 러시아 또한 중앙아시아를 자국의 영향권 아래에 계속 잡아두고 점점 확대되는 중국의 존재에 맞서기 위해 더욱 강력하게 자국의 위력을 과시했다.

주변 국가에 불리하게 주요 강의 방향을 바꾸는 등 중국이 지역의 환경 조건을 바꾸는 대대적인 엔지니어링 프로젝트에 착수하자 지역 긴장이 고조되었다. 중국 정부는 자국의 환경 조건이 계속해서 악화됨에 따라, 이를테면 대기 중에 수 톤의 황산염 연무제를 주입하는 방안 등 더욱 야심 찬 지구 공학 프로젝트를 고려했다. 이로 말미암아 세계 생태계에 영향을 미치는 조치를 단독으로 결정하는 한 국가의 윤리를 둘러싸고 국제적인 논쟁이 시작되었다. 일부 국가는 만일 중국 정부가 일방적으로 기후 조절을 실행했다면 처벌 조치를 취하겠다고 중국을 위협하기에 이르렀다.

8년 전 스미스 대통령이 취임했을 때 국가 안보 전문가들 사이에는 지정학적 경쟁이 치열해지더라도 경제와 정치 이해관계 때문에 직접적인 군사 충돌이 일어나지 않을 것이라는 일반적인 합의가 존재했다. 중국과 이란, 러시아가 각자 직접적인 군사 충돌을 피하고 낮은 수준의 경쟁(외교적·경제적 강압, 과대 선전, 사이버 침입, 대리인, 간접적인 군사력 행사)을 택한 결과, 평화와 전쟁의 구분이 모호해졌다. 이들 국가가 (다양한 사회적·통상적·공식적 출구를 통해 배포되는) 과대 선전에서 실제 사태에 대한 정보를 왜곡하고 거짓으로 전달하며 만들어냈기 때문에 가장 빈번하게 희생되는 것은 '진실'이었다. 그러나 이런 행보의 정점은 주권과 논쟁의 평화로운 해결에 대한 국제 사회의 기준이 약화되었고 미국이 후퇴했다는 인식이 사라지지 않았다는 사실이다.

대통령은 임기 초기에 이런 전개 상황들을 그대로 방치할 수 없다고 판단했다. 그는 미국의 우방을 지지하자고 제안했는데, 이를테면 항해 작전의 자유 등 국제 기준을 행사하는 과정에 미국의 군사력을 더 많이 이용했다. 하지만 중국, 인도, 러시아가 (장거리, 정밀 유도, 공격 시스템 같은 첨단 무기를 배치해 자국의 세력권에서 활동하는 경쟁 국가의 군대를 위협함으로써) 전통적인 군사 분쟁에 대비함에 따라 이들 국가 대 미국과 우방국의 안보 경쟁이 치열해진다는 인식이 세계적으로 강화되었다. 그러나 우리는 당시 중국과 러시아, 이란이 자국의 이익을 위협하는 외부의 도전에 결코 타협하지 않으리라는 사실을 완전히 인식하지 못했다. 경제적 스트레스와 사회적 긴장으로 말미암아 국내의 입지가 불안했던 그들로서는 약한 모습을 보일 수 없었던 것이다. 중국의 자율 무인 잠수정과 센카쿠Senkaku 열도를 순찰하던 일본 해양 경비선의 충돌, 유럽 금융 센터들에 대한 사이버 공격은 러시아 해커들의 소행이었으며 갈수록 정확도가 높아지는 탄도 미사일로 사우디아라비아의 에너지와 담수화 시설을 공격하겠다는 이란의 협박은 간신히 대대적인 분쟁을 피할 수 있었던 몇몇 일촉즉발의 순간이었을 뿐이다.

자기만족에 빠져 있던 우리를 뒤흔들기 위해서는 남아시아 한 사막의 버섯구름이 필요했다. 나는 인도와 파키스탄의 위기가 어떻게 시작되었는지 기억한다. 양국은 제2차 인도양 조약Second Indus Waters Treaty을 저버렸고 곧이어 뉴델리에서 몇 차례 폭발 사건이 일어났다. 인도 정부는 재빨리 그것이 파키스탄 소재 극단주의 집단의 소행이라고 발표했다. 파키스탄은 연루 사실을 부인했으나 양측은 제각기 군대를 동원하기 시작했다. 며칠 동안 사이버 공격이 현재 사태를 파악하지 못하도록 양국을 무력화시키며 정신을 쏙 빼놓았고, 상황은 급속도로 전개되었다. 이후 조사에 따르면 군부 의사결정자들을 지원하는 인공지능이 저지하려는 신호를 공격적인 의도의 신호로 잘못 해석하는 바람에 위기가 악화된 것이었다. 그 결과 1945년 이후 최초로 핵무기가 사용되었다.

미국은 중국의 도움을 받아 재빨리 위기를 완화시키기 위해 움직였다. 운이 좋았다. 전면 핵전쟁으로 치닫는 일은 간신히 피했다. 그해 스미스 대통령은 중국 주석과 공동으로 노벨 평화상을 받았다. 그러나 더욱 중요한 사실은 2028년의 인도-파키스탄 전쟁을 계기로 모든 강대국이 우리가 얼마나 위험한 게임을 하고 있는지 깨달았다는 점이다. 중국과 러시아는 이후 신뢰를 조성하는 일련의 조치를 취하고 군축 협정을 맺어 가장 위험한 확전 무기 역량을 제한했다. 푸틴의 후임자는 러시아 경제에 도움을 주고자 유럽과 러시아 간의 관계를 개선하는 데 장족의 발전을 거두었다. 이런 경험을 발판 삼아 미국과 다른 주요 강대국은 북한과 중동의 불안과 같은 다른 안보 문제에서 협력할 만한 신뢰의 토대를 쌓았다.

차기 미국 대통령은 새로운 세계에 대처해야 할 것이다. 지정학적인 경쟁은 여전히 존재하지만 주요 강대국이 자국을 보호를 보호하려면 서로 이로운 영역에서 협력해야 하는 세계이다. 남아시아에서 벌어진 일촉즉발의 상황에서 우리가 충격을 받지 않았다면, 스미스 대통령과 다른 사람들이 내렸을지도 모르는 선택이 상당히 난감한 결과를 초래했을 것이다.

'궤도' 시나리오의 의미

이 시나리오에서는 지정학적인 경쟁이 어떻게 국가 간의 분쟁이 일어날 위험을 고조시키고 규칙에 근거한 국제 질서를 위협하는지를 살펴본다. 우방에게 믿음을 주는 동시에, '그레이 존' 분쟁이 국제 규범을 훼손하고 강대국 간 전쟁으로 확전되지 않도록 방지하는 것이 얼마나 중요한지를 강조한다. 뿐만 아니라 극초음속 무기, 자율 시스템, 대(對) 우주 무기, 사이버 작전 같은 새로운 역량들 때문에 계산 착오가 일어날 위험이 고조되는 새로운(제대로 파악하지 못한) 확전 역학이 조성된다.

불안한 사건을 일으키고 모든 관련자를 더욱 위험하게 만드는 지정학적인 긴장이 고조되면 경쟁 국가들은 위험을 줄이고자 공통 기반을 찾고 신뢰를 조성하기 위해 협상할 수 있다. 이를테면 '일촉즉발의 상황'(대대적인 군사 충돌이나 기후 변화가 세계에 미치는 부정적인 영향을 입증하는 대형 자연재해)이 일어날 가능성이 있다면 국가가 자국 보호를 위해 협력해서 국제 질서를 안정시킬 수밖에 없을 것이다. 그러나 원하는 결과가 보장되는 것은 아니다. 따라서 위험을 공유하는 문제에서 더욱 긴밀히 협력할 가능성을 열어두는 한편, 계산 착오와 확전의 위험을 줄이는 방식으로 치열해지는 지정학적인 경쟁을 관리해야 한다.

미래 시나리오 3: 커뮤니티

이 시나리오에서는 경제 및 거버넌스와 관련된 심각한 도전이 국가 정부의 대처 능력을 시험함으로써 지방 정부와 민간 분야가 참여할 공간을 창조하고, 그로 인해 거버넌스의 미래에 관한 가정에 의문이 제기되며 발생될 문제를 탐구한다. 아울러 변화하는 권력의 본질이나 ICT의 발전과 관련된 트렌드를 강조하는 한편, 더욱 다양한 영향력 있는 관련자를 탄생시키는 트렌드가 어떤 식으로 미래 거버넌스에 기회와 장애물을 만들어낼지 확인한다. 2035년 캐나다의 한 대도시 시장이 지난 20년 동안 직접 목격한 변화를 돌아보자.

돌아보면 거버넌스에서 국가 정부 산하 조직의 역할이 증가하는 것은 피할 수 없는 일처럼 보인다. 국가 정부는 지역 정부에 비해 급변하는 환경에서 대중의 몇몇 요구에 대처하는 데 미숙한 것으로 입증되었다. 지역 정부는 점점 강력해지는 사회 집단과 상업 엔티티에 더욱 효과적으로 적응했다. 뿐만 아니라 국가 정부 기관과 지도자들에 대한 대중의 신뢰가 지속적으로 떨어짐에 따라 주요 공공 서비스의 민영화가 증가했다. 정부 중개자에 의존하지 않는 점대점 상거래가 점점 일반화되었고, 사람들은 비정부 경로를 통해 일하는 데 익숙해졌다. 그 결과 정부의 감독 능력과 수수료, 세금으로 수입을 창출하는 능력은 감소되었다.

외교 정책, 군사 작전, 국가 방위 같은 국가의 중대한 역학은 여전히 국가 정부의 영역이다. 그러나 지역 기관과 사회 집단 혹은 종교 단체가 교육, 금융, 상거래, 법률, 보안 관련 서비스를 점점 폭넓게 제공할 것으로 기대하는 지역 인구가 증가했다. 이와 동시에 기업은 갈수록 복잡해지는 마케팅, 제품 차별화, 인센티브 프로그램을 토대로 국경을 초월해 강력한 소비자 충성도를 형성할 광범위한 영향력을 얻었다. 민영 분야 기업은 교육, 의료 서비스, 주택 등 직원에게 제공하는 서비스를 확대하며 직원의 삶에 더욱 깊숙이 참여했다. 공공재를 제공하고 세계적인 연구에 자금을 지원하는 다국적 대기업이 많아졌다.

많은 사람이 국가 정부 채널과 무관하게 발전하고 서로 연결된 집단을 통해 관계와 정체성을 정의했다. 정보와 통신 기술은 현재 국적이 아니라 공통된 아이디어, 이념, 직업, 경력을 토대로 관계와 정체성을 정의하는 열쇠이다. 뿐만 아니라 바이오 테크놀로지의 진보로, 일부 국가에서는 인간 조작을 선택할 여유가 있는 사람들과 인공적으로 '향상되지' 않은 사람들 사이에 계급이 나누어졌다.

정보를 통제하고 조작할 능력이 영향력의 핵심 원천이 되었다. 그 결과 기업, 옹호 단체, 자선 단체, 지역 정부가 대개 국가 정부에 비해 아이디어의 힘을 발휘하는 한편 감정을 이용해 그들의 의제를 지지하도록 대중을 설득하는 데 더 능숙했다. 어떤 경우에는 정부에서 사회적·상업적 '커뮤니티'의 네트워크에 일부 권한을 기꺼이 양도했다. 그들이 정치적 분열을 완화시키고 대중의 불만을 해소하는 한편, 국가 정부가 제시할 수 없는 지역 서비스를 제공해주기를 바랐기 때문이다. 준국가 엔티티와 그 연합체가 국가 기관에 맞서 더 큰 권한을 주장하는 경우도 있었다.

중동에서 불만에 찬 아랍 젊은이들의 '잃어버린 세대'는 전통적인 중앙집권 통치 구조에 도전하는 정보 네트워크를 통해 등장했다. 폭력, 불안, 해고, (특히 여성을 위한) 경제적 기회와 교육의 기회를 토대로 기본적인 경험이 형성된 세대였다. 많은 아랍 국가의 젊은이들은 자국 정부의 정책에 더욱 강력한 발언권을 행사할 수 있도록 정치를 개혁하고 서비스를 확대해 줄 것을 요구했다. 뿐만 아니라 21세기 초반 세계 무대에 등장한 테러 집단의 폭력적인 종교적 극단주의는 사회의 광범위한 거부에 부딪혔다. 이런 운동들은 일단 시작되기만 하면 종교계 전체에 급속도로 확산되었다.

다른 지역에서도 중동과 똑같은 상황이 벌어졌지만 결과가 항상 같았던 것은 아니었다. 예를 들면 러시아는 불안하게 정권이 이양되는 동안 중앙 통제권을 유지하기가 점점 어려워진다는 사실을 확인했다. 러시아 사람들이 서로 단결해 정부에 만연한 부패와 소수에게 집중된 권력에 항의하고 지역의 경제와 정치 개혁을 촉구했기 때문이다. 일부 체제는 지역 권위 기관과 권력 공유 합의를 성공적으로 이끌어내며 초국가적인 재단과 자선 단체의 자원을 활용해 사회의 필요를 충족시켰다. 그런가 하면 무력에 의존해 국내 시위를 진압하고 첨단 정보 기술을 채택해 반체제 인사를 확인해서 처단하는 체제도 있었다. 하지만 무력만으로 권력을 유지하기가 갈수록 어려워졌기 때문에 처음에 이 방식을 택했던 중국 공산당은 훗날 전략을 수정하고 타협할 수밖에 없었다. 다른 정부들은 국내의 압력에 굴복하고 민족, 종교, 부족의 경계선에 따라 분열되었다.

그 결과는 혼란스러웠다. 세계적으로 거버넌스는 시행착오를 겪으며 발전해서 변화하는 대중의 필요와 요구에 대처했다. 미국처럼 더욱 민첩하고 개방적인 국가는 준국가와 비국가 관련자들의 힘을 이용함으로써 대중의 참여와 의사 결정에 대한 통치 방식을 조정했다. 나 같은 시 지도자들은 국가 정부로 격려를 받으며 전 세계 시 지도자들과 협력해 정보와 자원을 공유하고 기후 변화, 교육, 빈곤 해소 같은 공통적인 문제에 관한 새로운 접근 방식을 개발했다.

중앙 집권 정부가 통치하는 국가와는 대조적으로 캐나다와 미국, 탄탄한 지역 공공 및 민영 분야 리더십의 전통이 있는 다른 나라는 이런 새로운 통치 방식에 적응하기가 더 쉬웠다. 권력 분산을 거부하고, 이를테면 비정부 조직의 활동을 제한하고 통제하려고 애썼던 권위적인 체제에서는 대대적인 대중 운동이 거듭 발생해 체제의 권위를 약화시켰다. 최악의 경우에는 국가 정부가 통제권을 일부 잃어버린 지역에서 극단주의자, 범죄 조직, 군벌이 기승을 부렸다.

시간이 지나면서 시민 사회 단체와 지역 정부뿐만 아니라 상업과 종교 단체는 여러 이해관계자로 다양한 종류의 연합체를 구성했다(이따금 국가 정부도 참여했다). 세계의 문제를 해결하는 이 새로운 방식은 점차 인권을 포함한 공통적인 가치관을 중심으로 통합되었다. 국가, 도시, 시민 지도자, 그리고 상업 및 시민 사회 단체는 이제 정기적으로 지역 내외부의 과정과 문제를 토대로 형성된 네트워크에 참여해 긍정적인 변화를 주도할 새로운 장을 창조했다. 사회 운동, 종교 단체, 지역 정부, 대중이 국가 정부의 정치적 의제를 추진한다. 과거의 '냉전' 환경에서 벗어난 '자유 세계'가 이제 국가, 준국가, 그리고 비국가 엔티티가 협력해 개인의 자유, 인권, 정치 개혁, 환경적으로 지속 가능한 정책, 자유 무역, 그리고 정보의 투명성을 증진시키는 네트워크 집단을 형성하고 있다.

'커뮤니티' 시나리오의 의미

이 시나리오에서는 거버넌스의 미래와 관련된 문제들을 검토한다. 이 시나리오상에서 정부가 새로운 도전에 대처하기 위해서는 다양한 관련자(도시 지도자와 비정부 단체, 그리고 시민 사회)와 더불어 민-관의 파트너십을 권장하는 정책과 과정이 필요할 것이다. 특히 다국적 대기업과 자선 재단이 연구, 교육, 훈련, 의료 서비스, 정보 서비스를 사회에 제공할 때 정부 업무를 보완할 수도 있다.

국가는 여전히 국가 안보와 '하드 파워'(군사력, 경제력 따위를 앞세워 상대방의 행동을 바꾸게 하거나 저지할 수 있는 힘 - 역주)의 주요 공급원이겠지만 지역, 민간, 초국가 관련자를 이용하는 국가의 능력은 '소프트 파워'(정보과학이나 문화·예술 등이 행사하는 영향력 - 역주)의 특성과 회복 탄력성을 향상시킬 것이다. 분권적인 거버넌스와 민-관 파트너십을 권장하는 자유 민주주의 국가가 이 세계에서 활약하기에 가장 적합할 것이다. 이런 사회에서는 집단 의사 결정 방식 같은 새로운 방식으로 기술을 통해 대중과 정부 사이의 상호작용이 가능해진다. 그러나 그렇지 않은 정부는 그다지 성공하지 못하고 독재주의가 팽배하거나 국가가 실패하는 등 다양한 결과를 초래할 수 있다.

PART 04

미래 시나리오가
알려주는 것들

회복 탄력성을 통해
기회를 창조하기

3가지 시나리오의 트렌드를 검토하면 앞으로 몇 년 동안의 세계가 더욱 변화무쌍하리라는 사실이 명확해진다. 국가, 기관, 사회는 국민 국가의 위아래 단계에서 체계적인 도전에 적응하고 늦기 전에 행동해야 한다는 압박을 받을 것이다. 위로부터는 기후 변화, 기술 기준과 프로토콜, 초국가적인 테러리즘에 대한 다각적인 협력이 필요할 것이다. 아래로부터는 국민의 기대에 부응하지 못하는 정부의 무능력, 불평등, 정체성 정치가 불안의 위험을 고조시킬 것이다. 이런 도전에 효과적으로 도전하려면 충분한 자원과 능력은 물론이고 정치적인 의지가 필요하다. 뿐만 아니라 이런 도전의 정도는 개별 국가와 국제 기관이 독자적으로 해결할 수 있는 수준을 넘기 때문에 포괄적인 민-관 관련자의 역할이 더욱 커질 것이다.

그런 한편 권력과 플레이어가 증가해 더욱 대대적인 파괴와 불확실성에 대처할 회복 탄력성을 기른다면, 단기적으로는 위험을 고조시키는 트렌드일지 모르나 장기적으로는 더욱 긍정적인 결과를 거둘 수 있다는 점을 강조한다. 예상치 못한 일들이 더욱 자주, 더욱 강력한 타격을 입히는 세상에

다양한 식물이 사막 기후에 적응한다.

서는 회복 탄력성이 높아서 변화하는 환경에 더욱 효과적으로 적응하고 역경 속에서 오래 버티며 실수를 저질러도 회복하기 위해 재빨리 움직이는 사람들이 가장 성공할 것이다. 이처럼 세상이 더욱 혼돈스러워지면 회복 탄력성이 점점 중요해지지만, 국가 권력을 평가하는 전통적인 방식에서는 국가의 회복 탄력성을 거의 고려하지 않는다. 소련이 갑작스럽게 붕괴하고 '아랍의 봄'의 여파로 국가 권위가 추락했다는 사실은 전통적인 권력의 척도가 포착하지 못하는 면에서 국가가 나약해질 수 있다는 점을 시사한다.

- 예컨대 GDP, 군비, 인구 규모 같은 세력의 전통적인 척도로 보면 세계 무대에서 중국의 세력은 증가하고 있다. 그러나 그런 한편 중국은 중앙집권 정부, 정치 부패, 투자와 순 수출에 지나치게 의존하는 경제 등 미래의 충격에 대한 취약성을 의미하는 몇 가지 특성을 보여준다.
- 반면 미국은 분산적인 거버넌스, 다양화된 경제, 포용적인 사회, 넓은 영토, 생물학적 다양성, 안전한 에너지 공급, 세계 군사력 투사 능력, 동맹 등 회복 탄력성과 관련된 여러 가지 요인을 보인다. 기회를 확인하고 이를 토대로 협력하는 정부와 조직, 개인이 가장 크게 성공하겠

지만 새로운 협력 방식을 창조할 창이 좁아지고 있다. 세계의 도전이 증가함에 따라 집단 행동의 어려움이 더욱 두드러지고 있다. 개인과 조직, 국가의 단기적인 선택은 현재의 통치 능력 및 협력 위기에 어떻게 대처할지 혹은 불확실성과 변동성에 체계도 없이 임기응변식으로 오랫동안 대처하다가 국가 내외부의 긴장이 고조될지 여부에 영향을 미칠 것이다. 동맹 관리, 국가 거버넌스와 국제 기관의 향상, 정부의 모든 단계에서 다양한 상업, 종교, 시민, 옹호 단체를 동원하는 개방성이 긍정적인 결과를 유지하는 열쇠가 될 것이다.

(기후 변화, 테러 위협의 확대 등) 공통적으로 영향을 미치고 세계적인 접근 방식이 필요한 문제에 관해 포괄적으로 협력할 수 없을 경우 국가들이 회복 탄력성을 키울 수 있다. 아울러 해결책을 개발하고 행동을 조정할 때 국제 기관과 다른 초국가적인 포럼이 더욱 쓸모가 있다고 판단할 수 있다. 그러면 세계적인 참여의 새로운 시대가 열릴 수 있다. 이 시대에는 지역 정부와 기업, 시민 사회 단체가 협력해서 인류가 직면한 실존적인 문제에 대처할 것이다.

- UN의 2가지 주목할 만한 이니셔티브, 즉 '지속 가능한 발전을 위한 의제Sustainable development Agenda'와 '기후 변화에 관한 UN 협약 UN Framework Convention on Climate Change'은 정부와 민관 파트너십 사이의 협력을 통해 추구해야 하는 폭넓은 전략적 목표를 설정했다. 그런 노력을 통해 각 측은 시간이 지나면서 프로그램을 다듬는 한편 기업과 시민 단체가 국제 기준과 세계 거버넌스 제도를 수립하는 과

정에 한 역할을 담당할 수 있다.
- 뿐만 아니라 위기가 닥쳤을 때 신속하게 대응할 전략적 계획 전담 부서와 실습, 기술, 프로세스를 채택함으로써 기관의 회복 탄력성을 높일 수 있다.
- 차기 UN 사무총장 선출 또한 UN 기관 시스템의 전략적 방향을 설정하고 고위 지도층과 임용 변화라는 새로운 도전을 중심으로 우선순위를 재고할 기회를 제공할 것이다.

일부 정부로 하여금 보호주의와 국가주의 정책을 채택하게 만든 세계화의 단점도 지역 수준에서 회복 탄력성과 혁신을 증가시킬 수 있다. 세계화와 무역의 둔화, 적층 가공(3D 프린팅)의 도래로 근접 서비스가 강조되고, 그 결과 지역 사회와 집단의 자립성이 향상될 수 있다. 이런 발전을 통해 지역 사회에 경제적인 혜택을 제공하는 창업과 제조의 새로운 무대가 조성될 수 있다. 역사적으로 민영 부분의 발전을 가능케 한 과학 발견의 원천이었던 정부와 학문 기관이 과학과 기술 교육의 기회를 확대하고 기본적인 연구를 수행함으로써 생산성과 혁신을 증가할 지역의 발전을 도모할 수 있다.

지속적인 노동 인구 교육을 제공하고, 이동이 가능하고, 안정적인 노동 인구를 확보하고, 여러 분야의 기술 리더십을 보유하기 위한 이니셔티브를 통해 자동화, 데이터 분석, 인공지능, 바이오 테크놀로지 같은 기술의 파괴적인 진보에 대한 국가의 회복 탄력성을 제고할 수 있다. 그 같은 회복 탄력성은 고용과 시장에 닥칠 단기적인 위험을 완화하고 기술을 통해 장기적으로 경제 효율성과 생산성을 향상시킬 것이다.

- 민-관의 지속적인 교육을 토대로 변화하는 고용 시장에 충분히 적응하도록 노동 인구를 지원함으로써 엘리트층이 평범한 노동자를 무시하는 포퓰리스트 정서를 약화시킬 수 있다. 독일의 도제 모형과 비슷한 이 이니셔티브에는 정부와 민간 산업, (사립이든 공립이든 상관없이) 교육 기관의 협력과 신참, 새로 이주한 노동자, 최근 해고된 직원, 장기 실업자 등 모든 사람을 훈련시키는 교육이 포함될 것이다.
- 학문 기관에서는 예비 직원과 필요한 기술을 상담한 후에 교육 과정을 개발함으로써 (흔히 수많은 첨단 기업의 고용에 제약으로 일컬어지는) 새롭게 부상하는 산업을 활용하도록 완벽하게 준비한 노동 인구 집단을 창조할 수 있다. 이런 노력을 통해 유휴 노동자를 장기적으로 지원해야 할 필요성을 줄이는 한편 학문 기관이 시대에 뒤처지지 않고 발맞추어 가도록 도울 수 있다.

감세 조치나 신입 사원의 임금 보조금을 통해 기업의 참여를 장려할 수 있는 이런 프로그램은 특히 선진 산업 국가에 이로울 것이다. 선진 산업 국가에서는 현재 빠른 속도로 기술을 채택하는 한편, 세계적인 노동 경쟁에 직면하고 있다. 이들 국가의 노동 연령 인구는 감소하고 있으나 교육 수준은 높다. 그 같은 이니셔티브는 또한 지적재산권을 보호하고 새로운 산업의 스타트업이 그들을 후원하는 지역 사회에 자리를 잡고, 기술 프로토콜과 기준을 규정하는 과정에 지도자로서 국가를 이끌 동기를 제공할 수 있다.

통신 기술의 산물인 투명성을 토대로 국민이 정부의 프로세스를 지켜볼 기회가 증가하며, 부패 방지 조치를 수립하고 분열을 일으키는 자극이 완화될 것이다. 객관적인 보도를 제공하고 사실 확인을 지지하는 투명한 미디어 및 기술 단체는 정부와 기관에 대한 신뢰를 향상시킬 발판이 될 것이다. 비판적인 사고 기술에 대한 교육과 더불어 투명한 소통이 증가하면 두려움이 줄고, 다양한 시각에 대한 국민의 이해가 향상될 것이다. 신뢰가 높아지면 소수 민족처럼 역사적으로 소외되었던 인구가 더욱 적극적으로 참여해 보다 자유롭게 의견을 교환할 기회를 얻을 수 있다.

예를 들어 중동처럼 현재 곤경에 처한 사회에서 회복 탄력성을 기르려면 극단주의를 조장하는 요인들을 줄여야 한다. 극단주의의 만행을 '이슬라미스트Islamist'이라고 표현하는 상황에서 중동의 대중이 품고 있는 불만이 조금이라도 표면화된다면, 지역 사람들이 극단주의 이념을 거부하고 새로운 정치 개혁을 추진할 계기가 될 것이다. 중동과 북아프리카에서 이슬람교와의 관계를 주장하는 극단주의자들 때문에 공개적으로 혹은 은밀히 이슬라미스트와 단절하는 사람들이 있다. 이를테면 튀니지의 여당 나흐다Ennahda는 최근 이슬라미스트라는 명칭에 담긴 의미가 민감하다는 점을 한 가지 이유로 들면서 이제 자신들을 이슬라미스트보다는 무슬림 민주주의자라고 표현하겠다는 의도를 밝혔다.

데이터, 방법, 모델링, 그리고 (인프라스트럭처, 에너지, 수질과 공기 질 같은) 중대한 인간 및 자연 지원 시스템에 대한 투자가 지속 가능성과 관련된 새로운 기술을 개발하고 지역과 환경의 회복 탄력성을 높이는 계기를 제공할 수 있다. 경감 기술과 서비스와 관련된 민영 분야의 요구가 확산되면 일부 국가와 기업이 이 새로운 시장을 초기에 지배하기 위해 나설 것이다. 이런 노력은 수익성이 있기 때문에 자연재해나 다른 위기가 발생해서 이 문제의 역학이 바뀌는 일은 없을 것이다. 단기적인 위기 대응 능력을 증진시키는 동시에 기후 변화에 회복 탄력성과 적응력이 높은 시스템을 장기적으로 발전시키는 프로그램이 있다면, 인구 통계학과 환경에 가해지고 있는 압력으로 인한 경제적 손실을 최소화할 수 있을 것이다. 그러면 건설, 에너지, 광업, 농업, 보험, 금융, R&D 분야에 혜택이 제공되고, 이는 국가와 국제 사회에 영향을 미칠 것이다.

가장 회복 탄력성이 높은 사회에서는 (여성과 소수 민족을 포함해) 모든 개인이 창조하고 협력할 수 있는 잠재력을 십분 발휘할 것이다. 이런 사회는 역사적인 흐름을 거스르기보다는 흐름을 타고 움직이며 계속 확장되는 인간의 힘과 미래를 창조하는 능력을 활용할 것이다. 모든 사회에는 가장 암담한 상황이라 해도 다른 사람의 복지와 행복, 안전을 향상시키겠다고 선택하고 이를 위해 변혁적인 기술을 대대적으로 활용할 사람들이 존재할 것이다. 물론 그 반대의 경우도 사실일 것이다. 다시 말해 파괴적인 세력의 역량 또한 전례가 없이 강화될 것이다. 정부와 사회는 어떻게 개인과 집단, 국가의 재능을 지속 가능한 안전과 번영, 그리고 희망을 창조하는 방식으로 혼합할 것이냐는 중대한 선택을 해야 한다.

국가의 회복 탄력성 평가하기

미래의 혼돈과 파괴에 얼마나 성공할 것인지를 판단하려면, 한 국가의 회복 탄력성을 측정하는 것이 물질적인 힘만 측정하는 전통적인 척도에 기대는 것보다 더 효과적이다. 미래에는 경제, 환경, 사회, 사이버 할 것 없이 모든 충격에서 회복하는 인프라스트럭처, 지식, 관계에 투자하는 나라가 성공할 것이다.

지금껏 실시된 연구에 따르면 국가의 회복 탄력성을 제고하는 요인들은 다음과 같다.

- 거버넌스 : 제품과 서비스를 제공하고, 정치적 포용성을 증진하고, 법치를 시행하고, 국민의 신뢰를 얻을 수 있는 정부가 충격을 흡수하고 국민을 결집시켜 대응하는 데 더 유리할 것이다.
- 경제 : 다양화된 경제 집단, 관리할 수 있는 정부 부채, 충분한 재정 보유고, 탄탄한 민영 분야, 적응력이 있고 혁신적인 노동 인구를 가진 국가가 더 회복 탄력적일 것이다.
- 사회 제도 : 준비성이 있고, 통합되고, 질서를 지키는 사회는 예기치 못한 변화에 직면했을 때 단결하고 회복하며 역경에 대한 내성이 높을 것이다.
- 인프라스트럭처 : 다양한 에너지원과 풍부한 통신, 정보, 의료, 금융 네트워크 등 중요한 인프라스트럭처가 탄탄한 국가는 자연재해와 사이버와 다른 형태의 공격을 통해 파괴를 일으키려는 의도적인 시도에 적절히 대처할 것이다.
- 안보 : 막강한 군사력, 신뢰를 받는 유능한 경찰과 긴급 구조대, 돈독한 민-군 관계, 탄탄한 동맹을 확보한 국가는 예기치 못한 공격을 막아내고 파괴적인 충격 이후에 국내 질서를 회복할 수 있다.
- 지리와 환경 : 넓은 국토, 높은 생물학적 다양성, 양질의 공기, 식량, 토양, 물을 갖춘 국가는 자연재해에 대한 회복 탄력성이 높을 것이다.

GLOBAL TRENDS PARADOX OF PROGRESS

2

5년 후 미래 그리고 20년 후의 세계

2부에서
다뤄질 것들

≪글로벌 트렌드≫ 프로젝트는 다양한 지역과 주제에 관한 광범위한 연구와 참여를 아우른다. 이런 다양한 정보를 기본적인 토대로 다음 20년간 세계가 맞이할 전략적 리스크와 가능성을 분석하는 데 더 나은 식견을 얻을 수 있을 것이다. 제2부에는 ≪글로벌 트렌드≫ 보고서의 2가지 중요한 기본 요소가 포함되어 있다.

첫 번째 부분, '5년 후의 미래'는 세계 각 지역의 트렌드를 체계적 개관으로 다음 5년의 시간 동안 진행될 변화의 일차적 영향에 집중한다.

두 번째 부분, '20년 후의 세계'는 20년의 기간에 걸친 이 일차적 영향들을 지리학적 구분 대신 인구 통계학, 경제학, 거버넌스와 안보와 같은 주제별로 정리해 탐구한다.

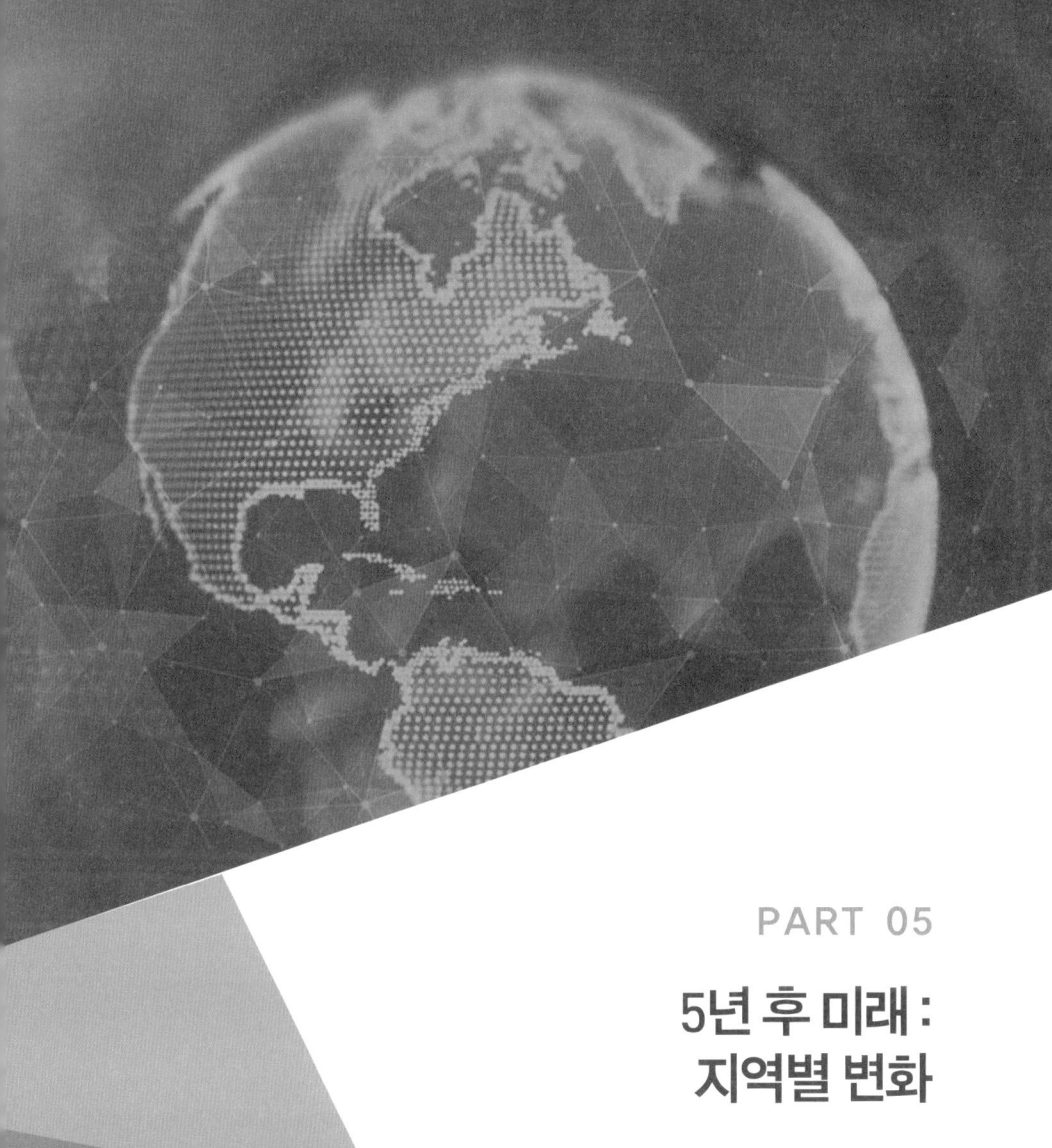

PART 05

5년 후 미래 : 지역별 변화

재조정을 위한
변동의 시대가 시작된다

세계적으로 다음 5년의 특징은 지속적인 불안정과 정치, 경제, 사회, 환경의 눈에 띄는 조정이 될 것이다. 지역별로 상당한 차이가 있기는 하겠지만, 모두가 환경·생태·기술·기후의 변화로 인한 스트레스와 도시화, 이주를 경험할 것이다. 지난 20년 동안의 개발 성과를 유지하는 데 완벽하게 성공하는 사회는 많지 않을 것이다.

중산층에 합류한 지 얼마 되지 않았다면 지난 20년의 성과를 지키는 데 어려움이 특히 클 전망이다. 이로 인해 부유한 국가든 가난한 국가든 거버넌스의 부족이 부각될 것이다. 발전한 정보 기술로 인해 불평등, 세계화, 정치학, 부패에서의 격차가 커질 것이고, 한편으로 굴욕과 부당함에 대한 인식이 커지면서 시위나 폭력적인 동원을 자극할 것이다. 세계 경제의 구조 변화(일자리를 만들지 않고 부를 창조하는 기술이나 금융에서부터 미래의 성장에 부담을 주는 부채에 이르기까지)가 이러한 사회 변동의 연료가 될 것이다.

불만으로 인해 포퓰리즘, 이민 배척주의, 국수주의에 빠진 지도자들이 나타나는 사회가 많아질 것이다. 지속 불가능한 비용에 직면한 경우, 시민들 간에 서로 빚진 것이 무엇인지를 냉정하게 재평가하는 사회도 나타날 것이다. 지정학적 권력 중추가 여러 개로 나뉜다면, 지역이나 국가의 분열을 초래할 수도 있다.

- 경제적 스트레스. 다음 5년에 걸쳐 세계 경제에서 가장 큰 의미를 가지는 불확실성은 중국의 성장 문제와 관련될 것이다. 중국 정부가 경제 성장과 외국인 투자를 얼마나 성공적으로 유지하고, 이미 한참 전에 이루어졌어야 할, 수출과 투자 중심 경제에서 소비자 주도 성장에 기초한 경제로의 이행을 얼마나 효과적으로 처리하는지(심지어는 처리하는지 여부 자체)가 가장 불확실한 경제적 문제인 것이다. 중국의 경제는 1995년 세계 GDP의 2퍼센트에서 2015년 14퍼센트를 차지하는 정도까지 성장했다. 중국은 몇 년 동안 세계 성장의 가장 중요한 원천이기도 했다. 중국의 급격한 경제 둔화는 다른 지역의 성장까지 저해하고 세계 빈곤 감소의 속도를 늦출 것이다. 그러한 슬럼프 동안 대중은 고용과 포용적 성장, 정부의 통제력과 정치적 지지자들에게 이익을 주는 능력을 위협할 만한 변화를 촉구하며 정부를 압박할 것이다.
- 정치적 스트레스. 그러한 정치적·경제적 개혁을 각오하고는 있는 국가는 많지 않다. 또한 직면한 문제를 해결할 능력이 없는 국가도 많다. 중동과 북아프리카의 경우, 그러한 능력의 결핍과 사회적·지정학적 세력이 만나 혼란과 폭력을 낳거나 지속시킬 것이다. 선진 서구 사회의 경우, 대중의 환멸이 부와 세력의 불균형을 해결하려는 포퓰리스트와 개혁주의자의 목소리로 나타날 것이다. 동아시아, 남아시아, 라틴아메리카의 경우 환경, 건강, 도시 스트레스와 부패, 범죄로 인한 불만이 계속해서 행동주의를 부추기고 정부의 대응을 요구할 것이다.

- 사회적 스트레스. 커뮤니케이션 수단이 계속해서 발전하는 세상에서, 사회적 대립과 (주로 지역, 전통문화, 균일한 세계화에 대한 반감에 원인이 있는) 양극화는 더욱 두드러질 것이다. 새로운 기술은 정치적 양극화에 연료를 공급하고, 극단주의 집단이나 비주류파의 진출을 돕고 도달 범위를 넓혀 그들의 영향력을 높일 것이다. 아프리카, 아랍 세계, 남아시아와 동남아시아에서는 극단주의 무장 단체나 테러리스트 집단이 계속 국경 너머로 진출할 것이며, 조직들마다 정도의 차이는 있겠지만 서로 공유하는 아이디어와 자원을 가지게 될 것이다. 기존 혹은 새로운 전염병의 확산은 모든 국가와 지역에 여전한 위험 요소로서, 그러한 문제에 대비할 능력이 부족한 정부에는 특히 큰 위협이 될 것이다.

- 지정학적 스트레스. 앞으로 5년간 강대국의 경쟁과 충돌의 위험이 심화되면서 현재 국제 시스템의 부실함이 부각되고, 더 큰 영향력과 더 든든한 입지를 원하는 중국과 러시아의 야심이 드러날 것이다. 국가와 비국가 활동 세력 모두가 사이버 역량이나 소셜 네트워크와 같은 새로운 형태의 비전형적 힘을 이용해서 성과를 올리고 혼란을 초래할 것이다. 지역의 공격성과 국제 규범의 무시가 억제되지 않는다면, 다음 5년간 상충되는 다수의 권력 중추가 등장할 수 있다.

- 환경적 스트레스. 과학자들은 2016년이 1880년 기계적 기온 측정이 시작된 이래 가장 더운 해였으며, 2000년 이래 가장 더운 해로 기록을 경신했다고 보고했다. 대륙 내부 기후 변동 때문에 짧은 기간을 두고 기온의 추세를 예측하기란 쉽지 않은 일이지만, 세계 기준 온도는 앞으로 5년간 높아질 전망이다. 이러한 온난화는 폭풍과 강우, 빙하 용융,

해수면 상승, 사람들이 사는 일반적인 조건에 영향을 미친다. 수자원에 무리를 주는 도심지나 해안 도시 같이 기후에 취약한 지역에 세계 인구의 상당 부분이 집중되어 있으므로 변화의 영향은 더욱 심해질 것이다.

동남아시아와 동아시아

동아시아와 (세계에서 인종과 문화의 다양성이 가장 큰 지역이고 경제적 중요성이 커질 가능성이 가장 높은 지역인) 동남아시아는 계속해서 경제 협력과 지정학적 경쟁에서 주목받을 것이다. 중국의 경우 둔화되는 경제, 아시아에서의 지위를 높이려는 중국 정부의 시도, 인구 노령화로 인한 노동 인구의 감소, 시진핑 국가 주석으로의 권력 집중 등 많은 요인이 정치적 불확실성을 높이고 있다.

이러한 불확실성은 이 지역의 평화와 번영에 그림자를 드리운다. 중국이 세계 경제에 깊이 통합되어 있고 경제적으로 이 지역에 큰 영향력을 가지고 있을 뿐 아니라 자국의 이익을 증진시키는 방향에서 국제 규범을 선별적으로 받아들이고 형성하려 시도하고 있기 때문이다.

중국은 남중국해 등에서 영유권을 주장하면서 자국의 국수주의적 여론을 자극하고 주변국들의 반발을 일으키고 있다. 이러한 주변국의 반발은 중국 정부의 공작 여지를 줄일 수 있다. 자국의 경제적 기회를 희생하지 않을 것이 분명한 중국의 자기주장에 대하여 중진국과 약소국 모두 확신을 갖지 못하는 상황이다. 이 와중에 안보 경쟁과 체제 안정, 경제 협력 사이의 상호작용이 대부분의 지역에서 소통에 영향을 미칠 것이다. 탄탄하지 못한 중국 경제의 위험은 이 문제를 더 복잡하게 만들 수 있다. 미국과 일본이 중국은 물론 인도, 인도네시아와 같은 신흥 세력에 취하는 조처 역시 이 지역 국가들의 위험과 가능성을 평가하는 데 중요한 영향을 미칠 것이다.

- 이 지역의 오랜 영토와 영해 분쟁은 앞으로 5년 사이에도 해소될 가능성이 낮다. 오히려 당장에라도 폭발할 것 같은 긴장을 유지하면서, 미국에 대한 지원 요청을 촉발하고 동남아시아국가연합Association of Southeast Asian Nations, ASEAN과 같은 지역 기구와 대응 기제의 성숙을 어렵게 만들 것이다. 의견이 첨예하게 대립하는 아시아의 문제들을 둘러싼 긴장의 악화가 경제적 신뢰를 약화시키면서 투자와 지역의 경제적 협력을 둔화시킬 수도 있다.
- 이 지역에 대한 미국의 전략적 관심 증가, 일본의 국방 정책 변화, 대만의 새로운 지도부 등장과 독자성에 대한 의식 증가, 북한의 핵 프로그램, 중국 자신의 경제적 어려움 증가의 결과로 중국의 부상에 대한 강한 반발이 나타날 것이다. 이러한 가운데, 중국 정부는 지역 내에서 보다 큰 영향력을 확보하기 위해 중국이 '전략적 기회의 창'을 닫아야 한다는 판단을 내릴 수도 있다.
- 자립 능력을 키우기 위해 애쓰고 있는 일본은 우선적으로 지역 내(특히 동남아시아)에서 탄탄한 경제 관계를 구축함으로써 (지역과 세계 안보 문제에 대한 참여를 늘리고 미국의 강력한 동반자로서) 국제적 활동에 보다 많이 참여하게 될 것이다. 동아시아의 불확실성이 증가함에 따라 일본 정부는 전후부터 안보 정책에 적용되고 있는 제약을 완화시키고

집단 자위권 정책에 대한 역량을 구축하고 있다.
- 인도는 동아시아와 동남아시아의 경제와 안보 문제에 더 깊이 개입할 전망이다. 특히 일본과의 관계가 계속 강화될 경우, 이러한 전망은 더 신빙성을 갖게 될 것이다. 중국이 인도의 이해관계를 도외시하고 야심을 드러내면서, 균형을 찾고 위험에 대비하려는 뉴델리(그리고 일본과 미국)의 의지는 강해질 것이다. 비록 자유 무역에 대한 서구의 염려가 깊어지면서 선택권이 제한되고는 있으나, 인도를 아우르는 환태평양동반자협정Trans-Pacific Partnership, TPP 등이 인도를 경제의 와일드카드로 만들면서 미국이나 다른 태평양 경제 대국들과의 경제적 통합을 가속화할 수 있다. 또 국내 경제 개혁을 추진하고 지역 경제에서 보다 적극적인 역할을 맡을 수 있도록 인도의 역량을 강화시킬 수도 있다.
- 인도네시아는 세계에서 가장 많은 이슬람교 인구를 가지고 있으며, 또한 세계에서 생물 다양성이 가장 큰 나라 중 하나이다. 인도네시아는 광대한 군도를 효과적으로 통치하는 문제와 계속 씨름하는 한편 세계화된 테러리스트 네트워크에 대한 이슬람의 반응에 큰 영향을 미치며 세계에 남아 있는 1차 산림에 대한 주된 책무를 맡을 것이다. 인도네시아 삼림의 연소는 세계 탄소 배출은 물론 대기 오염과 동남아시아 전역의 기관지 질환으로 인한 사망률 증가의 원인이기도 하다. 말레이시아의 경우, 말레이 이슬람교도가 대부분인 이 민주주의 국가의 인종과 종교 정책 변화는 이 지역의 민주화와 사회 안정성 추세에 큰 영향을 미친다. 말레이시아와 인도네시아는 다른 이슬람 국가들과 마찬가지로 이슬람 원리주의자들이 이슬람 수피교 관행에 점점 더 편

협한 태도를 보임에 따라 다민족, 다종교 사회의 긴장이 높아지는 문제에 직면하고 있다. 태국과 필리핀은 독재 통치의 방향으로 기우는 거버넌스 문제로 고심하고 있다.

- (지속적인 도시 이주로 인한) 대규모 경제 변화, 인구 구조의 변화, 도시 스트레스가 앞으로 5년간 아시아 국가들에서 더욱 두드러지며, 정치적 대응을 요구받을 것이다. 노령화 인구는 아시아 건강관리 체계에 만성 질환과 맞서는 부담을 가중시켜 정부의 자금 조달 필요성을 높일 것이다. 경제적 불평등으로 인해 중국을 비롯한 이 지역 국가들에서 대중의 불만이 높아질 것이다. 특히 지역 내외의 저비용 경쟁자들로 인해 기업이 큰 부담을 안게 될 가능성이 높다. 중국 정부는 늘어나는 중산층 및 부유층의 기대와 수요를 충족시키고 그들의 불만을 처리해야 하는 문제에 직면할 것이다.

- 기후 변화(악천후, 폭풍 해일, 해수면 상승, 홍수 등)는 인구가 해안 지역에 밀집되어 있는 동아시아와 동남아시아 국가들에 특히 큰 영향을 주고 있다. 지속적인 스트레스로 대단치 않은 기상 현상에 대한 회복력마저 떨어질 것이다. 미국의 여론조사 전문기관 퓨 리서치센터의 여론조사에 따르면, 중국, 말레이시아, 필리핀의 대중들은 기후 변화를 가장 큰 실제적 위협으로 여기고 있으며 인도네시아, 일본, 한국의 대중들은 3대 위협의 하나로 기후 변화를 꼽고 있다. 물 안보와 식량 안보에 대한 공포는 (최근 가뭄을 겪은) 캄보디아, 라오스, 태국에서 주요한 환경 문제로 부상하고 있다. 유수 범람을 둘러싸고 버마, 캄보디아, 중국, 라오스 간의 갈등이 지역 분쟁의 목록에 추가됨에 따라 인구 밀도가 높은 지역에서는 물 문제에 대한 협력이 중요해질 것이다.

- 공중 보건의 측면에서, 이 지역의 여러 국가는 유행병의 가능성이 있는 인플루엔자 바이러스가 자주 등장하는 지역으로 여겨지고 있다. 고병원성 조류 바이러스 H5N1은 중국, 인도네시아, 베트남 가금류의 풍토병으로 인체 감염 치사율도 대단히 높다. 중국 가금류에서는 고병원성 바이러스 H7N9 역시 많이 발견되며 2013년부터 인체 발병 수도 늘어나고 있다.

앞으로 5년간 지역의 지정학적 관련성 : 활기를 잃은 중국

이 지역의 모든 국가들은 중국 경제와 정치 전망에 큰 영향을 받는다. 다음 5년 동안 중국 정부는 경제의 구조 변화를 이루고, 수출 주도 경제에서 소비자와 서비스 주도 경제로 이행할 것이다. 또 중국은 세계 무역에서 원자재의 엄청난 소비자가 아닌, 보다 균형 잡힌 구성원이 되어가고 있다. 그 과정에서 계속하여 생활 수준을 높이고 경제 발전의 수혜자를 늘릴 수 있을지 시험을 거치게 될 것이다.

무역이나 상업적 유대 외에, 현재 중국은 이 지역 전체 국가들의 개발 계획에 적극적으로 참여하고 있다. 대부분의 동아시아 대중(그리고 남아시아, 중앙아시아, 유럽의 많은 대중)은 중국의 투자에 호감을 가지고 있으므로 중국 정부에 외국에 대한 영향력을 신장시킬 기회가 되고 있다. 그렇지만 (아시아인프라투자은행Asian Infrastructure Investment Bank, AIIB과 일대일로One belt, One road 프로젝트로 구체화된) 경제적 협력에 대한 약속을 이행하는 데 부족함이 있을 경우, 외국인들은 중국의 개입을 좋지 않게 생각할 수 있으며 중국의 세계적 평판도 낮아질 수 있다. 물론 국내와 새로운 수출 시장으로 서구 지역을 개발하려는 노력에도 좋지 못한 영향을 끼칠 것이다.

중국 정부의 가장 큰 정치적 시험은 전례 없이 큰 권한을 가지고 적극적으로 사회에 참여하는 대중을 만족시킬 수 있는가이다. 이들 대중은 사회적 불안이나 중국공산당Chinese Communist Party, CCP의 통제와 같은 위험이 없는 책임 있는 정부, 사회적 이동성, 지속적인 성장을 기대한다. 최근 원격 감시를 비롯한 고급 커뮤니케이션 기술의 이용을 확대하고 지속적으로 인권을 탄압하고 있는 모습은 중국 정부가 여전히 사회 통제에 전념하고 있으며 다원주의나 중국공산당에 대한 다른 정치적 대안을 인정하지 않고 있음을 보여준다.

- 종교적 긴장과 인종적 긴장은 중국 정부가 과거 당국에 대한 위협으로 여겨졌던 것을 수용하고 용인할 능력을 갖췄는지 시험할 것이다. 중국의 이슬람교와 기독교 인구는 이미 상당히 많으며 앞으로 20년간 더 늘어날 것으로 예상된다. 중국 정부는 신장 지역의 이슬람 문제이 지역의 주요 민족은 위구르족으로, 2009년부터 대규모 독립 투쟁을 벌이고 있다—역주를 면밀히 감시하고 제한함으로써 해당 지역민이 중국 정부에 대해 갖는 감정을 악화시키고 있다. 지하의 '가정 교회house churches'에서 예배를 하는 수만의 기독교인들 역시 정부의 잦은 박해에 시달린다. 중국에서 인구 증가이 가장 빠른 티베트는 과거와 비슷한 불안이 계속될 것으로 보인다.
- 다음 5년간 공중 보건이 문제로 부각될 것이다. 높아지는 중국의 소득 수준은 생활 패턴을 서구의 소비 기준 쪽으로 이동시켜 비만, 심장 질

환, 암과 같은 만성 질환의 발병률을 높이고 있다. 수백만이 넘는 사람들이 건강하지 못한 생활 습관을 갖고 있는 (그리고 국가의 인구 전반이 급속하게 노령화되고 있는) 상황에서 비전염성 질병의 증가세가 예상된다. 이는 중국이 가지고 있는 국가 의료 체계의 역량에 큰 부담이 될 뿐 아니라 의료 인프라에 투자하고 충분한 의료 인력을 교육시키는 정부의 능력에도 압력을 가할 것이다.

- 환경 문제가 악화될 것이다. 중국 정부는 여러 지역에서 충분한 양과 적절한 질의 물을 주민들에게 공급하는 데 어려움을 겪고 있다. 농업에 있어서 중요한 자원의 질 저하와 심각한 산업 오염이 여러 도시의 대기 질을 악화시켜왔다. 이러한 조건이 용인할 수 없는 수준에 이른 지역에서는 환경 문제로 인한 시위가 발생했다. 일부 지역에서는 암(癌)을 비롯해 환경으로 인한 질병이 너무나 심각한 나머지 상황을 진단하는 데 굳이 진보적인 방법을 동원할 필요조차 없다.

중국은 경제 성장이 둔화되고, 경제의 구조적 변혁이 진행되며, 세계 금융 위기 이래 대출을 기반으로 한 국내외 건설의 청구서들이 돌아오는 가운데 이상과 같은 시험을 거치게 될 것이다. 동시에 중국 지도부는 점차 권력을 중앙으로 집중하면서, 대중들에게는 인기가 있지만 부유한 중국인들을 소원해지게 만드는 반부패 활동을 추진하고 있다. 이러한 국내적 배경은 아시아와 세계에서 중국의 영향력 증대가 국제 시스템에 새로운 활력과 유효성을 가져다줄지 아니면 시스템의 경제적 충격과 지역 충돌의 위험을 높일지를 좌우하는 요인이 될 것이다.

- 이러한 시련을 이겨낸다면 동아시아 국가들에 대한 중국의 접근은 탄력을 받을 것이다. 경제가 매끄럽고 재빠르게 이행하고 지도부가 보다 통합적으로 변화한다면, 중국 정부는 일본, 필리핀, 베트남을 상대하는 데 더 자신감을 갖게 될 것이다. 그들이 영토 주권을 방어하는 것과 마찬가지로, 외국의 기업, 대학, 개인은 사이버와 지적재산권 침해, 규제, 시장 조작에 대한 보호를 주장하면서 중국의 적응을 어렵게 할 것이다.
- 새로운 다자간 투자 계획들이 국내외에서 고용을 늘리고 활기를 더하는 데 성공한다면 중국 정부는 국제적인 영향력을 얻게 될 것이다. 그렇지만 특히 아프리카 부패 정권과의 친밀한 관계가 미국이 중동에서 직면한 것과 같은 대중의 분노를 일으킬 경우, 다자간 투자가 중국의 대외 영향력을 위협할 수도 있다.
- 중국 정부는 동아시아 지역이 온실가스 배출의 문제를 처리하고 해수면 상승, 오염, 악천후, 생물 다양성 손실에 대한 회복력을 구축하는 데 지도적인 역할을 맡음으로써 혜택을 볼 수도 있다. 환경 문제들은 삶의 질에 있어서 중요한 문제이며, 지역 전체의 시민 사회를 행동주의에 이르게 하는 길이자, 정부 혁신과 반응성 증대의 기회로 남을 것이다.
- 극동의 러시아 민족이 급감하고 있고 동부 러시아의 도시들 대부분이 비어있기 때문에 자연히 중국인들은 북쪽으로 관심을 돌리고 욕심을 가질 것이다. 이미 많은 중국인들이 다양한 예비 조사, 비자, 사업적 관심을 통해 이 지역에 스며들고 있다.
- 오래 계속된 아프가니스탄과 북한 핵 프로그램의 위협에 대응해서 중

국 정부가 이슬라마바드나 평양과의 유대를 보다 효과적으로 이용하는가 여부가 동북아시아의 평화나 안정성에 중요한 영향을 미칠 것이다.

다른 고려사항 : 동반자 관계의 관리

환태평양동반자협정과 같은 자유무역협정 등의 동반자 관계와 동맹관계는 이 지역이 중국에 대한 과도한 의존에서 벗어나 다각화할 수 있는 가능성을 부여한다. 따라서 이러한 관계의 관리는 동아시아에서 미국이 처리해야 할 가장 중요한 과제가 될 것이다. 그렇지만 많은 TPP 참여자들은 (일부 아시아 국가의 정치 지도자와 비즈니스 엘리트, 대중들 또한) 중국을 위협보다는 가능성으로 여기고 있으며, 미국의 TPP에 대한 헌신과 접근법에 대해서는 확신을 갖지 못하고 있다. 중국의 규모와 개발 수준, 자원과 고급 자본재 등에 대한 특수한 니즈는 이 지역의 다른 국가가 시장, 투자 재원, 생산 장소로서 가지는 경제적 가능성에 큰 영향을 준다. 중국이 이 지역에 영향을 미치는 방식과 중국이 이 지역에 대해 가진 정보에 대하여, 미국은 필적하기 힘들 것이다.

- 미국의 동맹국과 협력국들은 워싱턴이 몰두하고 있는 국내·외의 문제와 자원 제약의 가능성 등을 고려해, 남아시아와 동북아시아 지역에 대한 미국의 '균형 재조정' 전망에 대해서도 여전히 확신을 갖지 못하고 있다.

- 동북아시아에서 베이징, 도쿄, 서울은 개별적인 안보 역량을 개선시키는 한편으로, 경제적으로는 계속 서로 의존하게 될 것이다. 그들은 안보의 위협 요소를 단호히 관리하고, 방어수단이 공격적으로 해석될 때 일어날 수 있는 상호 관계 악화와 안보-딜레마security-dilemma의 역학을 피해야 할 것이다.
- 정치적 가식과 오래 지속된 역사적 문제들은 앞으로 5년간 일본-한국의 안보 관계 심화에 지장을 줄 가능성이 있다. 한국은 북한을 억제시키는 데 몸을 사리는 중국의 태도에 불만을 가지고 있으며, 이 때문에 서울은 도쿄나 워싱턴과 협력하게 될 것이다. 물론 서울은 계속해서 중국을 관광, 무역, 투자의 주요한 파트너로 여길 것이다. 한편, 일본은 계속 동북아시아 지역은 물론 이 지역을 넘어서는 외교와 안보 문제에 적극적으로 개입할 것이다. 경제는 전체적인 측면에서는 부진하지만 일본은 여전히 세계 3위의 경제국으로 남아 있으며, 인구의 감소에도 불구하고 노령화 인구 대부분에게 계속 물질적 진보를 제공할 것이다.

동남아시아의 경우, 경제적 의존성 증가가 강대국 간 대립과 국내 분쟁, 종교적 급진화, 국내 정치 불안정의 배경이 될 것이다. 이들 중 일부의 조합은 침체와 권위주의, 불안 등을 통해 개방적이고, 안정적이고, 성장 중인 지역 공동체를 위협할 수 있다. 하지만 그러한 결과가 현실화될 가능성은 낮다. 민족주의는 강력한 세력으로 남겠지만 그것만으로 이 지역의 경제적 통합이 강화되는 데 지장이 생기는 않을 것이다.

- 인도, 인도네시아, 베트남은 과거 몇십 년에 비해 세계 무대에서 훨씬 두드러진 참여자로 부상할 것이다. 자국의 개발 성과와 교역 관계의 급속한 성장, 다른 많은 경쟁국에 비해 유리한 인구 구성 등이 그 원인이다. ❶ASEAN Association of Southeast Asian Nations(동남아시아국가연합) 경제 공동체와 무역 자유화, 조화, 개선된 통관 절차라는 ASEAN의 목표, ❷ 서비스 무역, ❸ 투자와 자본 시장 자유화, ❹ 인프라 연결성은 이 지역 경제 통합의 청사진이 될 것이다.
- 안보의 문제는 이 지역에서 군사적 수단을 구축하고 사용하는 동기가 될 것이다. 이 지역의 국가들은 현재 수준이나 그에 가까운 경제 성장을 유지하면서 군비를 증가시킬 것이다. 군비 증강은 국내 사정 때문이기도 하고, 이 지역에 대한 UN의 관심이 계속될지 불확실하기 때문이기도 하다. 중국에 대비하기 위해 동중국해와 남중국해를 둘러싼 영해 분쟁이 계속될 것이고, ASEAN 국가들은 이슬람 급진주의를 강력히 탄압하는 데 엄청난 자원을 투자할 것이다.
- 거버넌스의 결함은 이 지역의 독재 정권뿐 아니라 민주주의 체제에도 영향을 미칠 것이다. 독재 체제와 민주주의 체제 모두가 정책 실행, 부패 척결, 국가 수준의 정책 결정권자와 정책의 실행을 맡은 지역 관리 사이의 관계에서 발생하는 문제를 처리하는 데 어려움을 겪을 것이다. 정부가 공공재를 얼마나 잘 공급하느냐, 높아지는 생활 수준 향상에 대한 목소리에 얼마나 잘 대응하는가가 지역의 안정성 수준에 큰 영향을 미칠 것이다.

중국의 재조정에 대한 단상

중국이 투자 중심, 수출 주도의 경제에서 국내 소비자에게 더 의존하는 경제로 '재조정'되기 위해서는 수년간의 수정이 필요하다. 이는 중국의 일상생활은 물론 전 세계의 경제적 동반자들에게 지대한 영향을 미칠 것이다. 중국 정부는 인프라와 설비에 대한 전례 없는 적극적 투자로(그 대부분은 충분히 활용되지 못하거나 효과적이지 못했지만) 오랫동안 성장을 고무해 왔다. 지속 불가능한 이 모델을 지금 당장 소비 주도 성장으로 대체하는 것은 불가능하다.

- 2015년 중국의 투자는 GDP의 40퍼센트에 달했다. 이는 아시아의 다른 개발도상국의 평균인 30퍼센트를 훨씬 넘는 수치이며, 최근의 고점에서 큰 변화가 없는 상태로 유지되고 있다. 이런 높은 투자 지출은 평시 다른 주요 경제국들에서 전례를 찾아볼 수 없는 것이다.
- (천안문 사태 다음 해인 1990년에 마지막으로 기록된) 연 1퍼센트의 실질 투자 성장률만으로 중국의 소비-투자 균형을 아시아 이웃 국가들의 수준으로 맞추기까지, 꼬박 10년에 걸쳐 매년 8퍼센트의 정부와 민간 소비의 성장이 필요했다.

중국 정부가 균형을 다시 찾는 데 성공한다 해도, 그 변화는 중국 국내 경제의 장기적인 패턴에 혼란을 가져올 것이다.

- 민간 소비가 엄청나게 확대됨에 따라, 국영 기업에 비해 소비자 수요에 민감한 민간 기업에 큰 기회가 주어질 것이다. 하지만 이 때문에 중국 정부는 오랫동안 방치된 법치주의와 지적재산권 보호의 발전을 이루고 민간 소비자 금융을 개발해야 하는 부담을 안게 될 것이다.
- 중국의 중공업 지향이 약화되고 국영 기업의 역할이 축소되면서, 정부가 가지고 있는 경제 통제력 또한 약화되는 결과가 나타날 것이다. 최근 들어 중국 정부는 이런 일을 할 의향이 없음을 보여주었다.
- 개인의 높은 저축률 때문에 중국의 민간 소비는 침체 상태였다. 이런 기조는 중국 정부가 사회 안전망 프로그램, 특히 의료보험 혜택과 연금 수당을 마련하지 않는 한 변화하지 않을 것이다. 하지만 그러한 지출은 군 현대화와 국내 안보에 대한 지출과 경쟁하게 될 것이다.

재조정을 거친 중국 경제는 세계 경제의 주요한 참가자로 남을 것이고 장기적인 성장에서 유리한 위치에 서게 될 것이다. 그러나 교역 상대국으로서는 상당히 다른 모습을 보일 것으로 예상된다.

- 인프라와 중공업에 덜 집중하는 중국의 수입에는 (기계와 제조 설비 같은) 자본재가 거의 포함되지 않을 것이고, 철광석이나 구리와 같이 소비재보다는 투자재에 많이 사용되는 원료의 몫이 줄어들 것이다. 원료 수입액은 2015년 8,000억 달러로 중국 전체 수입의 47퍼센트를 차지했다. 원료 교역의 상대국은 독일, 일본을 비롯한 세계 최대 원료 수출국들이다.

- 소비자 부문의 발전은 소비재, 식품, 농산물들의 수입 증가와 연결될 것이 거의 확실하다. 2015년 중국에서 이들 범주의 수입은 900억 달러로 중국 전체 수입의 6퍼센트에 못 미쳤다. 중국을 제외하고 이들 제품의 주된 수출국은 미국과 독일(소비재의 경우), 미국과 네덜란드(식품과 농산물)이다. 경쟁력이 가장 강한 이들 수출국들은 중국 수요의 큰 증가로 인해 엄청난 이득을 보게 될 것이다. 보다 소비지향적으로 변하더라도 중국 경제는 자국의 니즈 대부분을 충족시킬 것이다. 하지만 이런 경우에도 소비재나 식품과 농산물에 대한 수요가 세계적으로 증가하면서 중국과 그 외 국가의 생산자들 모두가 혜택을 볼 것이다.

- 재조정이 중국의 생산재(수출 혹은 내수를 위한 제품의 생산이나 조립에 사용되는 부품) 수입에 어떤 영향을 줄지는 그리 확실치 않다. 중국이 현재 생산하는 소비재의 상당 부분이 빠르게 성장하는 국내 소비자 부문을 공략할 것이다. 하지만 중국의 저부가가치 생산은 동아시아 국가나 남아시아, 아프리카에 이르는 다른 국가들과의 치열한 경쟁에 직면하고 있다.

중국 정부는 경제의 이행을 원활하게 할 충분한 자원을 가지고 있으므로 민간의 소비를 자극하는 노력을 계속하는 한편, 정부와 국영 기업을 이용해 성장을 지원할 수 있다. 물론 중국이 앞으로 5년 동안 계속 늑장을 부릴 가능성 또한 존재한다. 하지만 경제의 이행이 (그리고 이행을 강요하는 불균형이) 미루어질수록 더 많은 대가가 필요해지고 더 많은 차질이 생길 것이다. 성장이 이미 쇠약해지고 있는 상황이긴 하지만, 앞으로의 수년은 중국 정부에게 가장 좋은 기회의 창이 될 것이다.

- 다음 20년 동안 중국 인구의 중위 연령이 37세에서 거의 46세까지 높아지고 이후에도 급속하게 증가하면서, 노동 가능 인구가 감소할 것이다. 중국의 은퇴 연령은 기대수명이 대단히 낮았던 1950년대 초에 정해졌다. 이에 대한 공개적인 논의가 지금도 진행 중이긴 하지만, 결론적으로 노령 인구의 의료비용 상승은 정부의 부담을 늘리게 될 것이다.

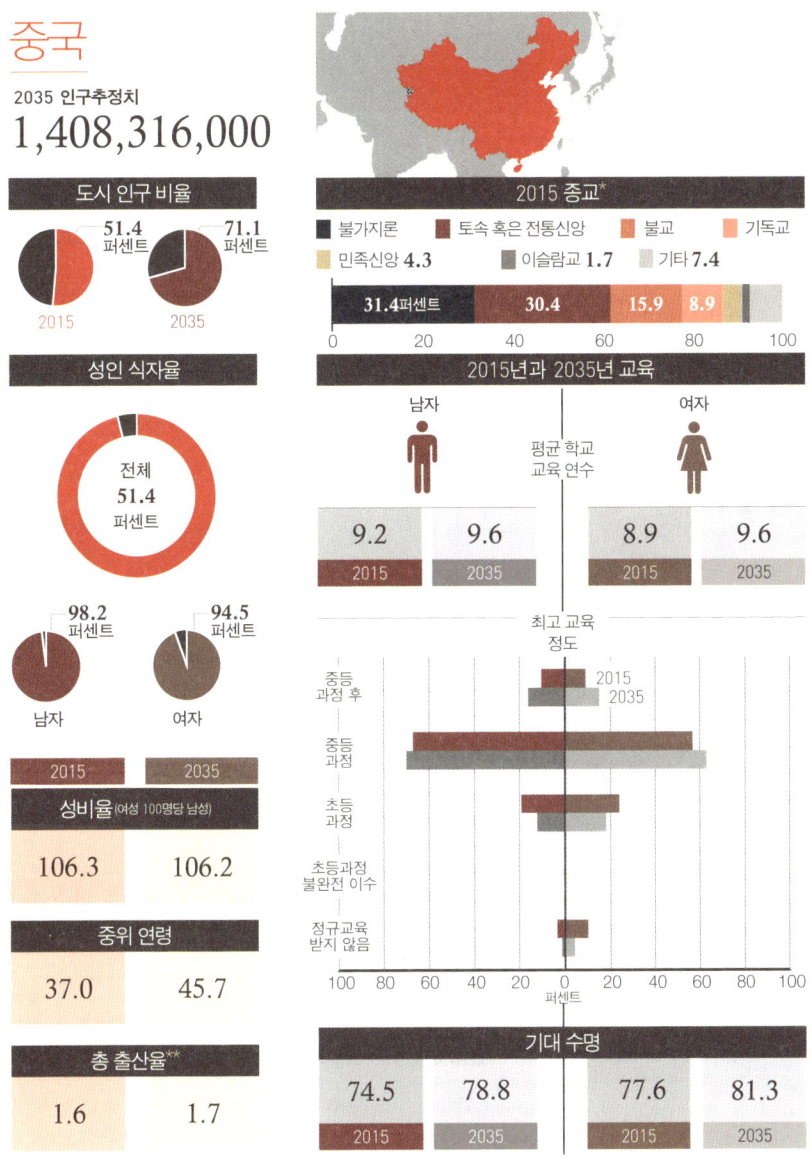

인도네시아

2035 인구추정치
304,847,000

도시 인구 비율
- 2015: 53.7 퍼센트
- 2035: 65.2 퍼센트

성인 식자율
- 전체 95.4 퍼센트
- 남자 97.1 퍼센트
- 여자 93.8 퍼센트

성비율 (여성 100명당 남성)
- 2015: 106.3
- 2035: 106.2

중위 연령
- 2015: 37.0
- 2035: 45.7

총 출산율**
- 2015: 1.6
- 2035: 1.7

2015 종교*
이슬람교 | 기독교 | 민족신앙 2.3 | 힌두교 1.6 | 기타 4.7

79.3퍼센트 | 12.1

2015년과 2035년 교육

평균 학교 교육 연수

	남자		여자	
	2015	2035	2015	2035
	10.3	11.6	10.4	11.7

최고 교육 정도
- 중등과정 후
- 중등과정
- 초등과정
- 초등과정 불완전 이수
- 정규교육 받지 않음

(2015, 2035) 퍼센트

기대 수명

남자 2015	남자 2035	여자 2015	여자 2035
10.3	11.6	10.4	11.7

---

* 소속 종교에 대한 추정은 세계종교데이터베이스World Religion Database의 자료를 근거로 하며 소수 첫째 자리까지의 근삿값으로 나타낸다.

** 총 출산율은 여성 한 명이 출산 연령이 끝날 때까지 생존한다는 전제 하에 낳는 평균 자녀 수의 예상치이다.

주의 : 인구 통계 자료는 2035년 각 지역에서 최대 인구를 가질 것으로 예상되는 나라에 대한 것이다.

남아시아

엄청난 내적·외적 변화는 앞으로 5년간 남아시아의 안보와 정치적 안정에 큰 영향을 미칠 것이다. 아프가니스탄의 국제 평화군 축소, 미국과 인도의 관계 강화, 일대일로 계획 하에서 중국의 서부 개발 목표, ISIL을 비롯한 테러 단체의 진출 등이 모두 영향의 원인이 될 것이다. 남아시아 역시 정치적인 혼란(특히 안정을 유지하기 위한 파키스탄의 고투)은 물론 폭력적 극단주의, 종파 분열, 거버넌스의 결함, 테러, 정체성 정치학, 심화되는 환경 문제, 취약한 보건 체계, 성 불평등, 인구 압력 등으로 인해 계속 어려움을 겪을 것이다.

이러한 요인들은 이 지역이 과거 수십 년 동안 쌓아온 개발 이익을 기회로 전환시키기 위해 필요한 경제 통합과 정치 개혁을 지체시킬 것이 거의 확실하다.

- 이 지역의 정부들은 급박한 환경과 도시 스트레스가 이미 진행되고 있는 상황에서 커지는 대중의 기대를 충족시키기가 쉽지 않음을 알게 될 것이다. 더욱 많은 개인과 공동체 수준의 계획이 번성하고, 부패 척

결에 적절한 환경이 조성된다면 진보는 촉진될 수 있을 것이다.
- 지정학적으로, 이 지역의 미래는 인도가 경제적 잠재력과 인적 잠재력을 이용해서 지역 교역과 개발을 촉진할 능력이 있는가에 달려 있다. 아프가니스탄의 불확실한 전망과 파키스탄의 극단주의와 폭력, 상존하는 인도와 파키스탄의 전쟁 위험은 이 지역의 잠재력을 개발하는 데 가장 큰 장애물이 될 것이다.

앞으로 5년간 지역의 지정학적 관련성 : 경쟁

폭력적 극단주의와 두 핵 보유국인 인도와 파키스탄 간 긴장과 같은 지속적 문제들에도 불구하고, 이란이 제재 완화 이후 경제를 개방하고 중국이 서쪽으로 주의를 돌리면서 이 지역의 세계적 관련성은 변화하고 있다. 인도는 지정학적 이유로 아시아에서의 입지를 되찾으면서 이 지역에서 점차 중요한 구성원으로 자리 잡을 것이다. 미국과 인도는 역사의 그 어떤 시기에서도 찾아보기 힘든 긴밀한 관계를 맺을 것이다. 인도의 번영이 환경 문제를 악화시키면서 인도 정부는 자신이 이룬 성공의 희생자가 될 것이다. 예를 들어 현재 전기의 혜택을 보지 못하는 3억 인구에게 석탄이나 가스를 이용하는 화력 발전소를 통해 전기를 공급한다면, 인도의 탄소 발자국은 상당히 증가할 것이고 오염은 심화될 것이다.

인도 정부는 지역 교역과 인프라 투자에서 방글라데시, 버마, 이란, 네팔, 스리랑카와의 협력을 강화할 것이다. 특히 인도가 이 지역 정당의 힘을 빌릴 경우 남아시아 지역 대부분에 안정과 번영을 조장할 수 있다.

- (정치적 혼란, 계속되는 내란, 취약한 국경 안보 등) 아프간-파키스탄 국경의 불안은 아프가니스탄의 충돌이나 폭력적 극단주의 단체의 존재와 함께 지역 불안의 주요한 원인이 될 것이다. 아프가니스탄에서는 30개 이상의 폭력적 극단주의 단체가 지역의 안정을 위협하고 있다. 약물은 지하드 단체들을 비롯한 비국가 활동 단체에게 중요한 수입원이 될 것이다. 락쉬카르 에 타이바Lashkar-e-Tayyiba, 파키스탄 탈레반 Tehrik-i-Taliban Pakistan, 알카에다al-Qa`ida와 그 지부와 같은 단체의 테러 위협이 (ISIL의 확산과 관련 이념에 대한 공감과 더불어) 계속해서 이 지역 불안의 주원인이 될 것이다.
- 남아시아 대부분에서 청소년 인구는 엄청나게 증가할 것이고 이로써 교육과 고용에 대한 수요도 높아질 것이다. 한 예측에 따르면, 인도는 새롭게 노동 인구에 편입되는 사람들을 수용하기 위해 앞으로 수십 년에 걸쳐 매년 천만 개의 일자리를 만들어야 한다. 불충분한 자원으로 인한 가능성의 부족은 사회적 차별과 맞물려 이 지역 젊은이들이 급진화하는 한 가지 원인이 될 것이다. 게다가 광범위한 출생 전 성별 선택으로 이 나라의 청소년 집단은 불균형적으로 남성이 많은 수를 차지한다. 이는 사회 안정에 심각한 영향을 주며, 때문에 많은 사회 과학자들이 전망이 없는 젊은 남성과 폭력 사이의 상관관계에 집중하고 있다.
- 경제적 역량의 면에서 인도에 필적하지 못하는 파키스탄은 외형적으로나마 균형을 유지하기 위해 다른 방법을 찾을 것이다. 파키스탄은 경제와 안보 면에서 다양한 지원을 얻어낼 수 있는 일련의 외국 동반자들과 관계를 유지하고 핵 '전쟁 무기'와 해상 옵션을 포함한 핵병기

의 저장량과 수송 수단을 늘림으로써 핵 억제력을 강화하기 위해 노력할 것이다. 이슬라마바드는 교전 상태를 줄이려 노력하는 과정에서 국내 안보를 해치는 다양한 위협 요소와 직면하게 될 것이다. 이러한 작전에 사용되는 장비의 점진적 저하, 재원의 약화, 극단주의의 여지를 줄이기 위해 필요한 변화에 대한 논쟁도 문제가 될 것이다. 이 기간 동안에는 폭력적 극단주의가 파키스탄에 실제적 위협을 가할 가능성은 낮지만, 지역 안정에 부정적인 영향을 끼칠 것은 분명하다.

다른 고려 사항 : 환경, 보건, 도시화

거버넌스가 취약한 남아시아의 국가들은 계속적인 도시화로 인해 현재 지속되고 있거나 가까운 미래에 다가올 다양한 문제들에 대해 미처 준비를 갖추지 못한 상태이다. 이 지역은 빠르게 도시화되고 있다. 뉴델리에서 이슬라마바드에까지 뻗어 나가는 메가시티 개발을 막는 유일한 장애물은 지형(그리고 행정구역)뿐이다. 아(亞)대륙은 세계 10대 도시 안에 드는 3개의 도시, 세계 50대 도시 안에 드는 10개의 도시를 갖게 될 것이다. 급증하는 인구에 서비스를 제공하는 것만으로도 국가에 큰 부담이 될 것이고, 이는 남아시아 정부들의 쪼들리는 자원을 압도할 것이다. 이러한 대규모 도시 지역은 새로운 사회, 정치, 환경, 보건의 취약성도 드러낼 것이다. 예를 들어 새로운 정치 운동을 자극하거나 이질적 단체들과 접하게 되면서 종교 조직에 대한 지지가 강화될 수 있다.

- 개발의 도시화 단계에서 남아시아의 오염은 틀림없이 늘어날 수밖에 없다. 이는 인간과 작물의 건강을 해치고 도시 생활의 경제적 비용을 높이는 대기 조건을 만든다. 이미 세계에서 오염이 가장 심한 25개 도시 중 15개가 남아시아에 있다. 인도만 해도 20개 도시의 대기 질이 베이징보다 나쁜 상황이다. 폐기물 관리에 관한 결정은 도시 생활의 질에 큰 영향을 미칠 것이다. 조밀한 인구가 근접해서 거주하며 제한적인 서비스를 받기 때문에 건강 문제가 악화되고 전염성 질환이 확산될 수 있다.

- 대도시는 국가의 경제 성장에 기여하기도 하지만, 부유한 사람들과 가난한 사람들이 뚜렷이 구분되는 상황을 낳기도 하며 새로운 정체성, 이념, 운동의 구축을 용이하게 하기도 한다. 남아시아의 도시에는 세계에서 가장 큰 빈민가가 조성되어 있으며 도시에서는 경제적인 불평등이 뚜렷하게 드러난다. 불평등에 대한 인식의 확대는 사회 불안으로 이어질 수 있다. 가난한 지역의 사람들이 기회가 보다 많은 지역으로 이주함에 따라 교육, 고용, 주택, 자원에 대한 경쟁이 인도 일부 지역에서와 같은 인종 혐오를 자극할 수 있다.

- 새롭게 도시에 살게 된 인구는 종교적 색채가 짙은 경향이 있다. 파키스탄과 방글라데시의 경우 도시 생활에서 받는 압박이 이슬람교를 근간으로 하는 정치적 운동을 강화할 수도 있다. 두 나라에서 가장 오랜 역사를 가지고 있으며 가장 뿌리가 깊은 이슬람 단체, 자마마트-에 이슬라미Jamaat-e Islami는 거대한 도시 조직을 이루고 있다. 힌두트바Hindutva 역시 인도에서 두드러진 도시 현상의 하나이다. 가장 급진적인 힌두트바 정당인 시브 세나Shiv Sena는 지난 40년의 대부분 동안

인도의 상업 중심지, 뭄바이를 지배했다. 인도는 2050년에 인도네시아를 능가하는 세계 최고의 이슬람 인구를 가지게 될 것으로 예상되며 종파 간 불신으로 인한 안정성의 문제가 제기될 것으로 보인다. 테러 위협에 대한 인식, 그리고 힌두교 신자들이 고국에서 정체성을 잃고 있다는 생각이 힌두트바에 대한 지지 확대로 이어졌고 이는 때로 폭력의 표출, 테러와 같은 모습으로 나타났다. 인도의 최대 정당인 바라티야자나타 당Bharatiya Janata Party(인도인민당)이 점차 정부를 장악해 힌두트바를 정책에 끌어들이면서 현재 상당한 규모인 이슬람 소수 집단들은 물론 이슬람교도가 가장 많은 파키스탄과 방글라데시와의 긴장을 유발하고 있다.

기후 변화는 인간의 건강과 식량 안보를 해치는 높은 기온의 형태로 남아시아에 영향을 줄 것이 거의 확실하다. 온실가스 농도의 상승과 국지적인 연무제 오염이 강수 패턴을 바꿀 가능성이 있다. 세계 인구의 거의 절반이 남아시아의 몬순에 영향을 받는 지역에서 살고 있으며, 몬순의 시기와 강도가 정상에서 약간만 벗어나도 지역 농업에 큰 영향을 받을 수 있다. 몬순 시작이 지연될 경우 농업 생산, 수자원 이용 가능성, 수력발전, 현대적 기관과 설비의 안정성은 상당히 낮아질 것이다. 반대로 방글라데시를 비롯한 일부 지역의 강수량 증가는 큰 홍수를 일으키고 이주에도 큰 영향을 줄 수 있다.

- 기후 변화로 파미르 고원 지대의 빙하가 예상보다 빠르게 녹아 파키스탄과 인도 북부의 강에 유입될 수 있다. 열대성 폭풍 해일이 일어날

경우 그리 크지 않은 정도의 해수면 상승에도 이미 희박한 방글라데시의 지괴가 감소될 가능성이 존재한다. 이는 담수 자원을 못 쓰게 만들고 사람들을 인도와 버마 쪽으로 이동하게 하면서 인종과 지역 분쟁을 악화시킬 수 있다.

- 인도와 파키스탄 역시 다양한 악천후에 취약하다. 주요한 사례로는 2010년 파키스탄을 휩쓴 대규모 홍수, 식량 안보를 저해하는 예측 불가능한 몬순, 파키스탄에서 1,000명, 인도에서 2,500명의 목숨을 앗아간 2010년의 혹서 등이 있다. 비율상 '100년에 한 번 일어나는 홍수'가 잦아지는 등 최근의 기후 현상을 악화시킨 몬순 패턴의 변화는 파키스탄의 댐들을 완전히 압도하고 벌거숭이가 된 산과 협곡에서 이미 홍수로 불어난 물을 오염시킬 수 있다. 한편 몰디브를 비롯한 태평양의 섬들이 점차 사라지면서 대중들이 해수면 상승의 장기적인 위험에 대해 가지는 인식이 커지고 있다.

- 강수 패턴의 변화는 말라리아, 콜레라, 소아마비와 같은 위험한 수인성 질병을 급증시키는 방식으로 물 생태계를 변화시킬 수 있다. 폭풍해일과 홍수는 수백만의 사람들을 하수 등으로 인해 오염된 물과 수없이 많은 질병에 노출시킬 수 있다. 때문에 공중 보건과 안전을 위해 보다 현대적이고 회복력 있는 상수도 시설에 대한 투자가 필요하다.

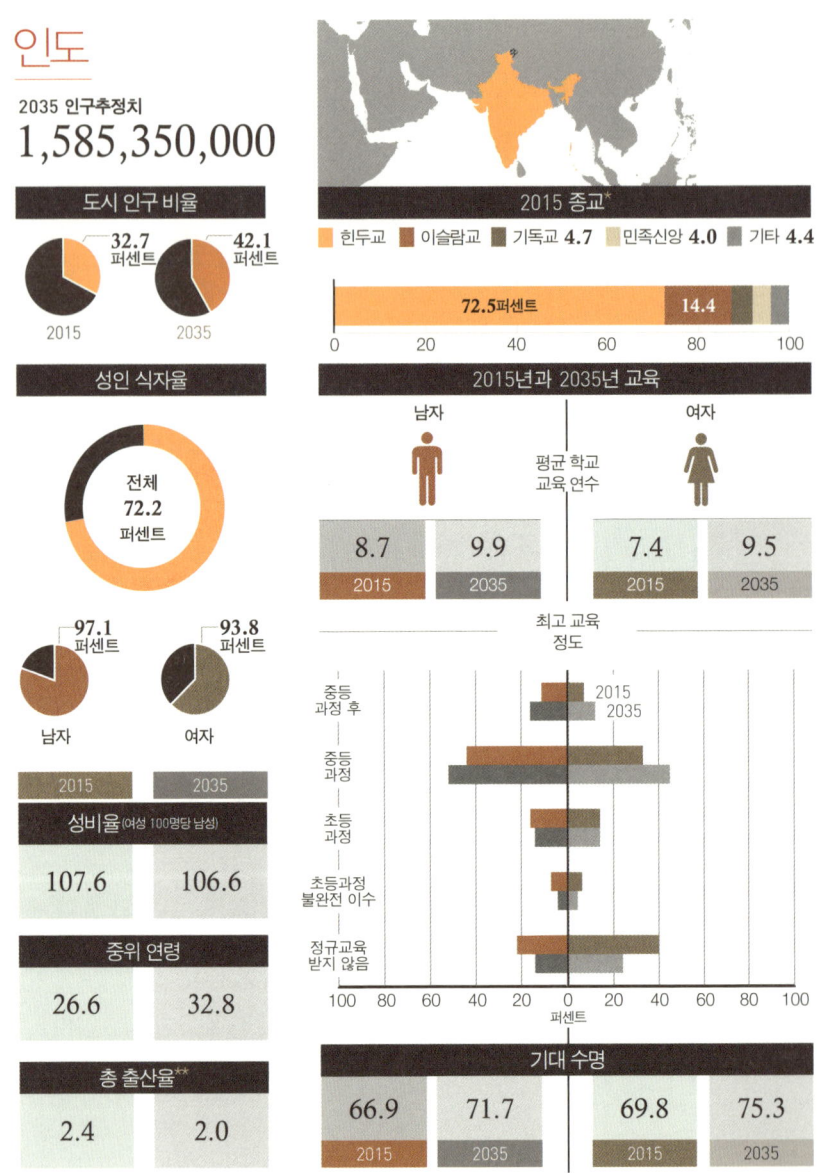

154

중동과
아프리카

앞으로 5년 동안 중동과 북아프리카에서는 정치적 격변이 두드러질 것이다. 정치적으로 파탄 난 많은 국가에서는 대중이 견고하게 자리 잡은 엘리트에게 더 많은 것을 요구할 것이고, 내전과 대리전이 계속될 것이다. 낮은 에너지 가격이 거버넌스를 약화시키면서 종교 세력들과 정치 세력들 사이의 다툼이 생길 것이다. 그러한 다툼에는 이란, 사우디아라비아, 터키, 이스라엘, 어쩌면 이집트 사이의 안보 경쟁이 포함될 가능성이 높으며 중국, 러시아, 미국도 관련될 수 있다.

그 기간 동안 이 지역의 많은 국가에서는 기존의 지도부, 엘리트와 대중의 유리(遊離)가 지속될 것이 거의 확실하다. 사회경제학적 문제와 일반적 문제들이 악화될 것이고, 독재 통치, 억압, 종속이 이 지역에 남긴 유산들로 인해 특히 쿠르드족과 같은 하위 국가 조직이 훨씬 더 강력한 대의권을 요구할 수도 있을 것이다.

- 이 지역의 가장 중요한 문제는 성장을 촉진하고, 노동 연령에 있는 젊은 주민들이 참여할 수 있는 경제적 기회를 마련하며, 정치적 조건을

조성하는 것이다. 이런 일이 사람들의 잠재력을 인정하고 전통적 신념과 일치하는 방식으로 이뤄지지 않는다면, 정의와 존중의 부재는 계속해서 절망을 키우고 다른 부류의 사람들에 대한 학대를 조장할 것이다. 극단적인 경우 존엄성의 부재가 종교의 급진화로 이어질 수 있다. 이와 함께 아랍 세계가 세계화, 서구 외교 정책, 보수적인 신자들이 반감을 느끼는 소셜 미디어 등을 경험함에 따라 세속주의가 부상할 가능성도 있다.

빈곤 감소와 개인 권한 강화의 면에서 상당한 진전이 있었지만 최근 몇 년간의 혼란이 이러한 발전을 중단시켰다. 알제리, 요르단, 모로코, 이집트의 큰 발전 덕분에, 이 지역의 극심한 빈곤은 1987년부터 점차 감소했다. 예를 들어 이집트에서 빈곤선 이하에 살고 있는 인구의 비율은 1981년의 12퍼센트에서 2005년에는 2퍼센트로 감소했다. 하지만 정치·사회적 혼란의 큰 영향을 받은 국가들에서는 이런 대규모의 긍정적 변화가 중단되었거나 심지어는 역전되었다.

이란에서도 1979년부터 빈곤이 감소하고 중산층과 글을 아는 사람들의 비율이 늘어났다. 사회는 비교적 안정적이었지만 외부의 지원이 없고 난민 인구가 많은 국가들, 특히 레바논과 요르단은 난민들이 이미 제한적인 경제적 자원에 부담을 주고 있으며, 계속해서 의료 서비스 체계를 압도하면서 개선 추세의 역전을 경험할 것이다. 한편 낮은 원유 가격이 걸프만 연안국의 예산과 경제에 압박을 가하면서 이집트와 같이 전략적으로 중요한 국가에 긴급 재정 구제를 제공하거나 다른 국가를 지원할 능력을 제한하고 있다.

- 이 지역은 이집트의 혁명과 반혁명 역학, 이라크, 리비아, 시리아, 예멘의 내전, 계속되는 이스라엘과 팔레스타인 간 충돌로 인해 자발적인 성장을 이루지 못했다. 이 모든 요소들이 정치적·경제적 기회를 제공하려는 노력을 약화시켰다.
- 2014년 수준에 훨씬 못 미칠 정도로 하락해서 회복할 기미가 보이지 않는 원유가격으로 인하여, 대중의 불만을 다루는 데 유용한 도구(탄화수소와 외국 원조로 조성된 배당금과 보조금)들이 위협받고 있다. (일부는 비산유국에 대한 원조로 이어지기도 했던) 거의 10년간 이어진 자본 수지 흑자와 강력한 투자 및 원조의 흐름이 끊긴 이 지역은 뚜렷한 자본 부족 상황을 맞이할 것이다. 걸프협력회의Gulf Cooperation Council, GCC를 구성하는 부유한 산유국들은 비축해 둔 자본에 의지해서 국내 지출은 유지하겠지만, 다른 국가와 공유하기는 힘들 것이다. 계속해서 사회 평화를 유지하는 데 어려움을 겪고 있는 알제리나 이라크와 같은 중위 산유국들이 반대파를 강력하게 탄압할 위험도 있다. 이집트, 요르단, 레바논, 튀니지는 산유국의 보조가 줄어들면서 경제 상황이 악화되고 사회 불안의 위험이 커질 것이다. 이스라엘과 터키와 같은 비아랍, 비산유국은 이러한 압력은 피할 수 있겠지만 지역 성장을 이끌어갈 만큼 경제 규모가 크지 못하고 충분한 지역적 유대도 갖고 있지 못하다.

앞으로 5년 동안 국가가 안보, 교육, 고용에 대한 대중의 요구를 충족시키지 못하는 상황이 폭력적 급진화의 온상이 될 것이다. 대중들 사이에서 편협한 종교적·파벌적 요소들에 대한 지지가 늘어나면서 소수 집단에 대한 관용적 태도가 축소되고 지역 균질화를 추구하는 폭력에 대한 지지가 확대될 수 있다. 반대로, 극단주의자들의 행동이 급진주의에 대한 신뢰를 떨어뜨리고 더욱 많은 시민들을 독려해 국가 기관을 돕는 데 힘을 합치게끔 할 수도 있다.

- 내전과 낮아지는 원유 수익은 이 지역 거버넌스 구조에 압력을 가해 전체적인 거버넌스와 서비스 제공을 위축시키고 있다. 오랫동안 이어진 분쟁은 체제에도 타격을 주고 있다. 2004년부터 2014년까지 이라크, 시리아, 예멘, 리비아의 정권 변화와 내전으로 국민 의견 반영과 책임, 정치적 안정, 폭력의 부재, 정부 효율성, 규제의 질, 법치, 부패 통제 등 핵심 영역에서 중동 아시아 지역 내 국가의 세계은행 거버넌스 지수World Bank's Governance Indicator가 하락했다.
- 이러한 중앙 거버넌스의 약화를 고려하면, 개인과 종족들이 국가 하부 수준에서 조직화되면서 정치적 논쟁에서 큰 역할을 담당할 가능성이 높다. 전쟁으로 피폐해진 시리아와 리비아에서 지방 의회와 시 의회가 창설되는 상황이 이러한 추세를 보여주는 전형적인 예이다.

앞으로 5년간 지역의 지정학적 관련성 : 확산과 경쟁

오랫동안 지속되고 있는 인도주의 위기, 대규모 폭력, 내전, 지휘권의 공백으로 지역 안보 체제를 향한 진전은 제한될 가능성이 높다. 앞으로 이 지역의 모습은 정치적, 전략적인 면에서 자신들이 생각하는 형태의 종교에 유리하도록 행동하면서 광범위한 신도의 행동과 견해까지 조작하려 하는 국가와 비국가 활동 세력의 행보에 의해 결정될 것이다.

- 레반트와 아라비아 반도에서 벌어지는 강도 높은 폭력은 (걸프, 레반트, 마그레브북아프리카의 모로코·알제리·튀니지에 걸친 지방 —역주 지역의 정치, 경제 상황을 다른 곳과 뚜렷이 구별되도록 만드는) 지역의 해체를 가속시킬 수 있다. 또한 초국가적 급진 이슬람 견해와 활동을 통해 사하라 이남 아프리카, 유럽, 중앙아시아, 동아시아, 남아시아로 급진주의의 영향력을 넓힐 수 있다.
- 이 지역은 물 스트레스에 특히 취약하며 수자원에 대한 접근권을 두고 지역, 국가, 초국가적 긴장이 존재하고 있다. 이 지역에서는 급수를 위해 담수화 시설을 이용하는 대단히 부유한 국가라 할지라도 이들 시설이 손상될 경우 실제적인 피해를 입을 수 있다.

이 지역의 문제는 이곳에 국한되지 않는다. 증가하는 인도주의 위기와 민간인의 희생이 국제적 충돌을 일으키며 인권 규범을 손상시킬 것이다. 서구는 충분한 근거나 물질적 지원 없이 이런 규범을 과장되게 선전하면서 아랍 대중들이 서구에 대해 갖는 인식을 악화시키고 있다.

(미국이 아시아에 역점을 두기 때문이든, 2011년 무바라크를 비롯한 아랍 지도자들을 지원하지 않겠다는 워싱턴의 결정 때문이든) 지역 자본가들이 미국이 신뢰할 만한 동반자가 아니라는 인식을 갖게 되면서 러시아나 (가능하다면) 중국과의 지정학적 경쟁이 심화되었다. 아랍 국가들은 워싱턴이 약속을 어기고 돌아설 경우에 대비책을 마련하게 되었다. 끊임없이 지속되는 충돌의 가운

데서, (유럽에서 난민에 대한 냉대가 점점 심해지면서 다른 목적지를 찾을 수밖에 없는 상황이긴 하지만) 난민의 흐름이 이어질 것이다.

이란, 이스라엘, 사우디아라비아(그리고 어쩌면 터키까지)는 불안정을 해결하기 위해 노력하고 있는 이 지역 국가들에 강한 영향력을 가지고 있다. 하지만 그들은 다양한 사안에서 불화를 일으킬 것이고 몇몇 국가들은 그들의 지역적 포부에 영향을 줄 가능성이 있는 국내 문제들과 직면해 있기도 하다. 늘어나고 있는 이란의 세력, 핵 보유력, 공격적인 행동은 이스라엘, 사우디아라비아, 기타 걸프협력회의 국가들의 걱정거리로 남을 것이다. 이란과 사우디의 지역 경쟁이 가지는 종파적 성격이 이 지역 전체의 충돌을 부채질하는 비인간적인 수사나 이단이라는 주장과 더불어 이러한 우려를 악화시키고 있다.

- 이집트, 알제리, 사우디아라비아와 같은 아랍 국가들의 불안정은 장기적으로 확대될 것이 거의 확실하다. 원유 가격이 낮게 유지될 경우 특히 더 그렇다. 사우디 정부는 몇 가지 경제 개혁과 훨씬 작은 규모의 사회·정치 개혁에 착수하고 있다. 이러한 노력은 사우디 젊은이들을 위한 일자리를 늘릴 수 있지만 대중의 기대를 충족시키기에는 너무 늦은 면도 있다. 더구나 이런 개혁안들은 저비용 옵션으로 새롭게 부상하는 아시아와 아프리카의 수출국과 경쟁하고, 서비스 부문에서 선진국과 경쟁할 수 있도록 사우디아라비아를 개발하는 데 목표를 두고 있다. 이는 도달하기 극도로 어려운 목표라는 것이 증명될 것이다. 살만 왕2015년에 즉위한 사우디아라비아의 국왕 —역주의 정권 교체 과정에서 드러난

투명성 문제는 개혁안의 전망을 어둡게 하는 데 일조할 것이다.
- *지역의 에너지 자원에 대한 세계적 수요*(특히 아시아 국가들의 수요) 때문에 이 지역은 계속해서 국제적 관심과 관여를 받을 수밖에 없을 것이다. 하지만 외부 세력에게는 이 지역의 여러 가지 문제를 '바로 잡을' 의지나 능력이 부족할 테고, 일부는 이 지역의 충돌에 휘말려서 현재와 미래의 충돌을 장기화시킬 수도 있다.
- 이스라엘, 사우디아라비아를 비롯한 일부 걸프협력회의 국가들은 이란이 포괄적공동행동계획Joint Comprehensive Plan of Action, JCPOA에 의해 지급된 자금을 지역의 안정을 더 해치는 지역 활동에 사용하지 않을까 우려하고 있다. JCPOA 절차 하에서 이란 핵 활동에 대한 제한이 해제되면 이들 국가는 장기적으로 이란의 행동에 더욱 촉각을 곤두세울 것이다. 이란 정부가 더 많은 재정·군사 자원을 지역 내에서 자국의 주장을 공격적으로 펼치는 데 사용하거나, 인접국들이 이란의 핵무기 활동 재개에 대해 두려움을 갖는다면 이란과 이웃 국가들 사이의 긴장이 높아질 것이다.
- 러시아의 관여가 재개되면서 이 지역이 열강 정치로 *회귀*하는 상황은 미래의 역학에 영향을 미치는 또 다른 강력한 힘이 될 것이다. 2000년부터 집권한 푸틴은 이 지역에 세력을 보이기 위해 노력해 왔다. 시리아 정부에 대한 모스크바의 군사와 정보 지원은 이라크, 이집트와 같은 다른 과거의 소비에트 동맹들에 대한 접근이 임박했음을 드러내는 것일 수 있다.

기타 고려사항

오래 계속되는 혼란이 대규모 두뇌 유출을 자극한다면 '아랍의 봄' 봉기로 드러난 인구 압력과 경제적 압력은 해소는커녕 더 악화될 수도 있다. (지역의 인구 구성이 변화하면서 수년 동안 문제가 되고 있는) 청년 실업과 경제적 다양성의 부재가 경제 성장, 생활 수준 향상, 이 지역 대부분 국가의 세계 경제 통합을 더 방해할 것이다. 이미 대단히 빠듯한 토지와 수자원이 도시화 인구 증가, 기후 변화로 인해 더 악화될 가능성이 있다. 더 나은 관리와 제재 완화가 이란의 경제 성장을 자극해 왔지만, 경제 발전이 정치 개혁으로 이어질지는 미지수이다.

- 분쟁의 상흔을 지닌 이 지역 어린이들은 새롭게 등장한 잃어버린 세대라 할 수 있을 것이다. 교육과 적절한 의료 서비스에 대한 접근권이 없는 이 어린이들은 급진화에 취약한 새로운 인구 계층을 형성할 것이다. 최근 들어 여성들이 경험하는 희롱과 부당한 처우가 늘어난 것으로 판단할 때, 계속된 불안이 이 지역 전체 여성들의 상황을 더 악화시킬 가능성이 있다. 특히 미약한 경제 성장과 고용에 대한 우려는 정체성 기반의 극단주의 성장을 자극할 수 있다. 2016년 버슨-마스텔러 Burson-Marsteller 사(社)가 진행한 8차 연례 조사에 응답한 아랍 젊은이들은 소위 이슬람 국가Islamic State, IS의 부상에 압도적인 반대를 표했지만, 그와 동시에 일자리와 기회의 부족이 그 집단이 새로운 구성원을 구할 수 있었던 가장 큰 동인이라고 언급했다.
- 이러한 역학에 비추어, 웨스트 뱅크와 가자 지구의 운명에 대한 관심

이 재점화된다면 아랍의 영향력 확대로 이어질 수 있다. (시리아 내전과 IS의 부상을 비롯해) 미디어를 점령한 최근의 사건들 역시 추가적인 팔레스타인 난민 이동을 촉발하고 팔레스타인 사람들에 대한 재정 지원 부족에 대한 우려를 키우고 있다. 팔레스타인의 연구에 따르면, 2014년의 하마스와 이스라엘 충돌의 결과로 가자 주민들의 재건과 회복 지원에 39억 달러가 필요한 상황이다. 그들의 니즈는 이 지역의 나머지 아랍 인구에게도 관심의 대상이다. 아랍정책연구센터Arab Centre for Research and Policy Studies가 2011년 실시한 여론 조사에 따르면, 아랍 세계 전역에 걸친 16,000명 이상의 응답자 가운데 80퍼센트 이상이 팔레스타인 문제가 팔레스타인만이 아닌 전 아랍의 논점이라고 언급했다.

가뭄, 극한 기온, 오염과 같은 환경 위기 수준 역시 높게 유지될 것이다. 이미 대단히 빠듯한 토지와 수자원이 도시화와 기후 변화로 인해 더 악화될 가능성이 있다.

- 예멘의 경우, 분쟁 지대와 높은 물 가격, 훼손된 인프라가 이미 심각한 물 문제를 더 악화시키고 있다. 인구의 80퍼센트가 믿고 마실만한 맑은 물 공급원에 접근할 수 없는 형편이다. 적절한 인프라 없이 가정 내에서 이용하기 위해 저장된 물은 오염될 가능성이 높은 데다 모기, 말라리아, 뎅기열, 콜레라 바이러스가 번식할 수 있는 서식지를 늘린다.
- 요르단의 경우, 시리아 난민의 유입으로 인해 이미 약화된 대수층으로부터 더 많은 물을 끌어올릴 수밖에 없는 형편이다. 이집트는 나일

강 상류 개발로 인해, 특히 에티오피아가 그랜드 에티오피아 르네상스 댐Grand Ethiopian Renaissance Dam의 저수지를 채우기 시작하면서 새롭게 물 부족 문제에 직면하고 있다.
- 이 지역의 도시 대기 오염은 세계에서 가장 심각한 상태로 유지될 것이다. 이란과 사우디아라비아의 경우가 특히 심하다.

이 지역에서는 공중 보건도 심각한 문제가 될 것이다. 이집트에서는 현재 고병원성 조류독감 바이러스가 가금류 사이에 전염되고 있으며 인간에게서 나타날 위험도 있다. 2012년부터 사우디아리비아는 중동 호흡기 증후군 Middle East respiratory syndrome, MERS-coronavirus의 발생을 관리해 왔다. 이곳에서는 바이러스가 돌연변이를 일으켜 전염성이 강해질 것을 우려하고 있다. 적절한 관리가 이루어지지 못한다면 더 광범위한 확산으로 사회 불안이 가중될 수 있다.

이러한 압박 요인과 낮은 가능성에도 불구하고, 원유 시장이 강화되고 가격이 올라가기 시작한다면 이 지역에 보다 유리한 시나리오가 등장할 것이다. 이란과 사우디아라비아의 지도부는 원유 시장 점유를 둘러싼 제로섬 경쟁에 집중할 필요를 덜 느낄 것이고, 그 결과 종파 간 다툼이 줄어들 것이다. 더 나은 쌍무 관계는 대리전을 완화시키고 이 지역을 안정시키는 데 도움을 주어 풀뿌리 운동이 권위주의나 ISIL과 이슬람 극단주의에 대한 강력하고 건설적인 대안을 제공할 만한 조건을 마련할 수 있다. 진정한 대중 소통과 종교나 기타 문화적 규준에 부합하는 경제 발전은 2011년 아랍 봉기의 기저가 된 좌절감의 방향을 돌릴 수 있을 것이다.

이집트

2035 인구추정치
125,589,000

도시 인구 비율
- 43.1 퍼센트 (2015)
- 48.9 퍼센트 (2035)

성인 식자율
- 전체 75.8 퍼센트
- 남자 83.6 퍼센트
- 여자 68.1 퍼센트

2015 / 2035

성비율 (여성 100명당 남성)
- 102.1 (2015)
- 101.8 (2035)

중위 연령
- 24.7 (2015)
- 27.2 (2035)

총 출산율**
- 3.3 (2015)
- 2.6 (2035)

2015 종교*
- 이슬람교 90.9퍼센트
- 기독교 8.4
- 불가지론 0.6
- 무교 0.1

2015년과 2035년 교육

평균 학교 교육 연수
- 남자: 11.1 (2015), 12.7 (2035)
- 여자: 11.0 (2015), 12.8 (2035)

최고 교육 정도
- 중등과정 후
- 중등과정
- 초등과정
- 초등과정 불완전 이수
- 정규교육 받지 않음

기대 수명
남자: 69.2 (2015), 72.5 (2035)
여자: 73.6 (2015), 77.1 (2035)

---

* 소속 종교에 대한 추정은 세계종교데이터베이스World Religion Database의 자료를 근거로 하며 소수 첫째 자리까지의 근삿값으로 나타낸다.

** 총 출산율은 여성 한 명이 출산 연령이 끝날 때까지 생존한다는 전제 하에 낳는 평균 자녀 수의 예상치이다.

주의: 인구 통계 자료는 2035년 각 지역에서 최대 인구를 가질 것으로 예상되는 나라에 대한 것이다.

사하라 이남 아프리카

앞으로 5년간, 사하라 이남 아프리카는 인구가 늘어나며, 그 가운데서도 젊은 인구가 더욱 많아지고, 도시화되고, 유동적이고, 교육 수준이 높고, 네트워크가 발전된 곳이 될 것이다. 이 지역의 인구 증가율은 세계 최고 수준이다. 오랜 세월에 걸쳐 높은 출산율에 기여한 성 불평등 문제가 즉각적으로 변화할 가능성도 없는 상황이므로, 인구의 급격한 증가는 식량 자원과 물 자원, 보건 역량, 교육, 도시 인프라에 큰 부담을 줄 것이다.

경제 성장이 인구를 뒷받침하기 힘든 곳에서의 이러한 조건은 인구 유출의 확대를 낳을 것이다. 그 결과, 지난 10년간 이 지역이 높은 성과를 올리는 토대였던 지정학적·경제적 추세가 악화되고 있는 상황에서도 젊고, 도시화·네트워크화된 인구가 경제·정치 역학의 주된 동력이 될 것이다. 동시에 교육을 많이 받고 도시화된 젊은 인구의 증가가 부패, 인플레이션, 높은 실업률, 정부의 형편없는 성과에 대한 불만으로 종교에 의지하거나 시위에 나서는 현재의 추세를 강화할 것이다. 그러한 상황에서 복잡한 안보 문제가 증가해 인종 간 긴장을 높일 것이고, 종교적 극단주의, 특히 급진주의 이슬람교와 원리주의 기독교가 더 널리 퍼질 것이다.

이 지역은 불충분한 경제 성장과 일자리 창출로 인해 어려움을 겪을 것이다. 이로써 좋은 거버넌스가 중시될 것이고 정부의 역량은 모든 면에서 더 큰 압력을 받을 것이다. 그동안 정책을 제대로 실행해 왔고, 새로운 생산적 노동자를 추가함으로써 '인구 배당 효과'에 따른 경제 성장을 확보하는 데 필요한 인프라(혹은 교육을 받은 노동 인구)를 보유하고 있는 국가는 얼마 되지 않는다. 중국 경제가 냉각되면서 중국의 원자재 수요가 줄어들고(이것은 최근 아프리카 수출업자들에게 뜻밖의 기회가 되고 있다), 선진국 경제가 계속 약세를 유지하며, 늘어나는 인도주의 기부에 대한 니즈와 경쟁을 벌여야 하기 때문에 원조 흐름도 감소할 것이다.

- 대중 동원, 도시화, 종교 관계. 1960년대 초 탈 식민지화 이후 민주주의의 확장으로 인해 민주적인 선출 과정을 거친 정부가 늘어났다. 시위와 정치적 활동을 이용해 정부 정책에 영향을 주고 사회 변화를 추진하는 아프리카 대중이 늘어날 것이다. 그럼에도 불구하고, 일부 전문가들은 민주주의가 지연되거나 역전되고 있다는 경고를 내놓고 있다. 최근 민주주의 국가의 대열에 들어선 남수단을 비롯한 이러한 신생 민주국가들의 대부분은 힘이 없으며 부패가 만연하고 심각하게 분열된 상태이다. 중장기적으로 민주주의의 성숙은 적극적인 시민 사회 조직이 다양한 쟁점(선거 결과, 인기가 없는 경제 정책, 지나치게 열성적인 보안 기관, 인권 침해, 원치 않는 개헌 등)에 문제를 성공적으로 제기하느냐 여부에 달려 있다. 이런 면에서, 늘어나고 있는 아프리카의 도시 인구는 민주화에 결정적인 요소이다. 시민 사회 조직 구성원의 대다수가 도시에 살 것이기 때문이다.

- 급속한 도시화가 미미한 인프라에 부담을 줄 가능성이 높다. 이는 부패가 눈에 잘 띄게 된 상황과 맞물려 서비스 제공에 실패한 정부를 향한 대중의 불만을 키울 것이다. 첫 세대의 도시 거주민은 이후 세대보다 종교색이 짙은 경향이 있다. 도시화는 종교적 관계를 부추겨 종교 기반의 충돌을 낳을 것이다. 도시화는 대중의 거버넌스 참여를 조장해서 정치 단체들 사이의 긴장을 높이는 원인이 될 수도, 아프리카의 다양한 인종과 종교가 화합하는 데 도움을 주는 국가 건설의 원동력이 될 수도 있다. 이러한 양면적 가능성은 아프리카 연합African Union, 서아프리카 경제 협력체Economic Community of West African States, 동아프리카 공동체East African Community, 남아프리카 개발 공동체 South African Development Community와 같은 지역 기구를 통해 아프리카가 주도하는 좋은 거버넌스를 위한 노력이 얼마나 중요한지 보여 준다.

복합적 안보 위협

알 샤바스al Shabab, 보코 하람Boko Haram, ISIL, 안샤르 알 샤리아Ansar al Shari'a, 이슬람 마그레브 지역의 알 카에다Al Qa'ida in the Lands of the Islamic Maghreb와 같은 조직들이 행하는 의도적 파괴 행위에 맞서기 위한 노력에도 불구하고, 아프리카 정부들은 계속해서 저항 세력이나 극단주의 단체들이 가하는 불균형적인 위협에 대항해야 할 것이다. 많은 국가와 지역의 군대들이 그러한 문제를 처리하는 데 필요한 자금, 인력, 교육의 부족을 경험할 것이 거의 확실하다. 저항 세력과 테러리스트들이 국제 네트워크를 통해서 무기를 비롯한 각종 자원들을 허술한 아프리카 국경 너머로 쉽게 들여오기 때문이다. 아프리카 사람들은 계속해서 세계와 지역 평화 유지를 위한 군대에 이바지할 것이다. 이러한 활동은 좋은 의도를 가지고 있지만 임시적인 기제에 불과하기 때문에 복합적인 안보 위험을 해결하는 과정에서 평화 유지, 안정, 대(對)반란, 대(對)테러, 잔혹 행위 방지, 국가 건설을 흐릿하게 만드는 권력과 대응하는 데 어려움이 클 것이다. 일부 국가는 군대를 훈련시키고 자금을 조달하기 위해 계속해서 다국적 평화유지군의 힘을 빌려야 할 것이다. 하지만 평화유지군이 때로는 잔혹 행위를 저지른다는 최근의 인식이 다자간 참여를 약화시킬 수도 있다.

- 급진화. 대부분의 사하라 이남 아프리카는 폭력적이고 급진적인 이념을 계속해서 거부할 것이다. 하지만 그러한 운동을 수용하는 사람들이 소셜 미디어를 통해서 분열을 조장하고 광범위하게 활동의 의도를 전달하는 능력을 키우고 있다. 급진 단체는 정부에 대한 반대와 현금 원조를 약속하면서, 권리 박탈과 관련해 불만을 품은 사람들을 끌어들이게 될 것이다. 예를 들어 기독교 민병대들은 반대 세력들이 권력 다툼을 하는 동안 수만의 이슬람교도가 중앙아프리카공화국의 고향을 등지게 만들었다. 이러한 문제들에 대한 국가적 대응의 질이 상황을 결정지을 것이다. (서아프리카와 동아프리카에서 본 것과 같은) 군사적 대응이나 법 절차에 의하지 않는 대응은 추세를 복잡하게 만들고 고조시킬 뿐이다. 정보 수집과 분석 분야의 국가 역량 개선, 정치적 분권화, 공동체 감시와 개발, 젊은 층의 참여와 고용 계획(이는 극단주의 단

체의 구인 풀을 급격하게 감소시킨다) 등 급진화 세력을 단계적으로 약화시키는 방식으로 더 나은 결과를 얻을 수 있을 것이다.

- 수요 위축. 많은 아프리카 경제국들이 국제 물가지수와 중국이나 서구의 수요 변동으로부터 계속해서 큰 영향을 받을 것이다. 아프리카의 상품 수출업자 대부분이 상품 가격의 변동을 견뎌낼 만큼 충분히 다각화되지 못한 상태이다. 반면 상품 생산자가 아닌 일부 아프리카 국가들은 낮은 가격으로 인해 혜택을 보기도 한다. 15년간의 전례 없는 성장이 끝나고 구리, 원유, 가스와 같은 원자재에 대한 중국 등의 수요가 줄어들면서 2015년 아프리카 경제 성장은 3.8퍼센트로 둔화되었다. 나이지리아와 앙골라(이 지역 최대 원유 수출국이며 두 나라 인구를 합치면 아프리카 인구의 5분의 1에 달한다)는 큰 타격을 입었다. 원유가 아닌 수입원을 개발하기 위해서는 수년이 필요할 것이다. 그러한 사업에 투자하느라 이들 정부는 많은 젊은 인구가 현대적인 세계 경제에 참여하는 데 필요한 교육 서비스를 비롯, 여러 프로그램에 대한 지출을 감소시킬 수밖에 없을 것이다.

- 환경, 생태, 보건의 위험. 아프리카의 사바나, 숲, 초원, 사막, 담수원, 수백만의 사람들과 수없이 많은 생태계가 자연과 인간이 유발한 환경 변화의 심각한 위협에 직면했다. 이러한 변화 대부분은 국경이나 개별 국가의 역량을 초월하며, 조직화된 다국적 조치를 필요로 한다. 하지만 정작 문제를 겪고 있는 관련 국가들은 환경과 보건의 문제를 자신들이 가장 우선으로 삼아야 할 사항으로 보지 않을 것이다.

- 인구, 방목 가축, 경지 손실로 인한 압박은 되풀이되는 가뭄이나 홍수와 함께 토양 비옥도와 식생 피복률을 더 악화시킬 것이다. 사막화는

다른 어떤 지역보다 사하라 이남 아프리카에 큰 위협이 될 것이고 (이 지역에서 세계에 비해 두 배 빠르게 진행되고 있는) 삼림 파괴는 특히 중앙 아프리카의 서식지, 토양 건전성, 수질에 부정적인 영향을 줄 것이다. 약 7,500만에서 2억 5,000만의 아프리카 사람들이 심각한 물 스트레스에 직면할 것이며 이는 이주로 이어질 수 있다. 화재, 나무와 숯을 이용한 조리, 산업화, 가연 가솔린의 광범위한 사용이 심각한 대기 오염을 야기하고 있다. 한편 폐기물 관리에서는 대륙 전체가 낮은 수준을 유지하는 중이다.

- 대중들에게 세계적으로 야생동물(특히 코끼리와 코뿔소)에 대한 인간의 위협이 대단히 심각한 정도라는 점을 인식시키는 일에는 상당한 진전이 있었다. 그렇지만 높은 수익 때문에 범죄자들이 계속해서 밀렵과 밀매에 나서면서 야생 동물은 멸종에 가까운 상태에 이르렀다. 어족 자원이 풍부했던 서아프리카 해안의 어장이 상업적 조업과 불법 조업으로 급속하게 고갈되고 있다. 돼지와 가금류 사육으로 새로운 동물 매개 질환이 아프리카, 일부 경우에는 전 세계 사람들의 경제와 건강을 위협하고 있다.

이러한 추세가 정치에 미치는 영향은 아프리카 49개국에서 각자 상당히 다르게 나타날 것이다. 일부 국가는 분권화 쪽으로 움직일 것이고, 르완다 스타일의 중앙집권화와 권위주의를 실험하는 국가들도 나타날 것이다. 대부분의 지도자들은 정치와 경제 개혁보다는 정치적 생존에 초점을 맞출 것이다. 많은 아프리카 국가가 앞으로 5년간 거치게 될 정치적 세대 교체는 미래의 안보와 안정을 말해주는 지표가 될 것이다. 불안을 감수하고 현상을 유지하는 국가들이 있는가 하면, 권력이 곧 다가올 기술(그리고 개발) 주도의 변화를 감당할 준비를 갖춘 후 다음 세대로 넘어가는 국가들도 있을 것이다. 이러한 이행이 인종 차별로 이어져 분쟁의 가능성을 높일 수 있다.

- 인적 자본(특히 여성과 청소년)에 대한 투자 그리고 인적 개발과 혁신을 촉진하는 기관에 대한 투자는 지역의 미래 전망에 큰 영향을 미칠 것이다. 이 지역 중산층의 확대, 지난 20년에 걸친 기대 수명의 극적인 연장, 시민 사회의 활기, 민주적 조직과 민주주의 정신의 확산, 에이즈 발생의 감소는 아프리카에 존재하는 여러 긍정적 가능성을 시사한다.

앞으로 5년간 지역의 지정학적 관련성 : 거버넌스에서의 경쟁

다음 5년 동안 사하라 이남 아프리카는 아프리카의 개발 조건을 개선시키고 결국에는 시장에 대한 궁극적 접근권을 얻고자 하는 정부, 기업, 비정부 조직NGO, 개인들이 영향력을 행사하고 능력을 시험하는 장으로 남을 것이다. 대부분의 아프리카 국가들은 내부 문제에 집중할 것이다. 과거 15년 동안의 이익을 통합하고 그들을 위협하는 지정학적·경제적 역풍에 저항해야 하기 때문이다. 농촌의 환경 스트레스와 급속한 인구 증가로 도시 인구가 늘어나고 있다. 그러므로 세계적 성장 둔화의 와중에서 일자리가 부족해질 경우 아프리카에서 벗어나는 경제 이민의 흐름이 늘어날 것이다. 이슬람 과격분자와 기독교 극단주의자들이 지방의 소수민족 거주지뿐만 아니라 일부 도시에까지 계속 퍼져나가고 있으므로, 조만간 이 지역에서는 안보와 대테러 활동이 증가할 것이다.

정치 엘리트가 거버넌스에서 있어서 다양한 선택을 하고 있는 이 지역은 지정학적 경쟁과 자원 경쟁의 장이 될 것이다. 아프리카 여러 지역에서 종교가 세력을 넓히면서 일부 자유주의적 규범과 기관에 대한 반발을 조장할 것이다. 이는 자신들의 도덕률을 아프리카에 강요하는 서구에 대한 분노와 국제 자유주의에 대한 불신을 반영한다.

- 많은 아프리카 국가에서 공식 정치 기관이 약화되고 있다. 이는 국제 협정의 영향력이 감소하면서 민주주의 정치학과 권위주의 정치학 사이의 동요를 지속시켜 정치적 안정성에 큰 위협이 될 것을 암시한다. 미국과 서구의 아프리카에 대한 지출 삭감은 중국의 상대적 영향력을 확장시킬 위험을 안고 있다. 하지만 이 지역에서 중국의 역할은 여전히 불확실하다. 아프리카의 자원이 가진 경제력과 그에 대한 관심으로 인해 중국은 인프라 구축 자금의 중요한 조달원이 되었으며, 중국 기업의 상당한 상업적 투자는 중국 정부가 이 지역에 대한 영향력을 넓히는 데 기여했다. 하지만 최근 원자재에 대한 중국의 수요가 냉각되면서(또한 중국 기업이 고용주로서 가지는 평판이 나빠지면서) 이러한 영향력이 약화될 가능성이 보인다. 러시아는 소비에트 연방의 붕괴 이래 아프리카에서 눈에 띄는 활약을 보이지 않았고 의미 있는 방식으로 개입할 욕구도, 역량도 가지고 있지 않은 것 같다. 유럽의 정책은 경제적 제약에 의해 제한될 가능성이 높지만 이주 흐름을 감소시키기 위해 비용 효율이 높은 방식으로 원조를 늘리는 방법을 시도할 수도 있다.

- 아프리카의 국제 인권 의제는 유럽과 북아메리카의 규범적인 면에서 주는 자극을 상쇄시키려는 현실적인 계산에 의해 약화될 것이 거의 확실하다. 아프리카의 지도자들은 계속해서 국제형사재판소 International Criminal Court가 아프리카인들에게 편견을 가졌다고 보고 더욱 적극적으로 국제형사재판소의 개입을 반대할 수도 있다.
- 전기 생산과 기존의 전형적 인프라를 뛰어넘는 기술(이를테면 대규모 제조 공장을 필요치 않게 만들 수 있는 3D 프린팅 등)은 큰 경제적 이익의 가능성을 가지고 있으며 공공 영역과 사적 영역의 상당한 관심을 받을 것이다. 기본 인프라에 대한 투자는 경제 성장에 대단히 중요한 요소가 될 것이다. 다른 지역에 비해 아프리카의 성장 가능성이 크다는 점을 고려할 때, 인프라 투자를 잘 관리한다면 상당히 높은 잠재적 수익이 예상된다. 수익률이 낮은 다른 지역과 비교해 외국인 투자자들이 아프리카에 매력을 느끼게 될 것이고, 이는 대륙 전체의 경제적·정치적 상황을 개선할 것이다.

다른 고려사항

아프리카의 인구는 다음 5년간 세계에서 가장 빠른 속도로 증가할 것이다. 출산율은 많은 인구 통계학자들이 예상하는 것보다 느리게 감소해 1995년 여자 한 명이 5.54명의 자녀를 출산하던 것에서 2015년에는 4.56명으로 떨어졌다. 전반적인 출산율의 감소는 UN 새천년 개발 목표UN Millennium Development Goals가 특히 여성 보건과 교육 분야에서 비교적 성공을 거두었음을 보여준다. 아프리카의 중앙 지역은 세계에서 가장 청소년 인구가 많은 곳이자, 기회와 거버넌스가 부족할 경우 폭력과 불안의 위험이 가장 큰 곳으로 남을 것이다.

- 이 대륙은 어려운 지정학적·경제적 환경 가운데에서도 부패를 줄이고 정치적·거시경제적 정책의 입안 능력을 개발해야 할 필요성이 있다. 그렇지 못하면 지난 15년 동안 눈에 띄게 개선된 개발 상황은 중단되거나 악화될 것이다. 아프리카에서 가장 시급하게 조정해야 할 사항은 끈질긴 빈곤과 관련된 문제들이다. 출생 시 평균 생존연수는 60년으로, 20년 전에 비해서는 크게 개선되었으나 여전히 세계 최저 수준이다. 깨끗한 물, 위생 시설, 의료 인프라에 대한 접근권의 부족으로 장내 기생충부터 에볼라에 이르는 전염성 질환이 급속히 확산될 위험이 존재한다. 국제적인 원조를 통해 에이즈의 영향을 줄이는 데 상당한 성과를 얻었지만, 아직도 1,900만의 아프리카 사람들이 HIV/AIDS 바이러스를 보유하고 있다. 이는 다른 어떤 지역보다 높은 수치이다. HIV/AIDS 외에 다른 지표들도 이 대륙의 공공 보건 부분 취약성이 감소되지 않고 있음을 보여준다. 산모 사망률은 최근의 감소에도 불구하고 높은 수준을 유지하고 있으며 심지어 5세 이하 어린이의 건강 상태는 악화되고 있다. 2015년만 해도 590만의 5세 이하 어린이가 사망했다. 매일 거의 1만 6,000명이 사망한 셈이다. 이러한 사망의 83퍼센트는 감염, 신생아 합병증, 영양 상태로 인한 것이었다.
- 에이즈 대응에 있어서의 진보와 2014년 서아프리카 에볼라 발발의 최종적 억제는 아프리카 국가와 국제 공동체 간 협력을 통해 보건 부문

에서 더 큰 성과를 거둘 가능성을 보여준다. 사하라 이남 아프리카는 주요 원조 기관들이 여러 질환에 대응하는 데 노력을 집중하면서 보건 전략의 세계적인 시험장이 되었다. 정부, 여러 국제기구, NGO가 의료, 보건에 관련한 계획을 운영하면서 수백만의 아프리카 사람들에게 영향을 주고 있다. 이러한 운영망의 관리와 실행은 아프리카 정부와 개발 파트너들이 책임 있고, 효과적인 거버넌스 능력을 갖고 있는지를 보여주는 지표가 될 것이다.

- 아프리카는 세계적으로 농촌에서 도시로의 이주를 주도할 것이다. 일부 아프리카 도시들은 인프라와 역량에 대한 우려를 이유로 대도시 지역으로의 이주를 제한하기 위해 노력해 왔다. 하지만 도시화의 잠재적 혜택을 인정하는 도시들도 있다. 도시로의 이주 추세는 크게 감소하지 않을 전망이다. 예를 들어, 아크라(가나의 수도 –역주)와 이바단(나이지리아 남서부 오요주의 주도 –역주), 라고스(나이지리아의 항구도시 –역주)는 세 도시의 상업망을 연결하는 도시 개발 지대를 만들어 일자리를 창출할 성장 기회를 만들고 있다. 2020년까지, 라고스(1,400만), 킨샤사(1,200만)는 더 큰 도시로 성장해 카이로보다 많은 인구를 갖게 될 것이다. 지금은 작은 규모의 무역 중심지인 곳들도 도시로 성장할 것이다. 예를 들어, 나이지리아는 곧 인구가 20만이 넘는 100개 도시를 가지게 될 것으로 예상된다.

나이지리아

2035 인구추정치
293,965,5000

도시 인구 비율
- 47.8 퍼센트 (2015)
- 60.8 퍼센트 (2035)

성인 식자율
전체 59.6 퍼센트

- 남자 69.2 퍼센트
- 여자 49.7 퍼센트

2015 | 2035

성비율 (여성 100명당 남성)
- 103.8 (2015)
- 104.4 (2035)

중위 연령
- 17.9 (2015)
- 20.0 (2035)

총 출산율**
- 5.6 (2015)
- 4.3 (2035)

2015 종교*
기독교 | 이슬람교 | 민족신앙 | 불가지론 0.3

46.2퍼센트 | 45.9 | 7.6

2015년과 2035년 교육

평균 학교 교육 연수
남자: 7.6 (2015), 11.1 (2035)
여자: 7.3 (2015), 10.9 (2035)

최고 교육 정도
- 중등과정 후
- 중등과정
- 초등과정
- 초등과정 불완전 이수
- 정규교육 받지 않음

퍼센트

기대 수명
남자: 52.7 (2015), 58.2 (2035)
여자: 53.4 (2015), 59.6 (2035)

---

* 소속 종교에 대한 추정은 세계종교데이터베이스World Religion Database의 자료를 근거로 하며 소수 첫째 자리까지의 근삿값으로 나타낸다.

** 총 출산율은 여성 한 명이 출산 연령이 끝날 때까지 생존한다는 전제 하에 낳는 평균 자녀 수의 예상치이다.

주의: 인구 통계 자료는 2035년 각 지역에서 최대 인구를 가질 것으로 예상되는 나라에 대한 것이다.

러시아와 유라시아

앞으로 5년간 러시아 지도부는 군을 현대화시키고 러시아의 영향력을 확대하며 서구의 영향력을 제한하는 것을 목표로 삼아 강대국으로서의 지위를 회복하기 위한 노력을 계속할 것이다. 이를 위해 대외 관계, 핵 무력 과시, 민족주의 강화 등이 이용될 것으로 보인다. 러시아 정부는 불확실한 세계관을 유지하고 있으므로 러시아의 국익을 보호할 필요가 있거나 (2014년 우크라이나에서처럼) 시리아에서처럼 영향력을 더욱 강화해야 할 필요가 있다고 생각되면 행동을 개시할 것이다. 그러한 노력으로 인해 푸틴 대통령은 어려운 경제적 상황이나 경제 제재에도 불구하고 국내에서 대중의 지지를 유지할 수 있었다. 그는 계속해서 강압적인 수단과 정보 통제에 의존해 대중의 반대를 불식시킬 것이다. 러시아 정부는 반서구적인 수사를(그리고 러시아 국민의 위엄과 정신력을 환기시키는 민족주의적 이념을) 계속 사용해서 국내의 취약성을 관리하고 국익을 증진시킬 것이다.

시민 사회와 소수자들에 대한 상당한 탄압에도 불구하고 크렘린의 이념, 정책, 구조(그리고 경제 통제)는 엘리트와 대중의 지지를 받고 있다.

- 세계 도처에 남아 있는 독재자와 수정론자들은 이러한 러시아식 권위주의, 부패, 민족주의의 결합을 서구 자유주의의 대안으로 보고 매력을 느끼고 있다. 러시아 정부는 자유주의를 무질서 및 도덕적 붕괴와 같은 말로 여기며, 민주화 운동과 선거의 실험은 러시아를 지키는 전통적인 방벽과 질서를 약화시키려는 서구의 음모로 본다. 모스크바는 러시아를 약화시키고 고립시키려는 서구의 시도에 대응하기 위해 가까운 미래에 중국 정부의 부상을 수용할 것이다. 하지만 궁극적으로는 중국의 하급 동업자가 되기 전에(이는 러시아가 가진 강대국이라는 자기 정체성과 어긋난다) 중국 정부의 영향력 확대를 방해하는 조처에 나설 것이다.

자유주의적 세계 질서에 대해 러시아가 가지는 불안, 실망, 불신은 냉전 이후 NATO와 EU의 동시적 확장에서 기인한다. 이는 러시아의 해외 활동을 자극했다. 러시아는 의도적으로 전쟁과 평화의 상황을 구분 짓지 못하게 만드는 '그레이 존' 전략을 계속 사용할 것이다. (그루지야, 우크라이나, 시리아에서의 활동과 유럽 극우 인민당에 대한 지원 등) 최근 러시아의 다양한 활동은 3가지 중요한 문제를 제기한다.

21세기의 러시아는 20세기의 국제 질서 원칙 중 어떤 것을 지지하게 될까? 러시아는 '러시아적 세계'를 위해 싸우고, 러시아 문명의 중심적 역할을 강조하고, 서구의 자유주의적 가치를 거부하는 활동을 어느 정도까지 펼칠까? 유라시아에 존재하는 기존의 정치적 국경에 관해 러시아는 (자신들이 가지고 있다고 생각하는) 영향력을 방어하기 위해 어떤 도전을 할까?

앞으로 5년간 지역의 지정학적 관련성 : 또다시, 수정주의

러시아의 공격적인 대외 정책은 다음 5년간 세계의 지정학적 상황에 상당한 변동을 야기할 것이다. 모스크바는 계속해서 북극을 비롯한 국경에서 영토의 완충 지대를 얻고 주변부에 있는 동조적인 권위주의 정부들을 보호하려 할 것이 거의 확실하다. 이러한 적극성은 발트 해와 동유럽 일부에서 반러시아 견해를 굳혀 충돌의 위험을 높일 것이다. 러시아 정부는 자국의 지정학적 영향력을 강화하고 핵 비확산과 같이 크렘린에 중요한 사안의 진전을 조장하는 방식으로 국제적인 협력에 나서는 한편, 자신들의 이익에 반한다고 생각되는 규칙과 규범에는 도전을 서슴지 않을 것이다. 러시아 정부는 세계 경제의 기본 원칙에 대한 자신의 영향력이 크지 않다고 생각하고 있으며 그에 대한 미국과 유럽의 영향력을 약화시키기 위한 행동에 나설 것이다(활기 없는 경제가 전략적 약점의 원인으로 남는다 해도 말이다). 러시아 정부는 NATO와 유럽의 의지를 시험하면서 서구의 신뢰성을 해치기 위해 노력할 것이다. 또한 북유럽과 남유럽의 불화를 이용하고 미국과 유럽 사이를 이간하려 할 것이다.

- 푸틴 정부는 경제 침체나 불황에 직면해서도 계속해서 군비와 군 현대화를 우선시하면서 전략 억제에 중점을 둘 것이다.
- 러시아는 계속해서 NATO의 전쟁 억제 조치들과 발트 해와 중부 유럽에 증가하는 주둔군(영구적인 것은 아니지만)에 반발할 것이다. 또한 자국의 정당한 영향력 범위라고 보는 이들 지역에 대한 미국의 개입에 대단히 예민한 태도를 유지할 것이다.

- 러시아의 왕성한 사이버 작전이 서구에 점점 큰 위협이 될 것이 거의 확실하다. 러시아는 서구 기술에 대한 의존성을 줄이고 간접적이고 불균형적인 전투 능력을 개선하려 노력하고 있기 때문이다.
- 세계적 사안에 있어서 미국이 중심적 역할을 맡고 있으므로, 러시아는 미국의 정책 방향을 자신들에게 유리한 쪽으로 바꾸려는 노력에 자원을 할애할 것이다.

러시아 정부의 전술이 불안정해질 경우, 러시아는 지정학적 영향력이 서서히 사라지고 국내가 불안정해지는 경험을 할 수도 있다. 어떤 경우이든, 불리한 경제적 전망(낮은 유가, 서구의 제재, 침체된 생산성, 좋지 못한 인구 상황, 만성적인 두뇌 유출 문제, 첨단 기술 부문으로의 다각화 불능)이 장기적으로 러시아 정부의 의욕을 꺾을 가능성이 있다. 푸틴이 장악하고 있는 러시아에서 경제와 정치 개혁(그러한 문제에 대한 일반적 해결책)이 곧장 나타나기란 어려울 것이다.

- 지위의 추가적인 하락은 더 많은(더 적은 것이 아니고) 공격적인 국제적 활동으로 이어질 수 있다. 커지고 있는 경제적 제약과 지나친 확장을 피하려는 욕구로 인해 러시아는 결국 푸틴의 대외 정책 역량(그의 야심은 아니더라도)이 약화될 위험마저 감수할 것이다.
- 가혹한 조건에서도 확고한 의지를 보여주었던 러시아 국민들은 앞으로도 푸틴을 버리지 않을 것이다. 크렘린이 러시아의 위대함에 대한 대중의 신뢰를 계속 강화하는 한, 대규모 반란은 일어나지 않을 전망이다.

다른 고려사항 : 유라시아

러시아와 같이, 많은 유라시아 정부들은 개혁을 통제하는 데 집중하고 있으며, 좋지 못한 경제 성과와 부패로 고생하고 있다. 그들은 (러시아의 원조, 선전, 군사적, 문화적 유대를 비롯한) 러시아의 영향력에 대단히 취약하다. 모스크바에 대한 의존, 불안정한 정치 체제, 극심한 부패, 대중 억압은 이 지역에서 우크라이나 스타일의 붕괴가 일어날 위험을 높이고 있다. 이러한 맥락에서 앞으로 5년간 다음의 3가지 변혁적 국면이 드러날 것이다.

- 이 지역에 대한 중국의 개입 증가는 러시아가 세계 권력에 대한 중국의 야망을 수용할 마음이 있는지를 시험할 것이다. 일대일로 계획으로 알 수 있듯 중국은 투자, 인프라 개발, 중앙아시아로의 이주를 통하여 이 지역에 대한 관심을 드러내고 있다. 이러한 관심은 경제적인 면에서 계속 두드러질 것이다. 국내의 극단주의가 심화되는 상황을 맞이할 경우 중국 정부의 정치와 안보 목표는 더 강해질 수 있다. (원료, 군사 기술, 이민자의 노동 기회 이외에는 경제적으로 제공할 것이 거의 없는) 러시아는 이 지역에서 정치, 안보 면의 통합을 심화시키기 위해 노력할 것이다. 이는 이 지역 국가들과 러시아의 관계를 껄끄럽게 만들 수 있다.
- 우크라이나 분쟁의 해결은 이 지역 전체에 영향을 미칠 것이다. 서구 지향적인 우크라이나는 1991년 독립한 이래 이 나라를 괴롭혀온 시스템의 부패를 감소시키고 성장을 이루기 위한 개혁을 실행해 왔다. 우크라이나는 오늘날 러시아의 강력한 반례가 될 것이다. 러시아의 돈

바스 지역우크라이나 동부 지역으로, 러시아가 지원하는 분리주의 반군과 우크라이나 정부군 간 교전이 벌어지기도 했다 —역주 지원 개입이 경제적·정치적 실패로 이어진다면, 이는 이 지역 전체에서 권위주의 시스템을 강화하고, 서구의 궤적을 따르려 하는 이들 국가의 다짐을 약화시킬 수도 있다.

- 러시아는 EU나 NATO를 통해 자국을 서구에 통합시켜 하는 우크라이나 정부의 모든 시도를 와해시키기 위해 노력할 것이다. 러시아 정부는 (우호적인 정부에 경제적 인센티브를 제공하는 것부터 군사적 개입을 통해 정당과 허위 정보활동을 지원하는 데 이르는) 다양한 수단을 이용해서 이 지역 다른 국가의 반서구 세력을 지원할 것이다.

- (오랫동안 중앙아시아의 안정을 위해 믿고 의지하는 존재였던) 카자흐스탄과 우즈베키스탄의 정권 교체는 모스크바의 우려를 불러일으킬 것이다. 정권 교체가 이들 국가의 통치 방식을 극적으로 변화시킬 가능성은 낮다. 하지만 오랫동안 지속된 엘리트의 내분이 불안을 야기하는 등 위기 가능성을 높여 이슬람 극단주의자들이 노리고 있는 안보 공백을 낳을 수 있다.

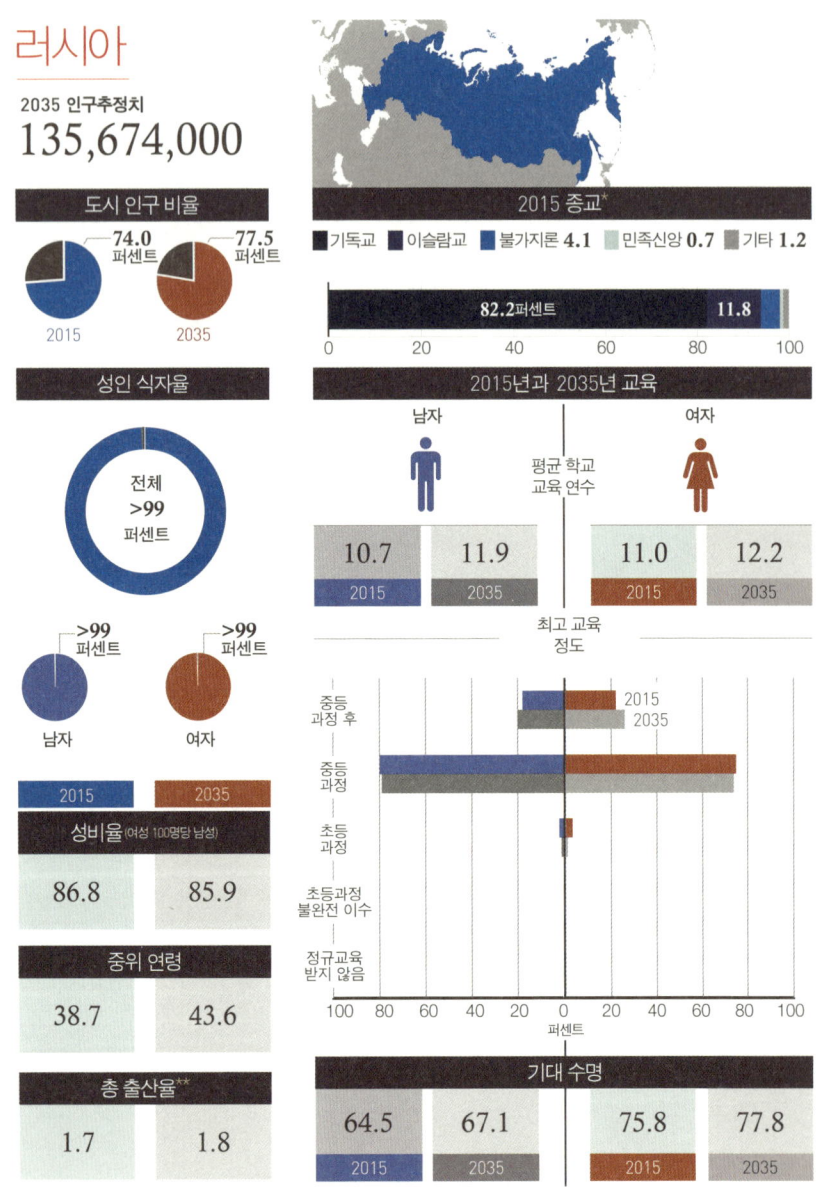

184

유럽

유럽은 불안하고 종종 위협적이기까지 한 급속도의 이민 흐름과, 경제적 불평등을 확대하는 세계화로 인해 경제적 압력을 받는 상황에 처했다. 이는 2차 대전 이후 이어진 유럽의 사회 질서에 긴장을 야기하고 있다. 이런 상황 속에도 유럽은 앞으로 5년 동안 유럽 프로젝트가 흐트러지지 않도록 노력할 것이다. 이 지역이 세계 GDP와 인구에서 차지하는 비중이 감소하는 와중에도 유럽을 형성하는 지역 조직(특히 EU와 유로존, NATO)들은 지금까지 세계 무대에 대한 유럽의 영향력을 유지해 왔다. 하지만 브렉시트 Brexit 투표로 EU가 맞이하게 된 존재의 위기는 최소한 다음 5년 동안 계속될 전망이다.

  EU는 회원국 정부가 번영, 경제적 안정, 평화를 공유하도록 도왔지만 단일 통화로 가기에는 유로존의 재정적 결속력이 부족했다. 때문에 상대적으로 빈곤한 국가들은 2008년 금융 위기 이래 부채와 약화된 성장 전망이라는 부담을 안게 되었다. 더욱이 EU는 모든 유럽인이 공동 운명체라는 의식을 만드는 데 실패했고, 이로써 유럽은 경제적으로 어려운 시기 동안 구성원들 사이에 다시 유행하는 민족주의에 취약한 상태가 되었다.

- *EU와 유로존의 미래.* 정당, 국가 지도자, EU 관리들은 계속해서 EU의 적절한 기능과 권력에 대해 의견 일치를 보지 못하고 있다. 더구나 유로존이 성장을 조장하는 일에 회원국의 자유재량을 더 허용하지 않고 예산 규율과 경상수지를 유지하는 데 집중하거나, 성장 격차와 은행업 부문의 문제에 대해 대담한 해법을 적용하지 못하는 상황에 대하여 의구심이 커지고 있다. 계속된 성장 지체에도 불구하고 정책 제약이 유지되면서, EU와 각국 정부들은 대중의 지지가 약해지는 문제에 직면할 것이다. EU가 이민자의 유입과 테러 문제를 적절하게 다루지 못한다면 문제는 더 심화될 것이다.
- *위협적인 주변부.* 점차 적대적인 태도를 취하는 러시아의 위험, 이슬람 극단주의의 위협과 중동과 아프리카로부터 파급된 위협은 대중의 우려를 증폭시킬 것이며 동시에 일관된 대응 정책에 대한 대중의 지지를 끌어내는 데 어려움을 겪을 것이다. 러시아는 선전, 허위정보, 반EU, 반미 세력에 대한 재정적 지원을 통해 유럽에 직접적인 위협을 가하고 있다. 한편 ISIL은 외국인 전투원들을 고무하고 지원해 왔다. 그들 중 일부는 유럽으로 돌아가 유럽 테러 공격의 위험을 증가시켰다.
- *인구 압박.* 불안정한 주변부로부터 상당한 수의 난민과 이민자들이 유럽으로 계속 유입될 것이다. 이는 각국 정부와 EU 조직의 대응 역량에 부담을 주면서 회원국들 간, UN 기관 간의 긴장을 심화시킬 것이다. 외국인 혐오자들이나 단체에 대한 지지는 확대될 것으로 보인다. 동시에 기존 유럽 인구의 노령화로 새로운 노동자에 대한 니즈가 늘어날 것이다. EU 기관과 각국 정부는 계속해서 이민을 제한하고 이민자와 그들의 자녀들을 보다 잘 통합시킬 방법을 찾을 것이다.

- 약화된 정부. 전후 유럽이 세워진 초석 중 하나는 복지 국가의 사회 보호를 약속한 대가로 자유주의 국제 경제 질서에 대한 대중의 지지를 얻어낸 거래이다. 이러한 합의를 통해 경제 성장과 대의 민주제의 측면에서 안정이 조성되었다. 지난 30년 동안 유럽에서 유권자의 유동성이 증가하고 이 지역이 2008년의 금융 위기에서 쉽게 회복하지 못하면서 이 거래는 한계에 이르고 있다. 좌우익의 새로운 포퓰리즘 정당들은 대중이 성장 지체, 사회적 혜택의 삭감, 이민 반대, 기존 좌우익의 이념적 차이 축소에 대해 가지는 불만을 기회로 이용하고 있다.

앞으로 5년간 지역의 지정학적 관련성 : 불확실한 통합

유럽이 세계 무대의 주역으로서 갖는 지위는 통합, 물질적 능력, 회원국들, 특히 프랑스, 독일, 영국이 지정학적 전망과 목표에 대해 가지는 전반적인 일관성에 좌우되어 왔다. EU를 떠나겠다는 영국의 결정에 따라 유럽은 관계를 재구성해야 하는 상황에 놓였다. 이것이 최소한 다음 5년 동안은 이 지역의 국제적 영향력과 대서양 연안국의 협력을 약화시킬 것이다. 러시아는 더 적극적으로 나서서 유럽 프로젝트를 의도적으로 분열시키려 할 것이다. 하지만 러시아가 키예프우크라이나의 수도 –역주에서 다시 정치적 장악력을 회복하거나 발트 해의 안정을 약화시키는 데 성공한다 해도 EU와 NATO의 신뢰를 흔들 것 같지는 않다.

- 점차 독립적, 다각적 방향으로 진행하고 있는 *터키의 대외 정책과 비*

민주적 추진력이 가진 문제는 적어도 중기적으로 유럽에 와해의 분위기를 조장하고 NATO의 결합력과 NATO-EU 협력에 위협을 가할 것이다.

- 유럽 프로젝트의 핵심에는 '유럽은 평화, 관용, 민주주의, 문화적 다양성을 상징하며, 오로지 통합을 통해서만 역사 내내 유럽 대륙을 괴롭혔던 분열을 피할 수 있다'는 생각이 자리 잡고 있다. 대부분의 EU 회원국 정부가 2015년에 그리스를 유로존에 두기 위해 애썼던 것은 유럽 프로젝트가 흐트러지는 것을 막겠다는 의지가 있었기 때문이다. 브렉시트의 진행과 유럽 이외에서의 좋지 못한 경과, 주요 EU 회원국이 필요한 개혁을 실행하는 데 실패한 것, EU가 지역 전체에서 성장을 자극하는 데 실패한 것, 난민 정책을 조정하는 데 실패한 것, 새 회원국들 일부에서 강력한 원주민 보호주의가 성장한 상황 등 다양한 문제들이 EU의 미래에 심각한 위협을 가하고 있다. 이러한 스트레스는 경제 하락과 민주주의의 타락을 더욱 부추기는 위험한 분열 사태로 이어질 수 있다.

다른 고려사항

앞으로 5년은 지역 거버넌스의 기회가 될 수 있다. 브렉시트를 통해 EU는 회원국이나 유럽 대중과의 관계를 재정립할 수 있다. 브렉시트 투표가 EU 관리와 회원국 지도자들이 협력의 혜택을 보여주는 정책을 진행할 계기가 된다면, 그리고 국제적인 문제에 있어서 영국이 대륙 국가들과 밀접한 관계를 맺는 한편 원만하고 우호적으로 퇴장할 방법을 찾는다면, 유럽은 번영할 수 있을 것이다. 유럽의 의사 결정에 대한 대중의 불만이 큰 것은 사실이지만, 유럽의 지도자들이 다른 어떤 지역의 지도자들보다 공동의 목적을 찾고 공통의 정책을 만드는 데 훌륭한 능력을 보여주고 있다는 점 또한 부정할 수 없다. 그들에게는 아직 민족의식이나 의사 결정에 대한 대중의 감정을 존중하는 보다 효과적인 EU를 구축할 기회가 있으며, 지역 내에서 잘 자리 잡은 민주주의는 포퓰리즘이나 극단주의 지도자들의 영향을 감소시킬 구조와 억제력을 가지고 있다.

- 헝가리와 폴란드에서 반민주주의가 부상하고 있기는 하지만, 오스트리아나 핀란드같이 확실하게 자리 잡은 유럽 민주주의 정부의 경우에는 제도적 규제들이 우익 이민 배척주의자나 포퓰리즘 정당의 영향력이 스며드는 것을 막고 있다. 신생 민주주의 국가에서는 실질적인 위헌 법률 심사제를 실행하는 강력한 사법 제도(2차 대전 이후 유럽 대부분에 도입된)가 완성되지 않은 상태이다. 하지만 헝가리에서조차 수용한도를 넘는 규범이 포함된 정부 정책들은 거부당하고 있다.
- 프랑스와 독일은 상이한 관점과 정책적 태도에도 불구하고 공조를 이어가고 있다. 이는 독일 메르켈 총리와 프랑스 올랑드 대통령이 그리스 긴급 구제와 우크라이나에 대한 EU 정책, CT 협력에서 보여준 극히 밀접한 협력 관계에서 뚜렷하게 드러났다.
- 메르켈 총리는 지난 10년간 대부분의 위기에 대한 유럽의 대응을 이끌어 왔다. 그러나 시리아 이민자를 보다 환대하는 접근법에 지지를 얻는 데는 (독일이나 EU에서) 실패했다. 이후 그녀가 다시 정치적 추진

력을 회복할 수 있을지는 앞으로 지켜봐야 할 문제이다. 다른 유럽 국가들이 독일의 역할에 만족하지 못하고 있기는 하지만, 이 지역의 이권과 대응 사이에 균형을 찾을 수 있는 또 다른 지도자를 찾기는 힘든 실정이다.

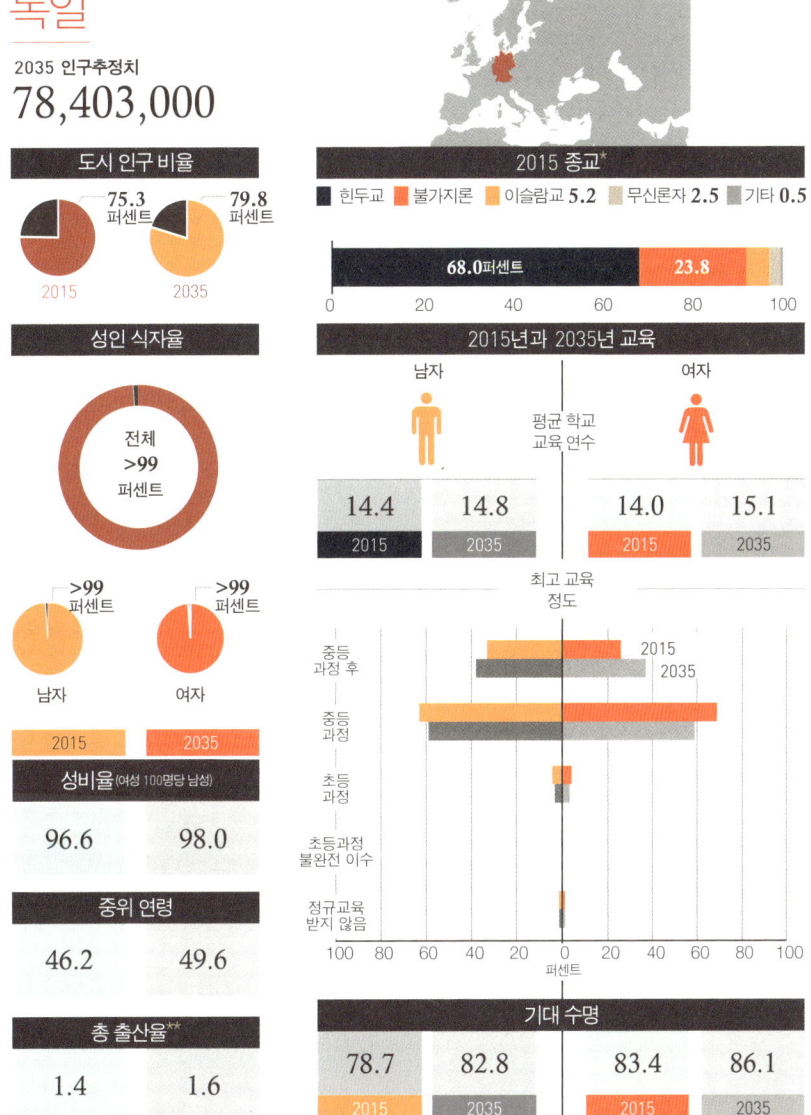

북아메리카

북아메리카 지역은 앞으로 5년 동안 늘어나는 사회적·정치적 압력으로 인해 큰 시험을 거치게 될 것이다. 경제 성장이 활기를 찾지 못하고 더 광범위한 번영을 낳지 못한다면 특히 더 그럴 것이다. 미국에서 도미니카 연방에 이르는 북아메리카의 경제국들은 각기 조건과 역학이 크게 다르다. 하지만 이 지역의 정부들은 예산 제약과 부채로 인해 선택권이 제한된 상황에서 경제와 사회 안정과 관련해 높아지는 대중의 요구를 충족시켜야 하는 공통적인 문제에 직면할 것이다. 이 지역 대부분에서 대중의 불만이 크다. 경제 상황에 대한 불확실성과 사회적 변화가 커지는 동시에 대부분 정부에 대한 신뢰가 낮아지고 있기 때문이다.

큰 규모와 각국과의 밀접한 관계들로 인해 **미국 경제**의 건전성은 계속해서 이 지역의 중요한 변수가 될 것이다. 2008년 금융 위기는 이전의 경기 침체보다 회복이 더 어렵고 느렸다. 대부분의 예측은 미국 경제의 성장이 크지 않을 것(이 지역 전체의 성장을 자극할 만큼 충분히 강력하지 않을 것)으로 보고 있다. 다만 현재의 회복세가 얼마나 지속될지에 대해서는 경제학자마다 의견이 나뉜다. 7년에 걸친 경기 사이클에 초점을 맞추는 학자들은 역사적 평균을 근거로 미국 경제가 또 다른 불황을 맞아야 할 시기를 이미 '지났다'고 경고하는 한편, 최근 수십 년 동안은 팽창기(10년 이상)가 길었다는 의견을 내놓고 있다. 미국의 불황이 다시 닥칠 때마다 미국의 상품에 대한 수요와 남쪽으로 향하는 엄청난 원조 흐름이 감소하면서 이 지역 전체가 영향을 받을 것이다.

- 멕시코와 같이 수입원이 점차 다각화되고 있는 나라의 경우에도, 미국으로부터의 원조가 GDP의 약 2퍼센트에 이른다. 아이티의 경우에는 전체 경제의 20퍼센트에 달한다. 원조가 GDP의 10~20퍼센트를 차지하는 과테말라, 엘살바도르, 온두라스, 니카라과 등 이미 어려움을 겪고 있는 경제국들이 속한 중앙아메리카는 특히 취약한 상황이다.
- 경기 침체로 미국은 일자리를 찾는 필사적인 사람들에게 더 이상 안전한 배출구 역할을 할 수 없게 될 것이고 대외 원조 흐름도 감소될 것이다. 미국 경제의 상황은 양자 무역의 크기가 큰 캐나다의 성장 패턴에도 큰 영향을 끼쳐 왔다.

멕시코의 경제와 사회 개혁 역시 이 나라와 이 지역의 정치적 영향력을 약화시킬 것이다. 페냐 니에토 대통령은 멕시코의 경쟁력을 높이기 위한 노력의 일환으로 (원유, 커뮤니케이션, 금융과 같은) 주요 산업뿐 아니라 교육 분야에서도 광범위한 개혁을 시작했다. 하지만 지금까지는 성장이 눈에 띄게 증가하지 않았으며 부패 혐의, 지속적인 폭력, 약화된 페소, 2014년 시위에서 43명의 학생이 실종된 것과 같은 국내적 위기가 많은 대중을 실망시켰다. 멕시코 원유 사업을 외국인 투자에 개방하는 등의 주요한 개혁은 결실을 맺기까지 시간이 필요하다. 다음 몇 년간 혜택에 비해 실망이 두드러지는 상황이 계속된다면 반정부 시위가 확대될 수 있다.

- 페냐 니에토의 임기는 한 번으로 제한되어 있고 2018년에는 대통령 선거가 있다. 2018년 선거에서는 유권자들이 보다 좌파로 기울 가능성이 있다. 개혁이 멕시코의 극심한 경제 격차를 줄이지 못한다면 이런 상황 때문에 개혁과 통상 협약은 더욱 멀어질 것이다.
- 멕시코 개혁의 성공 여부는 이 지역 다른 국가가 비슷한 정치적 위험을 자발적으로 감수할지 여부에 영향을 미칠 것이다.

다음 몇 년간 특히 미국과 멕시코에 보호무역주의 정서가 뿌리를 내린다면, 이 지역 통상의 미래는 변화할 것이다. 미국의 국제 정치는 환태평양경제동반자협정의 전망에 대한 의혹을 일으켰고, 좌익의 2018년 멕시코 대통령 후보 중 한 명은 멕시코의 실업이 북미자유무역협정North American Free Trade Agreement, NAFTA의 탓이라고 비난했다. 그렇지만 미국, 중앙아메리카, 도미니카 공화국 사이의 미-중미자유무역협정CAFTA-DR은 그 영역이 보다 좁기 때문에 그에 대한 정치적인 논란도 적었다.

- 무역에 대한 여론은 지역에 걸쳐 대단히 다양하게 나타난다. 여론 조사는 (질문이 어떻게 표현되느냐에 따라) 미국에서 무역에 대한 대중의 우려가 크다는 것을 보여준다. 반면 멕시코의 경우 근소한 차이로 다수가 NAFTA를 지지하고 있다. 캐나다 사람들 다수는 점차 NAFTA를 지지하는 쪽으로 돌아섰다. 하지만 TPP의 혜택에 대해서는 다소

불확실한 입장을 보인다.
- 이런 분위기에서, 지역의 경제 침체를 의식한 몇몇 정치 지도자들은 대중을 안심시키기 위해 무역에 대해 더욱 강경한 입장을 취할 가능성이 있다. 다만 (경제학자들 대부분이 동의하듯) 정치적 문제보다 실업과 낮은 임금에 더 큰 영향을 끼친 것은 기술과 자동화였고 앞으로도 계속 그러한 상태가 유지될 것으로 보인다.

2008년 금융 위기 이래 미국의 경기 침체와 더 엄격한 국경 강화, 멕시코의 일자리 증가와 인구 구성 변화로 인해 멕시코에서 미국으로의 노동자 흐름은 감소했다. 그럼에도 불구하고, 카리브 해, 중앙아메리카, 멕시코 이민(그리고 심지어는 여행)은 다음 5년간 이 지역에서 중요한 문제가 될 것이다. 미국이나 캐나다에서 테러가 발생할 경우 정치·경제·사회적 영향으로 인한 엄격한 국경 규제가 지역 내의 활동을 더 제한할 수 있다.

- 미국 선거 운동 동안 강력하게 드러난 반이민 정서는 멕시코에 대한 대중의 분노를 부채질했고 이는 2018년 멕시코 대통령 선거에 반영될 수 있다. 더욱이 미국의 국경 규제가 강화될수록 멕시코는 북쪽으로 진출하는 데 실패한 중앙아메리카 사람들이 멕시코로 와서 머물지 못하도록 남쪽 국경의 통제 강화에 힘을 쏟을 것이다.
- 한편 다음 5년간 지카 바이러스의 추가적인 확산이 관광 의욕을 꺾을 가능성이 있다. 관광 산업의 저하는 카리브 해 지역에서 GDP의 5퍼센트, 멕시코에서 GDP의 7퍼센트에 이를 것이고, 이로써 플로리다와 같은 미국 남부 주(州)에는 많은 일자리가 생길 것으로 예상된다.

이 지역 많은 국가에서 폭력과 사회 질서에 대한 우려가 점점 두드러질 테지만, 이유는 서로 다를 것이다. 폭력의 주된 동인은 불법적인 약물 거래이다. 갱과 범죄 조직이 기초 거버넌스를 약화시키는 중앙아메리카 북부에는 폭력이 만연하고 있다.

- 정부에 마약 테러와 싸우거나 교육, 의료 서비스, 인프라, 성 평등, 법치와 같은 공공재를 제공할 역량이 없는 한 개선 전망은 어두워 보인다.
- 여성에 대한 높은 살인율에서 드러나듯 엘살바도르, 과테말라, 온두라스는 세계에서 가장 폭력적인 국가로 평가받는다. 이로 인해 북쪽으로의 이민, 특히 최근에는 동반자가 없는 어린이의 이민 흐름이 늘어났다.
- 멕시코 일부 지역은 경제 개발과 거버넌스에서 상당한 진전을 보였다. 하지만 다른 지역은 계속해서 만연하는 빈곤, 부패, 불의로 고전하고 있으며 이는 높은 수준의 폭력과 사회적 긴장으로 이어지고 있다.
- 시민 사회 조직이 더 나은 거버넌스를 추구하는 과정에서 엘리트의 실수와 부패에 대한 대중의 인식이 높아지며 사회적 긴장이 야기될 수 있다. 2015년 8월, 과테말라 고위층의 부패가 폭로되면서 거대한 반정부 시위가 벌어졌고 이에 대통령과 부통령이 실각했다. 시민 사회 단체들은 온두라스와 멕시코의 대규모 시위도 지원했다. 이러한 시위 대부분은 평화적이었으나, 정계와 경제계의 엘리트에 대한 대중의 불만이 커지는 경우나 정부가 가혹하게 진압하는 경우에는 폭력적으로 변할 수도 있다.

앞으로 5년간 지역의 지정학적 관련성 : 미국을 주시하다

새로운 미국 행정부의 도래로 이 지역 전체는 미국의 국제적 역할에 어떤 변화의 조짐이 없는지 세심하게 살피게 될 것이다. 아프가니스탄과 이라크에 대한 미국의 광범위한 개입, 대단히 양극화된 정치, 선거 운동에 국내의 관심이 집중되는 상황으로 인해 외부의 관찰자들은 워싱턴이 계속해서 광범위한 국제적 지도력을 행사할 의지와 수단을 갖추고 있는지 의혹을 품게 되었다.

- 가장 큰 관심의 대상은 무역에 대한 미국의 입장이지만, 더 적극적인 중국과 러시아의 태도에 직면한 미국의 동맹국들은 워싱턴으로부터 안보 보장에 대해서도 확신을 얻으려 할 것이고, 적대적인 국가들은 자신들의 활동 여지가 있는지 가늠해볼 것이다. 멕시코, 쿠바 등 주요 국가에서 경제적·정치적 압박이 시위를 유발하고, 그 결과 정부에 변화가 생기거나 이민이 급증한다면 북아메리카의 안보는 큰 위험에 처할 것이다.

다른 고려 사항

다음 몇 년간 북아메리카에서는 경제적·정치적 변화에 대한 대중의 압력이 어떤 방향을 향하는지가 중요한 문제로 대두될 것이다. 불만을 가진 이 지역 시민들이 현대적인 커뮤니케이션을 통해 엘리트에게 압력을 가하거나, 지원을 얻거나, 비정부적 활동을 조직하거나, 다른 지역 정부의 성과를 비교하기가 더 쉬워졌다. 하지만 여전히 대응은 수요를 따라가지 못하고 있다.

- 소셜 미디어를 비롯해 여러 형태의 온라인 지지 수단이 의미 있는 사회적·정치적 변화를 주도하는 데 어느 정도의 역량을 가지고 있는지는 아직 확실치 않으며 국가마다 각기 다르다. 예를 들어 멕시코와 중앙아메리카의 엘리트들은 극심한 불평등과 그것이 유발하는 매스컴의 관심이 가진 위험성을 점차 인식하고 있다. 하지만 엘리트들이 기꺼이 자신들의 재정적 우위를 포기하고 경쟁, 교육, 인프라, 사회 복지 혜택을 개선하는 개혁을 지지할지는 확신할 수 없다.
- 한편 이 지역의 NGO들은 더 나은 정부 서비스를 요구하는 데(때로는 서비스 제공의 주도권을 잡는 데) 보다 적극적으로 나서고 있다. 하지만 이들의 노력이 정부의 권위에 도전하는 정도까지 이르기란 쉽지 않은 일이다. 또한 지역과 국가 정부가 기울이는 노력에 큰 편차가 있어 더욱 성공적인 접근법에 대한 추진력을 낼지, 형편없는 거버넌스의 위험을 강조하게 될지는 아직 확실치 않다.

이러한 환경에서 전통적인 정당과 정부가 그들의 니즈를 해결하지 못하고 있다고 느낀 유권자들은 **맞춤화된 정치에 이끌리게 될 것이다**. 정보 기술 사용의 증가로 일부 소수 인종 집단은 구조적 불평등과 불의에 사람들의 관심을 집중시킬 수 있게 되었다. 이러한 민감한 주제는 계속해서 보완적인 혹은 반항적인 움직임을 이끌 것이다.

- 다른 곳에서 일할 수 있는 직업 능력과 자원을 가진 일부 시민들은 나라를 떠나기를 택할 것이다. 따라서 멕시코나 중앙아메리카의 일부 국가들은 경제와 정치 체제를 강화하기 위해 인적 재능을 가장 필요로 하는 시기에 두뇌 유출이 증가하는 경험을 하게 될 것이다.
- 결국 상황이 악화되고 있으며 개선의 전망이 보이지 않는다고 판단한 시민들은 울분을 쏟아내기 위해 기꺼이 거리로 나설 것이다. 유권자들은 선거를 통해서 자신들의 견해를 표현할 수 있게 되었다. 지난 몇 년간 전 세계 여러 국가에서 벌어진 대규모 시위들은 엘리트가 대중이 체념하기를 바랄 수만은 없음을 보여주었다.

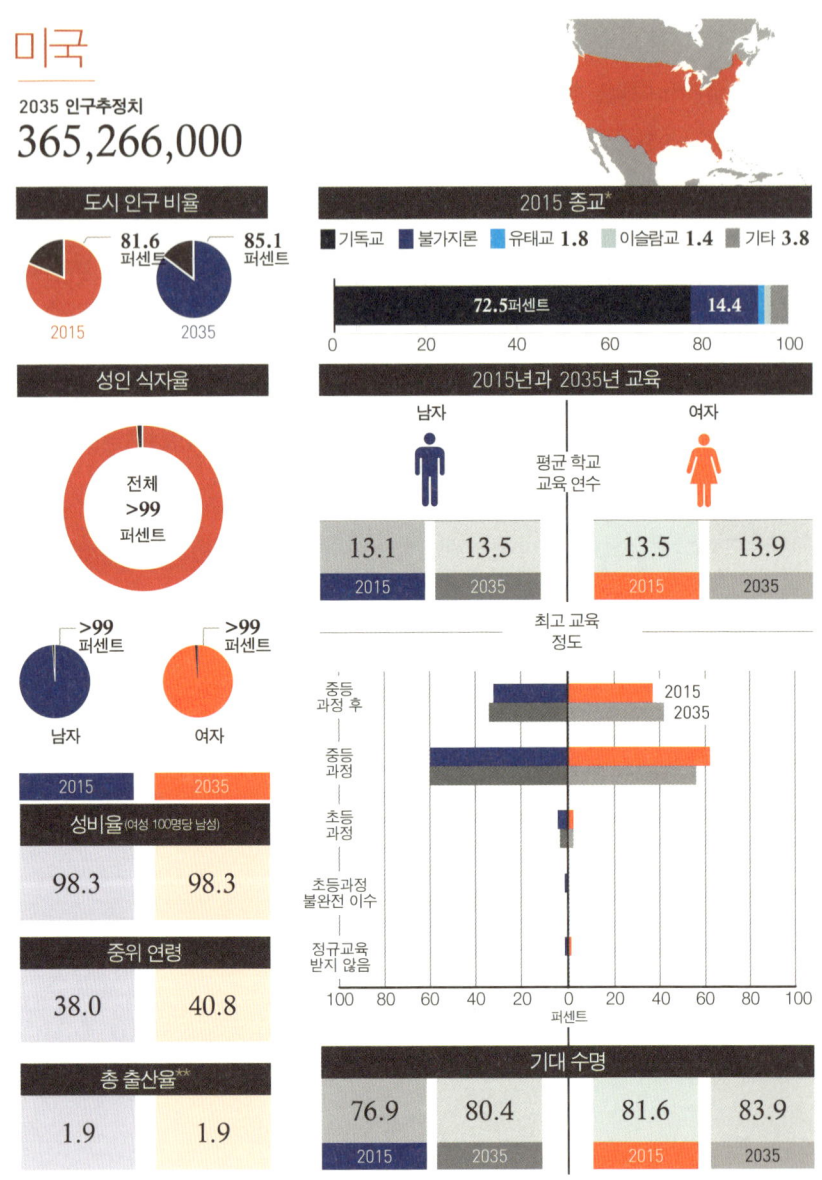

남아메리카

앞으로 5년간 남아메리카는 경제의 부실 경영, 광범위한 부패, 중국의 원자재 수요 감소로 인한 미약한 경제적 성과, 중산층과 근로 빈곤층에 새로 합류한 사람들과 관련된 사회적 스트레스, 그로 인한 대중들의 불만 때문에 보다 잦은 정권 교체를 경험하게 될 것이다. 이러한 상황은 이 지역이 지난 20년간 빈곤과 불평등 분야에서 거둔 상당한 성과를 위태롭게 할 것이다.

- 집권 세력에 대한 반대가 지난 10년 동안 남아메리카 대륙 일부의 정치에서 눈에 띤 좌 편향 추세를 뒤집고 있다. 2015년 아르헨티나 대통령 선거와 2015년 베네수엘라 국회의원 선거에서의 좌파 패배, 브라질 호세프 대통령의 탄핵이 이러한 상황을 뚜렷이 보여준다. 그럼에도 불구하고 거부 반응에 직면한 일부 재임자들은 자신의 권력을 지키는 데 나서고 있다. 이로 인해 일부 국가는 격심한 정치적 경쟁과 민주주의의 퇴보를 경험할 수도 있다.

최근 이 지역 일부 좌파가 거둔 성공은 역설적으로 법치주의와 경제적,

사회적 경영에 관련된 **시장 친화적인 견해가 가진 매력**을 높였다. 지난 10여 년간 임금 상승, 학교 교육에 대한 접근권 확대, 여성 고용의 증가로 라틴아메리카의 빈곤과 불평등은 크게 줄어들었다. 2003년 이 지역에서 빈곤선 아래에 사는 사람의 비율은 41.3퍼센트였으나, 2013년 이 수치는 24.3퍼센트로 떨어졌다. 일일 10~50달러의 수입을 얻는 사람으로 정의되는 라틴아메리카의 중산층은 같은 기간 전체 인구의 21.3퍼센트에서 35.0퍼센트로 늘어났다.

- 하지만 최근의 UN 연구는 경기 침체로 이 지역에서 빈곤이 다시 증가하고 있는 것을 발견했다(2014년에는 빈곤 인구가 1억 6,800만으로 추정되었으나 2015년에서는 1억 7,500만으로 증가했다). 원자재 가격의 극적인 하락은 경기 둔화의 주요 요인 중 하나이다. 원자재 가격은 2011년의 최고치보다 40퍼센트 떨어졌다. 성장 둔화는 정부의 예산에 압박을 가하고 세계 기준에서 이미 낮은 수준인 투자율을 더 떨어뜨릴 것이다.
- (다른 곳보다 약한 정도이지만) 브라질의 복음주의 기독교 부상은 법치주의와 정부 규제 완화를 강조하는, 즉 하층 계급이 지지하는 견해를 가진 새로운 정치 세력을 만들 것이다. 브라질의 경우, 정치적 영향력이 증가한 복음주의자들(인구의 약 5분의 1에 해당한다)이 초기 좌파 지도자들과의 연합으로부터 낙태 등 더 보수적인 어젠다 쪽으로 이동하고 있는 실정이다. 한편 그들은 교육 서비스를 요구하는 등 빈민층과 중산층의 니즈 해결에 나서고 있다. 2016년 봄, '바이블 블록Bible block'이라고 알려진 복음주의 이익 단체는 부패 혐의로 호세프 대통령의 탄핵을 이끌었다. 그렇지만 브라질의 여러 복음주의 정치인에 대한

부패 혐의가 그들의 정치적 영향력에 피해를 입힐 가능성도 있다.

대중은 재임자들에게 고용 전망이 악화된 책임이 있다고 생각한다. 범죄와 부패는 이런 재임자들에게 큰 정치적 부담을 안길 것이다. 한편 마약 밀매와 조직범죄의 북부 시장 진출이 더 두드러질 것이다. 마약 밀매와 조직범죄의 성장은 국가의 안전에 위협을 가하고 대중의 불만을 부추김으로써, 범죄 행위와 맞서는 데 효과적이지 못하거나 그럴 만한 역량이 없다고 여겨지는 정부를 넘어뜨리는 지경에 이를 수 있다.

- 라틴아메리카는 범죄의 측면에서 볼 때 세계에서 가장 폭력적인 지역이다. UN의 연구에 따르면 전 세계에서 벌어지는 살인의 거의 3분의 1이 이 지역에서 벌어진다고 한다. 브라질과 베네수엘라는 세계에서 살인율이 가장 높은 곳이다.
- 범죄는 대중이 가장 우려하는 문제로 남을 것이다. 여론조사에 따르면 많은 시민이 범죄를 그들 국가가 직면한 가장 심각한 문제로 꼽았다. 하지만 실제로는 남아메리카의 국가들이 둔화되는 경제를 관리하는 과정에서 경제적인 문제가 더욱 두드러질 것이다. 거대 마약 밀매 조직의 영향을 받는 국가에서 폭력이 증가하는 것은 물론이고, 정부의 권한과 적법성, 조직의 질이 저하되는 상황을 경험하게 될 것이다.

(교육, 의료에서 인프라, 생산성, 비공식 경제에 대한 과세에 이르는 분야에서) 구조적 개혁이 전반적으로 침체된 상황은 외부 경제 환경이 악화되고 외국인 투자에 대한 경쟁이 심화되면서 이 지역이 어려움을 겪고 있음을 보여준

다. 콜롬비아 분쟁을 성공적으로 해결한다면, 이는 경제 성장을 촉진할 기회가 될 것이다.

- 생산에 참여하는 근로 빈곤층과 중산층은 게으르고 부패하다고 생각되는 사람들에게 사회복지 혜택을 주는 데 분노하고 있다.
- 점점 커지고 있는 베네수엘라에 대한 경제적·인도주의적 압박은 현 마두로 대통령에 의한 더 강력한 탄압으로 이어질 수 있다. 하지만 군의 충성이 불확실하며, 인도주의 위기가 이웃 국가와 미국까지 더 많은 난민 흐름을 유발할 위험이 있다. 베네수엘라에 추가적인 정권 교체가 있다면, 지난 10년 동안 라틴아메리카에서 이어진 좌파의 실험에 대한 불신이 확대되고 경제 개선에 집중하라는 압박이 커질 것이다.
- 이 지역의 보건 체계는 (다른 지역과 비교하여) 정치적 정당성을 확보하고 국가를 구축하는 데 중요한 요소임이 틀림없다. 노령화 인구는 의료 시스템의 지속 가능성을 위협하고 있으며, 의료비가 경제 성장을 약화시킬 것이다. 지카 바이러스와 뎅기열의 지속적인 위협은 이 지역, 특히 빈곤 인구에게 큰 부담을 안길 것이다.

앞으로 5년간 지역의 지정학적 관련성 : 정치 경제학

지정학적 행위자로서 남아메리카의 관련성은 다음 5년간 미미한 상태를 유지할 것이다. (아프리카와 함께) 남아메리카는 중국의 원자재 수요 감소, 낮은 원유 가격, 환경과 기후 문제로 큰 타격을 입을 것이다. 원자재에 의존도가 높은 일부 국가들은 세계적인 경기 둔화 속에서 살아남는 데 어려움을 겪을 것이고 성장과 고용을 촉진하기 위해 IMF 프로그램이나 자유 무역을 고려할 것이다. 브라질은 아르헨티나와 협력해서 더 나은 지역 관계와 지역 교역 증가를 위해 나설 것이다.

- 환경을 금전적 이익원으로만 보지 않는 사람들이 늘어나고 있으므로, 브라질을 비롯한 남아메리카 국가들이 국제적인 기후 변화 정책에서 영향력을 잃는 일은 생기지 않을 것이다. 특히 태평양 연안 국가들은 엘니뇨 현상의 영향을 받을 것이다. 엘니뇨 현상은 강수 패턴을 바꾸어 일부 지역에는 폭우와 홍수, 다른 지역에는 가뭄을 유발할 것이다. 기후 모델은 엘니뇨 현상이 더 커질 것으로 예상하고 있다. (일부의 관측에 따르면 최대로 기록된) 2015~2016년의 엘니뇨는 최근의 브라질 가뭄(거의 100년 만에 최악의 가뭄)을 악화시켜 상파울루의 식수 공급, 수력 전기 생산, 지카 전염과 같은 다양한 문제에 영향을 미쳤다. 그럼에도 불구하고 적극적인 삼림 관리가 탄소 배출을 상쇄시킬 수 있다는 이 지역 에너지 부문의 잘못된 믿음이나, 자동차에 대한 브라질 중산층의 수요를 고려하면 이 지역 국가들의 온실가스 배출은 대단히 큰 양으로 유지될 것이다.
- 볼리비아, 에콰도르, 베네수엘라 등 남아메리카에 남아 있는 좌파 성향 ALBA Bolivarian Alliance for the People of out America(미주 대륙을 위한 볼리바르 동맹) 국가들은 계속해서 중국 정부와 러시아 정부의 지원을 끌어들이련 노력할 것이다. 특히 중국은 복합적인 경제 효과를

내는 대출을 제공하는 데 있어서 너그러운 입장을 보여 왔다. 베네수엘라는 국가 부도를 막기 위해서 오랫동안 중국으로부터 자금을 조달해 왔다. 하지만 중국 정부는 자금 제공을 줄였고 대출 기준을 (ALBA 국가들이 충족시킬 수 없을 만한) 세계은행 등과 같은 대출 기관의 기준 쪽으로 이동시키고 있다. 정부의 변화와 대규모 경제 개혁이 없거나, 있더라도 상당한 외부 지원이 없이는 충분치 못할 것으로 드러날 경우 베네수엘라는 심각한 불안과 경제 붕괴를 경험할 것이다.

- 베네수엘라의 심각한 불안, 중앙아메리카와 멕시코의 범죄를 부채질하는 콜롬비아의 코카인 생산 증가, 이 지역 전체의 지속적인 마약 밀매와 조직범죄 등 지역의 안정을 해치는 위협 요인이 증가할 것이다. 이 지역 많은 국가에서 불법적인 시장이 늘어나면서, 폭력(그리고 부패로 약화된 정치 조직과 안보 조직)이 보다 긴급한 문제가 될 것이다. 라틴아메리카 정부들은 미국과 다른 선진국에 마약을 합법화하라는 압박을 가할 것이다.

다른 고려 사항

보수 정부의 비리 사건으로 이 지역에서 나타나는 우익 전환의 속도가 줄어들거나 중단될 가능성이 있다. 경제가 둔화되면서 (좌익이든 우익이든) 정부들이 사회경제적 격차를 좁히는 데 실패하는 추세가 나타날 것이다. 그러한 실패는 계층, 민족-인종, 이념적 분열이 커지는 더 양극화된 사회를 낳을 것이다. 이러한 불평등으로 인해 몇 년 후 일부 라틴아메리카 국가에서는 원주민과 아프리카계 라틴아메리카인들의 움직임이 커질 것이다.

(세계보건기구가 세계 공중보건 비상사태로 선언한) 지카 바이러스의 유행은 2015년 브라질에서 시작되었다. 지카는 아메리카 대륙 전체에 퍼졌으며 특히 푸에르토리코와 미국 남동부에 감염자가 집중되었다. 임신 중인 태아의 신경계 발달에 피해를 입힐 수 있는 것으로 드러난 지카 바이러스는 여성 보건에 새로운 형태의 격변을 일으킬 가능성을 내포하고 있다. 이상 소두인 아기를 낳을지 모른다는 두려움(사람들 사이에 바이러스가 얼마나 퍼져 있는지 잘 알려져 있지 않기 때문에 더 악화되었다)으로 인해 이 지역 사람들이 여행하고 일상생활을 영위하는 방법에 큰 변화가 일어났다. 지카가 아메리카 전역에 확실히 자리를 잡을 경우 그 영향이 엄청날 것이기 때문에 정부들은 여러 세대에 걸친 이 전염병의 영향에 대응하려 노력하고 있다.

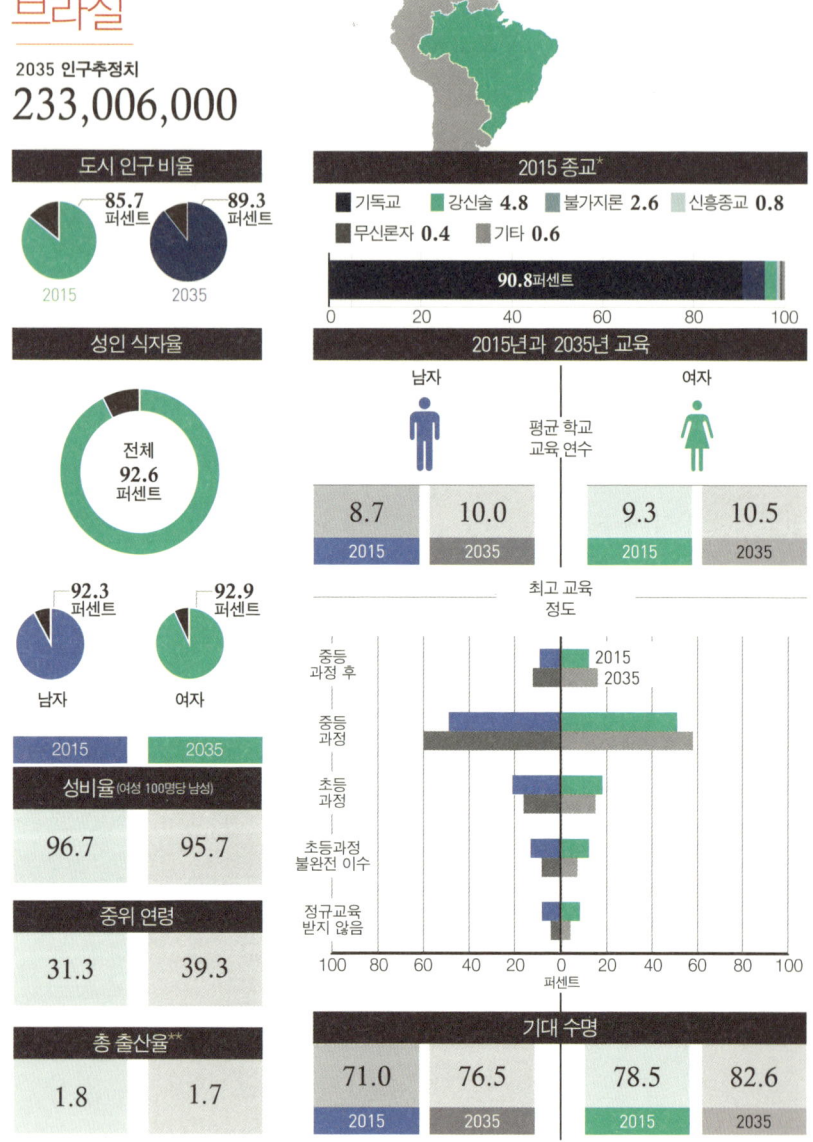

남극과 북극

북극의 환경 변화는 다음 5년 동안 세계의 기후와 주요 수송 항로에 대한 접근성에 영향을 줄 것이다. 지구의 나머지 부분보다 두 배 빠르게 온난화되고 있는 북극은, 녹고 있는 빙하와 얇아지는 빙상에 대한 놀라운 고해상도 비디오와 굶주리는 상징적 포유동물의 생생한 사진 등 변화하는 기후의 조기 경보 역할을 하는 극적인 이미지를 계속해서 만들어낼 것이다. 그렇지만 북극해의 급속한 산성화, 태양열을 우주로 밀어내는 반사율의 저하, 미생물과 포유동물 모두에 영향을 주는 기온으로 인한 생태계 변화 등 그만큼 중대한 다른 변화도 진행 중이다. 북극에 사는 400만 사람들에게 직접적인 영향을 미치는 물리적인 변화 외에, 북극의 기온 상승이 러시아의 열파, 유럽의 혹한, 인도 여름 몬순의 큰 변동성과 같은 대륙 중위도 지방의 악천후와 연관성이 있다는 사실이 점차 분명하게 드러나고 있다.

- 해운. 얼음이 전혀 없는 여름을 맞기까지는 아직 10년 이상이 남아 있다. 그럼에도 북극에는 배가 다닐 수 있는 구간이 점차 늘어나는 추세이다. 때문에 북극은 경제와 안보에 중요한 지역으로 부각되고 있다.

빙하가 녹으면서 중국, 일본, 한국에서 유럽과 북아메리카로의 수출 등 주요 무역권 사이의 상용 항로가 급격히 단축될 가능성이 있다. 항로는 넓어졌지만 북극은 혹독한 기후 조건, 예상하기 힘든 빙하, 날씨, 안개 상태 등 상당한 장애 요인(재앙의 가능성)을 안고 있다. 앞으로 5년 동안 선박과 육지를 연결하는 통신 노드, 적환 시설, 급유소, 선박 추적과 같이 이 지역의 항로 운영에 필요한 인프라를 개선시키는 선구적인 활동이 이어질 것이다. 군대는 그런 가혹한 환경에서 운영할 수 있는 물리적 역량과 모니터 장비를 가진 유일한 국가 자산으로, 북극 주둔군들에게는 수색과 구조 기타 비상사태 등을 넘어서는 다양한 책무가 주어질 것이다.

- 천연자원. 혹독한 기상 현상과 해빙도 북극의 엄청난 천연자원에 대한 상업적·국가적 관심을 꺾지는 못할 것이다. (900억 배럴이 넘는 원유와 1,700조 제곱피트에 달하는 천연가스, 440억 배럴의 액화 천연가스를 품고 있는) 이 지역은 지구상에서 석유 개발이 가장 덜 된 곳이다. 따라서 해저 굴착에 대한 관심이 이어질 테지만, (원유 가격이 예상 밖으로 급반등하지 않는다면) 다음 5년간 개발은 수익성을 갖기 어려울 것이다. 마찬가지로, 도로와 철도 인프라가 구축되어 있지 않은 상황에서 육지의 광물 개발 역시 이론상으로만 가능한 상태에 머물 것이다. 수온의 상승으로 상업적 어업의 기회는 늘어나겠지만 환경 변화와 대양의 산성화는 북극 어류 자원에 예상치 못한 영향을 미칠 것이다.

남빙양(남극해)은 그 넓이와 깊이가 엄청나기 때문에 대륙보다 열적 관성이 훨씬 크다. 이로 인해 남극의 온난화는 늦춰지고 있다. 더욱이 수 킬로 미터에 달하는 남극의 빙산은 몇 미터에 불과한 북극 해빙보다 반응이 느리다.

- 그렇지만 2002년 라르센 B 빙붕Larsen B ice shelf의 급속한 해체와 파인아일랜드나 스웨이트 빙하Thwaites Glacier의 지속적인 붕괴는 대양과 대기의 온난화 결과로 남극 대륙 주변의 빙하가 얼마나 빠르게 소실될 수 있는지를 보여준다.
- 과학자들은 최근 (남극 대륙에서 4번째로 큰 빙붕인) 라르센 C가 급속하게 갈라지고 있음을 발견했다. 이는 거의 델라웨어 주의 크기와 맞먹는 얼음 조각의 박리로 이어질 수 있다. 과거에는 라르센 C 빙붕이 와해되는 데 50년이 넘게 걸릴 것이라고 예측했지만, 일부에서는 이 빙붕이 5년 내에 파열될 수도 있다고 내다본다.
- 빙하의 후퇴와 빙붕의 손실은 남극 대륙 내부의 빙하를 해수에 노출시켜 해수면 상승의 속도를 높일 것이다. 서남극만 해도 전 세계적으로 3미터 이상의 해수면을 상승시킬 수 있다. 하지만 이러한 해수면 상승이 수천 년, 수백 년 내에 실현될지 혹은 더 빨리 실현될지는 아직 알 수 없다.

남극 대륙은 종말론적 해수면 상승 시나리오에서만 큰 역할을 하는 것이 아니다. 남극은 지정학적으로도 중요한 지역이다. (12개국의 영토권 주장을 유예하고 남극 대륙을 과학 보호구로 설정한) 1959년의 남극 조약Antarctica Treaty은 현대사에서 가장 성공적인 국제 조약으로 남아 있다. 그렇지만 러시아와 중국이 남극 대륙에 대한 활동을 늘린다면, 특히 호주, 뉴질랜드, 노르웨이 같은 영유권 주장 국가들 사이에서 조약을 위반할 가능성에 대한 불안이 고조될 수 있다.

- 일본의 고래잡이나 중국의 크릴 어획과 같이 남빙양에서 벌어지는 논란이 많은 활동들은 남극 조약 체제 내에서의 외교 분쟁을 자극할 것이다.

앞으로 5년간 지역의 지정학적 관련성 : 협력의 길

극지방, 특히 북극은 국가 안보 전략에서 두드러진 중요성을 갖는 지역이었다. 해빙의 감소는 이 지역의 경제적 가능성을 증대시키는 반면, 안보와 환경에 대한 북극 국가의 우려를 키우고 있다. 가혹한 기후와 경제의 장기적 위험성은 북극해 연안국들 사이의 협력을 고무시켜 왔다. 하지만 경제와 안보 문제는 북극해 연안국과 이외 국가들 사이에 항로와 자원에 대한 경쟁을 심화시킬 것이다. 반면 원유 가격이 계속 낮게 유지된다면 북극의 에너지 자원이 가진 매력은 떨어질 것이다.

- 러시아는 배타적 경제 수역exclusive economic zone, EEZ에 대한 통제력과 방위선 내 방어를 개선하기 위해 북부 해안의 주둔군을 계속 강화할 것이 거의 확실하다. 또한 러시아는 대륙붕 연장 신청에 대한 국제적 지지를 얻기 위한 노력을 지속할 것이다. 러시아와 서구의 관계가 악화된다면, 러시아 정부는 북극해에 관한 기존의 국제 절차나 조

직을 무시하고 자국의 이익을 보호하기 위한 일방적 행동에 나설 것이다.
- 북극권 한계선 내에 영토를 가진 8개 국가(캐나다, 덴마크(그린란드 때문에), 핀란드, 아이슬란드, 노르웨이, 러시아, 스웨덴, 미국)로 이루어진 북극이사회Arctic Council는 그 위상이 계속 높아지고 있다. 북극이사회 회원국들은 (미국을 제외한 모든 회원국이 비준한) UN 해양법 조약UN convention on the Law of the Sea에 따라 북극해의 영토 경계를 확정하려 노력 중이다. 이 이사회는 1996년 창설된 이래 여섯 개의 북극해 원주민 단체에 상시 참여자 자격을 주었고 중국, 프랑스, 독일, 인도, 이탈리아, 일본, 네덜란드, 폴란드, 싱가포르, 한국, 스페인, 영국에 정식 옵서버 자격을 주었다. 북극에서 수천 마일 떨어진 국가가 옵서버로 추가된 것은 이사회 헌장이 안보 문제를 배제하고 있음에도 불구하고 이 지역에 대한 세계적 관심이 대단히 크다는 점을 반영한다.

다른 고려사항 : 그린란드의 독립 노력

과거 덴마크의 식민지였던 그린란드는 1979년의 자치법Home-Rule Act 이후 점차 자치권을 넓혀왔다. 그린란드 거주민의 대부분은 완전한 독립을 지지하고 있으며, 일부 유명 지도자들은 그린란드의 덴마크 식민지화 300주년이 되는 2021년까지의 독립을 위해 로비 활동을 펼치고 있다. 누크그린란드의수도 –역주의 덴마크 보조금에 대한 의존과 세계 원유 가격의 하락 때문에 가까운 미래에는 이러한 분위기가 다소 수그러들 것이다. 그럼에도 불구하고 57,000명에 불과한 그린란드 국민들은 기후 변화에 의해 급속하게 변모하는 세계에서 가장 큰 섬에 있는 방대한 광물 자원의 이용을 두고 점점 더 큰 목소리를 내게 될 것이다.

우주

우주는 한때 강대국만이 손을 댈 수 있었던 영역이었지만 현재는 많은 국가가 활동하고 있으며 그 수는 다음 5년간 더 늘어날 것이다. 70개의 정부 우주국 중 실제적인 발사 능력을 보유한 곳은 13개에 불과하다. 그러나 많은 국가들이 위성의 작동부터 러시아나 중국의 우주선에 태워 국제 우주 정거장으로 우주 비행사를 보내는 일에 이르기까지 우주를 기반으로 하는 다양한 활동에 참여하고 있다. 우주 비행에 관여하는 국가와 부문은 점차 늘어나고 있으나 사람들이 우주에 대한 집단적인 주인 의식을 가지려면 수십 년이 더 필요할 것이다.

다국적 우주 탐사. 태양계에 대한 중요한 과학적 지식을 얻기 위해 우주 비행을 후원하는 국가가 늘고 있다. 인도는 2014년의 화성 궤도 비행Mars Orbiter Mission을 통한 첫 시도로 화성 궤도에 탐사선을 올린 첫 번째 나라가 되었다. 같은 해, 유럽 우주청의 우주 탐사선 로제타Rosetta가 우주에서 10년간의 여정을 거쳐 추류모프-게라시멘코 혜성에 도착하는 인류 역사상 최초의 성과를 거두었다. 2015년에는 미국이 우주선 돈Dawn의 왜소 행성

베스타와 세레스를 최초 탐사하고, 뉴 호라이즌스New Horizons의 명왕성과 그 위성들에 대한 근접 비행에 성공했다. 다음 5년간 예정된 우주 비행에는 소행성 류구에 도착했다 돌아오는 일본의 우주 왕복 여행, 중국의 달 뒷면 착륙, EU와 일본이 공동으로 진행하는 목성까지의 우주 비행, 탐사선을 화성 대기 내에 진입시키는 UAE의 우주 계획, 천문학의 전 분야에 혁명을 일으킬 수 있는 NASA의 제임스 웹 우주 망원경 발사 등이 있다.

상업화. 우주는 더 이상 국가가 독점하는 곳이 아니다. 미래의 수익 전망이 주는 매력에 NASA와 같은 우주국 예산 감소로 인한 공백이 더해진 결과, 스페이스-XSpace-X, 블루 오리진Blue Origin, 버진 갈락틱Virgin Galactic과 같은 민간 기업들이 우주 프로그램을 시작해 곧 사람들을 우주로 보낼 예정이다. 플래너터리 리소시스Planetary Resources는 행성 채굴을 목표로 하는 회사이며, 비글로우 에어로스페이스Bigelow Aerospace는 공기 주입식 우주 거주지를 건립하려 하고 있다. 이러한 산업이 완전하게 실현되기까지는 앞으로 수십 년이 걸리겠지만, 우선 다음 5년은 개인이 우주에 이를 가능성을 시험하는 기간이 될 것이다.

새로운 세계 항행 위성 시스템 Global Navigation Satellite Systems, GNSS. EU의 갈릴레오 위성 항행 시스템은 2020년 완전 가동 능력을 갖게 될 것으로 예상된다. 훨씬 더 정밀하고, 세계의 더 많은 범위를 아우르고, 더 높은 고도에서 작동하는 이 시스템은 위치 결정 능력을 크게 향상시킬 것이다. 갈릴레오는 미국의 GPS, 러시아의 글로나스GLONASS, 중국의 베이더우BeiDou, 인도와 일본이 만든 지역 시스템과 합류할 것이다. 다수의 GNSS

무리가 내는 신호들을 동시에 처리할 수 있는 장치들이, 우주를 기반으로 하는 세계 범위의 위치 결정에 의존하는 전 세계 40억 이상의 사용자에게 (향상된 정확성, 실내와 Z축 위치 결정, 전파 방해 방어와 같은) 새로운 기능을 제공할 것이다.

우주 쓰레기Space debris. 현재 지구 궤도에서만 50만 개가 넘는 우주 쓰레기가 추적되고 있다. 이 중 일부는 시간당 17,500미터의 빠른 속도로 움직인다. 수백만 개의 우주 쓰레기는 너무 작아서 추적이 불가능하지만 위성이나 기타 우주 비행체에는 위험 요소가 될 수 있다. 세계가 우주로 뻗어 나가는 데 가장 위협이 되는 우주 쓰레기를 찾고 그것을 제거하기 위하여 자금을 조달하는 국제적 조치가 곧 필요해질 것이다.

우주의 무장화. 우주가 점점 혼잡해지면서, 우주에 대한 경쟁도 치열해지고 있다. 우주 자산의 엄청난 전략적·상업적 가치로 인해 우주에 대한 접근권, 사용, 통제를 두고 국가 간 경쟁이 치열해질 것이다. 의도적으로 위성을 망가뜨리거나 파괴하기 위해 고안된 위성 요격 기술의 사용은 세계적 긴장을 확대할 수 있다. 우주를 여행하는 국가들, 특히 중국, 러시아, 미국이 우주 공간의 활동에 대한 행동 강령에 합의할 수 있느냐가 중요한 문제가 될 것이다.

PART 06

20년 후의 세계 : 주요 글로벌 트렌드

2015~2035년 지역별 인구 변화

UN의 예측에 따르면, 세계 인구는 2015년에서 2035년 사이에 약 20퍼센트 증가할 것이다. 그렇지만 이러한 증가는 고르게 분포되지 않을 것이다. (역동적이며 성장세에 있는 경제국의 수치를 포함시켜도) 일 인당 국민소득이 평균 5,000달러 정도밖에 되지 않는 아프리카의 인구는 5분의 3가량 증가할 것이다. 반면에 아프리카보다 평균 소득이 6배 이상 많은 유럽의 인구는 다른 지역에서의 상당한 이민 유입이 없는 한 감소할 것이다.

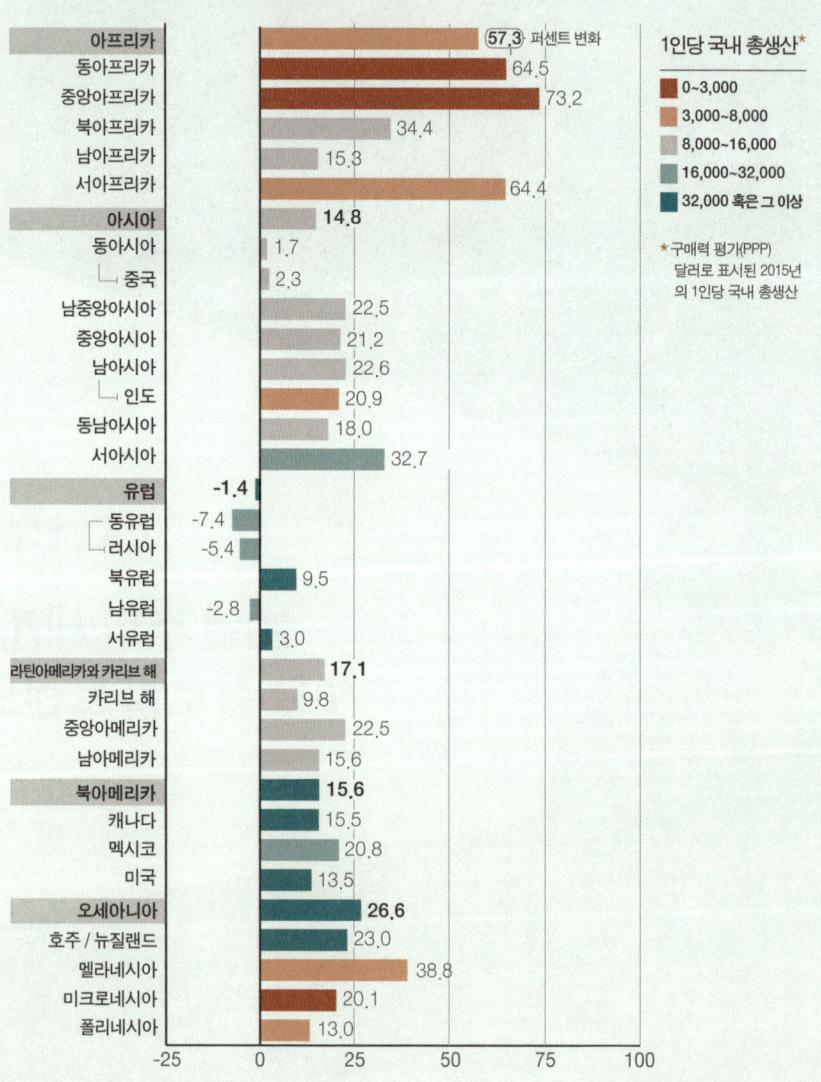

앞으로 20년,
인구의 변화와 불안해지는 세계 정세

2035년 세계 인구는 현재보다 더 늘어나고, 더 늙고, 더 도시화될 것이다. 하지만 변화는 지역마다 다르게 진행될 것이다. 전망이 밝은 데다 아직 성장하고 있는 경제국들에서의 급속한 인구 증가는, 성장이 중단된(혹은 감소하고 있는) 많은 선진국의 인구에 의해 상쇄될 것이다. 이러한 추세로 전자는 늘어나는 인구에게 인프라와 기회를 제공하는 문제를 안게 될 것이고, 후자는 기술을 이용해서 새로운 노동자들에 대한 니즈를 최소화하고 더 나은 미래를 찾는 개발도상국의 이민자들을 무리 없이 통합시키는 부담을 갖게 될 것이다.

- 2035년까지, 세계 인구는 거의 20퍼센트가 증가한 88억이 될 것이다. 한편 세계 중위 연령은 2015년의 30세에서 34세로 높아질 것이다.
- 그때까지 세계 인구의 5분의 3이 도시 지역에 살게 되면서 2016년의 수준에서 약 7퍼센트 증가를 보일 것이다.

2015~2035년 지역별 인구 변화

연령구성 (중위 연령)	2015년 추정치 (선정국가)		2035년 추정치 (선정국가)	
청소년 (25세 이하)	니제르 14.8	케냐 18.9	니제르 15.7	아프가니스탄 24.3
	우간다 15.9	이라크 19.3	우간다 18.9	에티오피아 24.3
	콩고공화국 16.9	예멘 19.3	콩고공화국 19.4	예멘 24.5
	아프가니스탄 17.5	파키스탄 22.5	나이지리아 20.0	
	나이지리아 17.9	이집트 24.7	이라크 21.9	
	에티오피아 18.6		케냐 22.6	
중간 (26~35세)	한국 25.7	터키 29.8	파키스탄 26.8	베네수엘라 33.6
	인도 26.6	이스라엘 30.3	이집트 27.2	멕시코 35.1
	멕시코 27.4	베트남 30.4	한국 30.2	
	베네수엘라 27.4	튀니지 31.2	이스라엘 32.5	
	인도네시아 28.4	브라질 31.3	인도 32.8	
	이란 29.5		인도네시아 33.2	
성숙 (36~45세)	중국 37.0	캐나다 40.6	터키 37.0	뉴질랜드 41.0
	호주 37.5	한국 40.6	튀니지 38.0	영국 42.7
	뉴질랜드 38.0	쿠바 41.2	베트남 39.0	프랑스 43.3
	미국 38.0	프랑스 41.2	브라질 39.3	러시아 43.6
	러시아 38.7	스페인 43.2	호주 40.6	캐나다 44.4
	폴란드 39.6		미국 40.8	중국 45.7
	영국 40.0		이란 40.9	
과성숙 (46세 이상)	독일 46.2		쿠바 48.0	일본 52.4
	일본 46.5		폴란드 48.2	
			한국 49.4	
			독일 49.6	
			스페인 51.5	

우려되는 지역

5가지 인구학적 추세가 향후 20년간 국내 안정과 국가 간 정치적 마찰의 원인이 될 것이다. 만성적으로 청소년 인구가 많은 국가, 대규모 국가 간·지역 간 이주, 인구학적 단계의 이행, 인구 노령화, 다수자와 소수자의 성장 격차 등이 바로 그것이다. 앞으로 5년 내에 그리고 20년간 그러한 추세와 가장 관련이 높아질 지역 및 국가의 예를 아래에 개술(槪述)한다.

만성적으로 청소년 인구가 많은 국가. 연령 구성의 면에서 젊은 국가들은 국가나 비국가 활동 세력이 자행한 국내 정치 폭력에 가장 취약했다. 이런 국가들의 대부분은 원조를 바탕으로 하며, 계속된 높은 출산율과 급속한 도시 성장에 따른 수요를 충족시킬 역량이 부족한(그리고 문제에 대한 계획을 세우고 수용할 수 있는 충분한 재정적 수단이 없는 것이 보통인) 정부를 가지고 있다. 또한 이러한 국가의 젊은 성인 인구는 능력 이하의 일을 하는 것이 보통이다. 이러한 문제들은 국가의 불안정에 기여한다.

- 지난 40년 동안 볼 수 있었던 것처럼, 청소년 인구가 많은 국가들은 지속적인 정치적 폭력과 정부의 기능 장애로 인해 지역과 지역 외 세력의 개입을 받고 있다.
- 청소년 인구가 많은 국가들이 밀집된 (그리고 관련 정부가 내란을 억누르거나 진압할 능력이 없는) 지역에서는 무장 폭력이 국경 너머로까지 번지는 일이 주기적으로 발생했다.

미국 인구조사국의 국제 프로그램 센터USCB-IPC와 UN 인구국 프로젝트는 만성적으로 청소년 인구가 많은 국가가 밀집한 지역(아프리카의 사헬 지역, 적도 아프리카, 이라크-시리아, 예멘, 소말리아, 아프가니스탄-파키스탄)에서 이 같은 상태가 다음 5년간, 아니 어쩌면 거의 이들 국가 대부분에서 2035년까지 유지될 것으로 내다본다.

- UN은 이집트가 2030년 만성적으로 청소년 인구가 많은 국가의 범주에서 벗어나고, 파키스탄이 2035년 그 뒤를 따를 것이며, 예멘이 2040년까지 이 범주에 더 가까워질 것으로 예측한다. 하지만 이 세 국가의 빠른 성장 전망은 실제보다 낙관적이었음이 드러났고, 다시 한번 낙관적인 전망에 못 미치는 현실이 펼쳐질 가능성도 있다.

대규모 난민. 분쟁으로 인해 상처 입은, 만성적으로 청소년 인구가 많은 국가 밀집 지역은 지난 몇십 년 동안 위기로 인한 이주의 원천이었다. 2035년까지 이민자를 수용하는 국가는 계속해서 이민으로 인한 정치적 스트레스를 겪을 것이다. 이 문제로 인해 질서정연한(그리고 보다 쉽게 수용되는) 이주 노동자와 관광객의 흐름마저 주기적으로 중단될 것이다. 이러한 국가 밀집 지역으로부터의 이민자 유입은 수용국에 큰 걱정을 안길 것이다. 수용국은 사회의 새로운 구성원을 수용하고 통합시키거나 통합이 어려운 인구 문제를 처리하기 위해 상당한 재정적·사회적·정치적 비용을 감당해야 하기 때문이다.

- 예측 가능한 경제적 이민의 흐름조차도 원국(原國)이나 수용국에 문

제가 될 수 있다. 원국은 가장 전망이 밝은 전문가와 교육을 많이 받은 기술자들이 유출되는 상황에 직면했다. 위에서 언급한 통합 비용 이외에, 합법적인 이주자가 수용국의 국경 통제를 피하거나 승인받지 않은 이민자와 경로를 공유해 이동하면서 이민 경로를 밀수품, 인신매매, 테러리스트가 침투하는 경로로 변형시킬 위험도 있다.

중동에서 분쟁이 지속되는 지역을 에워싸고 있지만 비교적 안정적인 '최전선 국가들'(터키, 레바논, 요르단과 영향을 받은 국가들의 제2선인 서유럽과 중부유럽)도 앞으로 5년간 그러한 스트레스를 처리해야만 할 것이다. UN 난민기구UNHCR는 '오래 계속된' 난민 상황의 숫자(현재 32개 그리고 평균 지속 기간은 26년)가 1990년대 초 이래 크게 증가했다고 경고한다. 난민 상황이 길어지면서 난민들을 수용하는 최전선 국가의 '일시적인 정착지'가 영구적인 난민 정착 도시가 될 가능성이 높아지고 있다(하지만 완벽한 인프라, 경제 활동의 다각화, 잘 계획되고 관리된 도시의 거버넌스 조직 등은 없는 상태이다).

- 청소년 인구는 많으나 안정성을 유지할 충분한 성장과 개발이 없는 사헬 지대는 앞으로 20년간 알제리, 가나, 케냐, 모로코, 세네갈, 튀니지에 영향을 미치는 난민 흐름을 촉발할 수 있다. 중앙 적도 아프리카의 분쟁으로 인해 난민들은 보츠와나, 케냐, 남아프리카공화국, 탄자니아로 이동할지 모른다. 이라크-시리아의 분쟁 그리고 아프가니스탄-파키스탄 지역의 분쟁이 줄지 않을 경우, 이란은 더 많은 난민을 흡수해야 할 것이다.

많은 생산 가능 인구. 생산 가능 인구가 비교적 많은, 소위 '인구학적 기회의 창'이라 할 국가들에서 일반적으로 산모와 영아의 보건이 증진되고, 어린이 1인당 교육 투자와 교육 수준이 증가하고, 노동 인구 증가가 둔화되는 추세가 나타나고 있다. 어떤 경우에는 경제 성장을 뒷받침하는 가구 저축이나 자산 축적이 나타나기도 한다. 최근 이 기회의 창에서 벗어난 중국과 한국은 인적 자본을 크게 확장시키고, 생산 기술 부문을 만들고, 도시를 (성장의 엔진 역할을 하는 것과 동시에) 살기 좋은 곳으로 변모시키고, 민간과 국가의 부를 축적했다.

- 1970년대부터 인구학적 기회의 창은 자유 민주주의의 부상 및 안정과 관련되어 왔다. 1980년대 후반과 1990년대 동안에는 브라질, 칠레, 한국, 타이완이, 최근에는 튀니지가 그 뚜렷한 예이다. 이러한 패턴은 앞으로 중간 단계에 있는 하나 이상의 국가들(알제리, 콜롬비아, 에콰도르, 모로코, 미얀마, 베네수엘라를 포함하는 그룹)이 보다 영향력이 큰 민주주의로 이행할 수 있음을 보여준다.
- 만성적으로 청소년 인구가 많은 국가들에서는 높은 출산율이 계속 유지되고 있다. 이는 다음 5년간 비교적 소수의 고성장 아프리카 국가들만이 중간 단계로 이동할 것임을 의미한다. 하지만 (중앙아시아에 있는 5개의 구 소비에트 공화국들을 비롯해) 아시아와 라틴아메리카의 청소년 인구가 많은 지역 또한 중간 단계로 이행할 가능성이 있으며, 그 경우 앞으로 강력한 경제적 성과를 낼 기반을 마련할 것이다.

선진국의 인구 노령화. USCB-IPC와 UN은 2035년까지 '과성숙' 인구 구조를 가진 국가들이 현재 일본과 독일에서 동유럽, 중부 유럽, 남유럽의 국가들, 동아시아의 대부분 국가들과 쿠바로 확대되리라 예측하고 있다(중국도 거의 자격을 갖춘 상태이다). 이들 국가들은 후기 과성숙 단계에서 펼쳐지는 문제에도 불구하고 지속 가능성을 유지하기 위해 사회 안전망, 자유 민주주의, 세계 자본주의 등 이들 국가가 구조적으로 유리했던 기간 동안 발달시킨 제도적 틀을 조정할 것이다(조정이라고는 하지만 유지할 확률이 높다).

- 모든 지역에서 주요 병력 충원 풀이 감소할 것이다. 따라서 더 많은 정부가 더욱 규모가 작고 기술적 수준이 높은 군대, 용병 사용, 광범위한 군사 동맹을 고려하게 될 것이다.

과성숙 국가의 정부는 이미 조정을 시작하고 있다. 유럽, 일본, 한국의 경우, 젊은 노동 가능 인구의 감소로 정부가 탈중앙집중형 네트워크 직장, 로봇 공학의 사용, 평생 학습에 대한 지원 등을 통해 노동 생산성을 높이기 위한 노력에 보조금을 지급한다. 노동 인구의 참여 확대와 관련해서는 여성을 비롯한 발언권이 약한 집단을 기업으로 끌어들이기 위한 우대책, 이들의 노동력을 유지하기 위한 보육 장려금 등도 존재한다. 정부는 노인의 시간제 근무를 후원하고 은퇴 연령을 높임으로써 사람들이 더 오랫동안 일하게 하고, 나이든 피부양자를 감소시키려 하고 있다. 이는 절반 정도의 성공을 거두는 중이다.

- 다음 5년간 유럽에서는 은퇴 연령을 이전의 수준으로 되돌리고, 업무 현장의 규칙을 자유화하려는 노력이 계속 완강한 반대에 부딪힐 것이

다. 이민은 한때 복지 국가를 유지하기 위한 일시적인 지원 형태로 여겨졌으나, 현재는 정계에서 해법으로 '논의되지 않고' 있다. 일반적으로 유럽에 비해 복지 혜택이 많지 않은 동아시아 '노령화 국가'의 국민들은 연금과 의료 보험 개혁에 더 많이 기여하려 하겠지만 여전히 정부가 생활 수준을 보장해주기를 기대하고 있다.

- 정치적으로 연금과 의료 혜택을 억제할 수 없는 정부들은 줄어드는 청소년 인구에 대한 교육이나 기타 투자를 줄이는(그리고 그들의 경제적 전망을 더 약화시키는) 어려운 재정적 선택에 직면할 것이다. 국가가 운영하는 '원천 징수'와 고용주 적립 연금으로부터 개인 저축을 기반으로 하는 프로그램으로 이동할 경우, 정부의 재정 부담은 줄겠지만 개인이 은퇴 자금이 금융 시장 변동성으로 인해 손실을 볼 위험을 안게 될 것이다. 이는 금융 위기 이후 정부의 개입에 대한 요구로 이어질 수 있다.

다수자와 소수자의 격차 증가. 다인종 국가에서는 인구 증가율의 격차로 인해 교육 수준이 높고 부유하며 도시화된 다수 집단의 구성원, 그리고 출산율이 높거나 이주로 인해 인구가 증가한 인종적·종교적 소수자들 사이의 사회적·정치적 격차가 더 커질 수 있다. 소수 집단의 정치적·경제적 참여와 교육 기회를 제한하는 (그리고 그들의 주거지 분화를 조장하는) 조치는 인구 증가와 부의 격차를 넓히고 긴장을 악화시킬 수 있다. 정치인구학을 연구하는 학자들은 이를 소수자 보호의 인구학적 딜레마minority demographic security dilemma라고 부른다.

- 이러한 인구 증가의 격차는 (양측이 사용하는) 정치적 수사의 도구가 되는 경우가 많다. 이런 상황은 세대 간의 충돌로 이어질 수 있다. 인구 증가의 큰 격차는 어린 학생 인구들 사이의 인종 구성에 눈에 띄는 변화를 유발할 수 있으며, 교육은 다수 집단이 내는 세금의 보조를 받는데 이러한 보조가 적대적인 정치인들의 표적이 될 경우 위태로워질 수 있기 때문이다.
- 이 같은 정치적 이유에서, 다음 5년간 인종 구성의 변화는 선거 민주주의에 가장 큰 영향을 미칠 것이다. 지배적 집단의 정치 지도부가 지지 세력을 잃지 않기 위해 노력할 경우 특히 더 그렇다. 현재 이스라엘에서 그러한 변화가 일어나고 있다. 다음 20년 동안 초정통파 유대인, 민족 종교파 유대인, 팔레스타인 이스라엘인이 급속하게 성장함에 따라 현재 다수인 세속 유대인과 전통 종교파 유대인들의 투표 영향력이 감소할 것으로 보인다.
- 마찬가지로 터키 남동부에서는 투르드인 인구가 급속히 증가하고 있다. 이들이 규모를 키우고 효율적인 조직을 이룬다면 선거에서 상당한 영향력을 얻게 될 것이다. 중앙 안데스에서도 원주민 인구가 유권자에서 차지하는 비중이 늘어나면서 변화가 일어나고 있다.

계속적인 도시화. 약 10년 전 세계의 도시 인구가 처음으로 농촌 인구를 넘어섰다. 최근 몇 해 동안 도시 인구는 자연적 요인과 이주로 인해 계속 늘어나고 있는 반면, 농촌 인구의 증가는 저조했다. 도시화는 세계의 사회적·정치적 역학에 영향을 줄 것이다. 하지만 그 영향은 고르지 않을 것이며, 도시 성장이 유발한 정치·경제·사회적 스트레스에 대한 국가의 관리 역량에 따라 달라질 것이다.

적절한 계획이 수반된다면 도시화는 정부·기업·개인 간 거래 비용을 낮추고, 더욱 효율적인 공공 인프라와 서비스를 가능하게 하며, 지식 창출과 지식 보급을 확대함으로써 지속 가능한 성장의 추진력, 기본적인 인구 기반, 배경을 제공할 수 있다. 일부의 예상에 의하면, 세계의 '거대 지역권 megaregion'(환경 시스템, 지형학, 인프라, 경제 유대, 정착, 토지 사용 패턴을 공유하는 대도시권 네트워크)은 세계 경제 활동의 66퍼센트를 차지하며 모든 기술과 과학 혁신의 85퍼센트가 이루어지는 곳이 될 것이다. 하지만 잘못 관리된 도시와 도심지는 빈곤, 불평등, 범죄, 오염, 질병의 배양기 역할을 할 수도 있다. 가까운 시일에 이루어질 메가시티의 개발 인프라와 관련된 결정이 악천후와 기후 변화에 대한 그들의 취약성을 결정할 것이다.

- 도시화의 증가는 인프라에 대한 수요를 처리할 적절한 역량이 없는 상태에 사회적 스트레스를 가중시킴으로써 새로운 사회적·정치적 움직임을 유발할 수 있다. 특히 지속 가능한 경제 발전과 환경에 대한 고려가 없는 도시화는 빈곤과 좋지 못한 생활 환경을 낳는다. 그러한 스트레스는 자원 재분배와 사회적 변화에 대한 요구를 자극할 테고, 이런 불만이 커질 경우 지역 정치의 변동성이 높아지고 지역 인구 유출을 유발할 수 있다.
- 도시 개발이 효율적인 경우에도 유럽 일부를 비롯한 도시 지역에서는 도시 계획자와 정부가 적절한 인프라, 수송, 에너지, 깨끗한 물과 공기, 안정적인 식량 체제, 의료를 위한 자금을 조달하는 데 어려움을 겪을 수 있다.

최근 생겨난 성 불균형의 문제

다음 20년 동안, 생명 공학 기술의 발전으로 어린이가 성인기까지 생존할 가능성은 더 높아질 것이다. 그러나 여성의 교육 수준 향상, 산아 제한에 대한 접근권, 노동 시장에 대한 더욱 평등한 참여로 인해 출산율은 계속 감소할 것으로 보인다. 중동, 동아시아, 남아시아 국가에서 태어나는 여자 신생아 수에 대한 남자 신생아 수의 비율은 계속 늘어날 것이다. 최근 수십 년간 알바니아, 아르메니아, 아제르바이잔, 중국, 그루지야, 인도, 몬테네그로, 한국, 베트남의 남아 선호로 인한 성별 선택 낙태, 여아 살해, 여아의 선택적 방치 관습 때문에 성비(性比)의 불균형이 커졌다.

- 다음 20년 동안, 중국과 인도의 대부분 지역에서 **여성이 남성보다 10퍼센트 많아질 것**으로 예상된다. 두 나라는 이미 상당수의 남성이 결혼을 할 수 없을 것으로 보인다. 바로잡으려면 수십 년이 걸릴 이러한 불균형은 비정상적인 수준의 범죄와 폭력은 물론, 결혼이나 성적 착취를 위한 소녀와 여성의 유괴, 인신매매와 같은 인권 침해와도 연결되어 왔다.
- 성 불균형의 확산은 정부 역량이 축소되는 경우, 안전 보장의 측면에서 **부계 시스템이 발휘하는 영향력**과도 연관되는 것으로 보인다. 이 같은 사고방식이 관심을 얻음에 따라, 이러한 이념을 지키는 집단들이 여성의 삶이 가진 가치에 대한 인식을 더 부진하게 만들 것이다.
- 아랍 세계의 제한된 경제적 기회는 많은 남성들의 결혼을 지연시키고 있다. 신부에 대한 대가를 지불해야만 하는 부계 사회에서 가정을 꾸릴 만한 자금을 모을 수 없기 때문이다. **신부 값과 결혼식 비용의 증가**는 이 사회의 모든 젊은 남성들에게 큰 부담을 안기며 불만의 원인이 되고 있다. (비용의 증가, 비정상적인 성비, 일부다처제의 만연 중 어떤 이유 때문이든) 결혼 시장의 장애로 인해 반란 세력이나 테러리스트 집단이 젊은 남성 구성원을 영입하기가 더 쉬워지고 있다.

사람들은 어떻게
살 것인가

지구 생태계 여러 부분에서 앞으로 수십 년 동안 자연이 유발하는 변화와 인간에 의한 변화가 지구의 회복력을 약화시킬 것이다. 또한 건강, 식량, 물, 에너지, 인프라와 관련하여 이전에 보지 못했던 취약성과 요구에 인간을 노출시킬 것이다. 바다는 온도가 높아지고 산성도, 취약성, 오염이 심화되면서 생물 다양성이 급락할 것이다. 인간과 동물의 건강은 열파, 한파, 병원체 확산의 역학 변화로 인한 위협에 직면할 것이다. 이러한 위험은 시기와 지형에 따라 고르지 않게 분포하겠지만, 세계 인구와 생태계 대부분에 공통적으로(일부 경우에는 심각한, 일부 경우에는 파멸적인) 피해를 입힐 가능성이 있다.

환경과 기후의 변화는 다양한 방면에서 시스템에 영향을 줄 것이다. 예를 들어 열파(熱波)는 인프라, 에너지, 인간과 동물의 건강, 농업에 부정적인 영향을 미칠 것이다. (현재 관찰되고 있거나 앞으로 예상되는) 기후 변화는 사람들이 세상을 보는 방법을 구성하는 필수요소가 될 것이 거의 확실하다. 특히 해안의 메가시티와 이미 물 부족을 경험하고 있는 지역을 비롯해 극단적인 기후 현상과 해수면 상승에 가장 취약한 지역의 인구가 증가하고 있기 때문이다. 기후 변화(그리고 기후 변화가 영향을 주는 전염성 질환)로 인한 생태·환경적 스트레스의 대부분은 국경 너머까지 영향을 미칠 테고, 그에 대한 효과적인 대응을 위해서는 정부와 국제기구 간 협력이 반드시 필요하게 될 것이다. 이러한 문제를 경감시키거나 여기에 적응하긴 위한 정책과 프로그램은 어떤 사람들에게는 혜택의 기회가 될 것이다.

주요 트렌드

지구 시스템의 변화. 기후 변화, 해수면 상승, 대양 산성화는 인구 증가, 도시화, 부적절한 환경 보호, 에너지와 자연 자원의 사용에서 이미 느껴지고 있는 스트레스를 한층 더 증폭시킬 것이다. 새로운 기후 정책들로 온실가스 배출의 속도를 낮춘다 해도 이미 배출된 가스가 세계 평균 기온을 상당히 상승시켰고 이것이 앞으로 열파, 가뭄, 홍수와 같이 보다 잦고 강도 높은 기상 현상을 유발할 것이다. 많은 과학자들은 기록적인 기상 현상의 꾸준한 발생과 점점 잦아지는 악천후로 인해 기후 변화가 기존에 예상했던 점진적인 변화보다 훨씬 강하고 빨라지리라 내다보고 있다. 특히 점점 많은 지구상의 생물 종이 이미 멸종 위험을 맞고 있다는 점을 고려하면, 혼란의 강도는 매우 다양할 것이고 예상 밖의 놀라운 상황도 나타날 것이다.

- 변화의 정확한 시기와 지역을 예측하기가 점점 어려워지고 있다. 각종 스트레스는 모든 수준의 개발에서 가장 취약한(혹은 운이 좋지 못한)

사람들에게 피해를 줄 것이다.
- 해수면 상승으로 인해 증가한 폭풍 해일은 많은 연안 시스템과 저지대를 위협할 가능성이 있다. 이러한 환경의 변동성은 식량 생산 패턴과 수자원 이용에 혼란을 가져와 광범위한 경제·정치·사회적 스트레스를 높일 것이 거의 확실하다. 북극의 변화는 중위도에서 느껴지는 변화를 초월할 것이다. 여름철 해빙의 감소로 인류는 역사의 어느 시기보다 북극에 접근하기가 쉬워질 것이다.

압박받는 인간과 동물의 건강. 환경 조건의 변화와 세계적 연결성의 증가는 강수 패턴, 생물 다양성, 병원균의 지리적 분포와 숙주에 영향을 주고 이는 다시 ❶곡식과 농업 시스템의 생존 능력과 생명력, ❷인간과 동물 전염성 질환의 돌연변이, 전염, 확산, ❸의학과 약학의 발견 가능성에 영향을 줄 것이다. 환경적 스트레스 요인은 온열 스트레스, 홍수, 가뭄, 강도 높은 폭풍의 빈도를 증가시킬 것이고 이는 인간의 건강에 직접적인 영향을 끼칠 것이다. 그 때문에 '어디에서 어떻게 살 것인가'는 더욱 어려운 문제가 될 전망이다. 사하라 이남 아프리카와 남아시아의 저소득 국가의 경우는 특히 더 그렇다.

- 환경이 인간의 건강에 미치는 간접적인 위협은 오염으로 인한 대기와 물의 질 저하, 식량 불안정, 영양 부족의 형태로 나타날 것이다. 전염병(특히 새로운 동물사람공통감염 질환, 길항미생물저항AMR 병원체)과 비전염성 질병(심장병, 뇌졸중, 당뇨, 정신 질환)의 걱정스러운 추세는 이러한 영향의 결과이다.

- 이들 문제는 ❶유럽과 아시아의 노령화 사회, ❷아프리카와 인도의 불충분한 영양과 위생 시설, ❸도시화와 사람이 살지 않는 지역의 개발 그리고 메가시티의 부상, ❹불평등 격차의 확대 등 인구 통계학적 추세와 문화적 추세에 의해 더 강화될 것이다. (거의 보편적인 목표인) 수명 연장은 인구를 뒷받침할 능력이 부족한 곳의 식량과 물 안보를 위협할 것이다.

국가와 세계 의료 시스템의 질병 관리 역량이 개선되지 않아 전염병 발발을 탐지하고 관리하기가 더 힘들어지면서 전염병이 발병원으로부터 대단히 먼 곳까지 전파될 가능성이 커질 것이다. 사람 사이의 접촉이 증가하고 질병 확산이 더 쉬워지면서, 이미 널리 퍼져서 퇴치에 상당한 국제적 자원이 할애된 만성 전염병(결핵, 에이즈, 간염 등)의 유병률이 높은 국가는 계속해서 심각한 경제적·인적 부담을 안게 될 것이다. 많은 중간 소득 국가들이 끈질긴 전염성 질환 외에, 늘어나는 비전염병성 질환의 부담과도 싸우고 있는 형편이다.

위험에 처한 주요 인간 시스템. 극단적인 기후 현상의 발생이 증가하면서 모든 사람들이 위험에 처했다. 인구 밀집 지역의 사람들은 특히 더 취약한 상태에 빠질 것이다. 이들은 국가나 지역이 인프라 개선과 조기 경보 시스템 등 위험을 경감시킬 준비를 하지 못할 경우 영향을 받게 될 것이고, 국제 조직들은 이러한 식량, 물, 수송, 주거지, 건강 면에서의 니즈에 대처하기 위해 대응 범위를 높일 것이다.

- 앞으로 20년 동안 토양과 토지 황폐화로 식량 생산에 이용할 수 있는 토지가 감소할 것이고, 이는 식량 부족과 식량 가격 상승으로 이어질 것이다. 부유한 국가라 해도 평상시 안정적인 환경 조건 하에서 세계 농산물 무역에 깊이 의존하고 있다면 위험할 수 있다.
- 물 부족과 오염은 전 세계적으로 사람들의 건강 상태와 경제적 성과를 약화시킬 것이다. 전력 생산, 제조, 자원 채취를 지원할 만큼의 충분한 맑은 물이 없는 국가의 경우 경제 생산에 어려움을 겪을 것이다. (빈곤, 사회적 긴장, 환경 저하, 무능한 지도부, 성 불평등, 힘이 없는 정치 조직에 더해진) 물 문제는 사회 분열을 조장할 것이고 이는 국가 실패로 이어질 수 있다.

중요한 선택

정치 지도자들과 대중은 생명체를 뒷받침할 능력이 저하된 세상에 어떻게 대응할까? 환경과 생태계의 저하와 기후 변화로 인해 정부와 각계의 원조 조직은 여러 가지 위기(특히 가장 취약한 인구에 대한)에 대한 대응책 및 더 회복력 있고 적응성이 큰 시스템 구축을 위한 장기적 투자 사이에서 자원을 어떻게 분배해야 할지 고민하게 될 것이다. 전례 없는 기상 현상과 계속 진행 중인 사막화는 아프리카, 아시아, 중동의 취약한 인구에게 피해를 입힐 것이다. 극심한 열대성 폭풍은 해안과 저지대 일부 지역의 인프라, 보건, 생물 다양성에 점진적인 충격을 줄 것이다. 이러한 충격이 회복과 재건 노력을 압도할 수도 있다. 그러한 혼란을 극복하기 위한 노력은 긍정적인 면에서 상황을 개선시키는 급속한 혁신을 낳을 수도 있고, 부정적으로는 폭력이나 이주(마찬가지로 어려움을 겪고 있거나 이주민에게 그다지 너그럽지 못한 이웃 국가들이 허용한다면), 죽음으로 이어질 수도 있다.

- 일부 영향력이 큰 단체, 기관, 개인이 기후 지구 공학과 관련된 개입을 요구할 것이다. 사회 분열을 최소한으로 하면서 이러한 기술을 효율적으로 이용하는 데 필요한 거버넌스나 법률 구조의 연구, 개발은 기술 발전의 속도를 따라가지 못할 것이 거의 확실하다.
- 극단적인 수준의 환경 저하에 희생된 사람들에게 난민으로서 '망명에 준하는' 권리를 주라는 요구가 부상할 것이다.

개인, 정부, 민간, 시민, 국제 조직은 ❶식량, 물, 에너지 안보, ❷대기와 해양의 질과 생물 다양성, ❸인간과 동물의 건강, ❹수송, 정보 시스템, 기타 중요한 인프라의 회복력을 개선하기 위해 새로운 기술을 어느 정도까지 채용하게 될까?

복잡한 환경과 기후 현상이 언제 어디서 발생할지는 예측할 수 없다. 때문에 관리들이 실시간에 가까운 분석과 정책 결정으로 사상자를 줄이고 피해를 최소화할 수 있게 하는 정보 시스템 개발의 필요성이 커지고 있다. 치유보다는 예방이 낫다. 회복력 있는 인프라를 구축하는 비용은 재난 회복을 위한 비용보다 훨씬 적은 것이 보통이다. 하지만 우선순위를 재편할만한 극적인 위기가 없는 한, 예방 조치를 취하는 데 필요한 정치적인 의지와 자원을 동원하기란 쉽지 않을 것이다.

위기가 있은 후에도, 앞으로 다가올 피해를 예방하자는 의견은 묻히기 쉽다. ❶기후와 대중 보건에 대한 연구, 모니터링, 감시, ❷기후에 대한 회복력을 갖춘 의료 시스템을 구축하기 위한 자금 조달, ❸지속 가능한 탄소 예산 유지 방법의 개발, ❹산업 공정이 식량, 물, 의료 시스템에 가하는 위협을 감소시키기 위한 '최선의 관행'을 적용하는, 에너지 효율이 보다 높은 건축과 수송 시스템의 개발, ❺가격 할당과 '가상 물 교역virtual water trade'을 통한 물 관리의 개선, ❻농업, 발전, 물 처리 등 물 관련 부문에 대한 투자가 너무나 광범위하고 복잡하기 때문이다.

자원 지속 가능성의 문제가 점차 중요해지면서 가까운 미래에 전력, 연료, 식량에 대해 지역민이 갖게 될 니즈를 해결할 능력이 개발될 것이다. 자연 자원과 사람들(그리고 야생 동물) 사이의 상호작용을 추적하면 자원에 대한 니즈, 점점 희소해지는 자원 영역의 취약성을 이해할 수 있을 것이다.

에너지와 기술에 대한 새로운 투자는 부정적인 기후 변화의 위험을 줄일 중요한 기회를 제공한다. 하지만 이들 대부분이 효과를 보려면 상당한 자금과 시간과 노력이 필요하다. 여기에는 ❶해풍 에너지, 태양광 전지, 분산 발전, 에너지 저장 같은 청정 에너지원과 활성화 기술, ❷바이오 연료와 폐기물 에너지와 같은 연소원의 개선, ❸탄소 포집과 격리를 통한 탄소 배출 경감이 포함된다.

- 탄소 배출을 경감시키는 일은 견고하게 자리 잡은 경제적 이해관계를 위협하고 석유가스 산업을 중심으로 구축된 오래된 공동체를 분열시킬 수 있다.
- 해양 에너지, 재생 가능한 합성 연료, 차세대 원자력, 메탄 수화물, 무선 에너지 전송, 에너지 하베스팅은 전망이 밝은 기술이지만 완전히

개발되기까지는 갈 길이 멀다. 산업화된 생명공학은 제조와 추출 부문, 보건과 식량 안보, 방위에 기여할 것이다.

많은 새로운 기술이 세계가 직면한 복합적인 문제들을 해결할 수 있는 큰 잠재력을 가지고 있다. 하지만 몇몇 국가와 일부 엘리트들만이 사용할 수 있다면 그들의 영향력은 약화될 것이다. 세계의 연결성 확대로 사람들은 새로운 기술에 대해 더 잘 알게 되었고 그들에 대한 접근권을 더 원하게 되었다. 기술의 발전 속도에 못 미치는 국가와 국제 정책의 발전 속도는 국가와 지역, 국제 조직의 활동을 저해할 수 있다.

- 의료, 합성 생물학과 생명 공학, 정보, 소재, 제조, 로봇 공학의 기술 진보는 질병 예방, 감시, 치료, 관리의 향상으로 삶의 질을 높이고 수명을 연장시킬 것이다.
- 자동화는 컴퓨터화된 합리적인 약물 디자인과 인체 모델링으로 동물 실험과 개발 실패를 줄여 약물의 연구 개발 비용을 낮출 수 있다.

길항미생물저항성 병원체의 등장 등 사람들의 건강을 위협하는 많은 요소들은 발전된 생명 공학만으로 해결할 수 없다. 전 세계 사람들이 감당할 수 있는 비교적 단순한 기술도 절실히 필요하다. 이러한 니즈를 충족시키기 위해 새로운 의료 기술을 생성시키는 사업 관행의 변화가 있을 것이다. 유행병과 AMR 연구는 이미 제품 개발에 대한 민간 투자보다는 공공 펀드 쪽으로 전환했다. 개발 자금 역시 기존과는 다른 고소득 국가, 신생 경제국, 자선 단체 등 비전통적인 자금원에서 비롯될 것이다. 간단히 말해, 혁신 모델로의 변화가 기술 자체의 변화만큼이나 중요해질 것이다.

개인, 정부, 민간, 시민, 국제 조직이 필수 지원 시스템의 회복력 구축을 위한 새로운 방법에 얼마나 **협력할까**? 지원을 제공하는 주체들이 더 회복력을 가지도록 만드는 일이 (특히 인구가 밀집된 도시 지역에서) 기후 변화와 관련된 현상의 영향력을 줄이고 그러한 현상에 대한 대응의 속도와 질을 개선하는 데 중요해질 것이다. 많은 국가와 지역 정부가 대규모 인프라 투자에 필요한 자본을 제공할 수 없게 되면서 시민 단체나 국제 조직, 기업, 개인과 같은 자금원의 지원이 필요해질 것이다. 그렇지만 기부자나 정치적 (단순히 더 많은 인프라가 아니라 회복력이 큰 여분의 인프라를 개발하는 일에 의욕을 갖지 못할 수 있는) 이익 단체에 동기를 부여하기는 어려울 수 있다. 연구원, NGO, 기업, 국가, 국제 공동체와의 협력으로 '가진 자'와 '가지지 못한 자' 모두가 기술과 역량을 이용할 수 있게 만드는 일 역시 어려운 도전이 될 것이다.

사람들은 어떻게
창조와 혁신을 이뤄낼 것인가

(바퀴에서 실리콘 칩에 이르는) 기술은 역사의 방향을 크게 바꾸었다. 그러나 기술이 언제, 어디에서, 어떻게 경제, 사회, 정치, 안보의 역학을 바꾸게 될지 예측하기란 어려운 일이다. 파급 효과가 큰 일부 기술에 대한 예측(상온 핵융합과 같은)들은 처음 예측되었던 시기를 훨씬 지나서도 실현되지 않고 있는 반면, 전문가들이 생각했던 것보다 훨씬 빠르게 훨씬 더 멀리까지 퍼진 변화도 있다. 예를 들어 크리스퍼clustered regularly interspaced short palindromic repeat, CRISPR 유전자 편집 기술은 생명 과학 분야를 빠르게 전환시켰다.

 기술 개발과 사용은 도구와 기법에 대한 접근이 쉽거나 그들의 결합을 통해 혁신이 이루어지는 곳에서 빠르게 이루어질 것이다. 예를 들어 고급 정보 커뮤니케이션 기술ICT은 자동차에서 제조에 이르는 모든 것을 변화시키고 있으며, 일부 기술 전문가들은 생명 공학과 미소 물질의 발전이 다음 몇십 년 동안 비슷한 촉매 작용을 하게 될 것으로 내다본다. 새로운 기술들의 결합은 비교적 관련이 적은 분야에서의 새로운 발전으로 더 놀랍고 흥미로운 일과 새로운 역량을 만들어낼 것이다. 예를 들어 생명 공학과 신소재 기술은 에너지 기술의 변화로 이어질 수 있다.

주요 트렌드

인공지능AI, 자동화, 로봇 공학 등 고급 정보 커뮤니케이션 기술ICT. ICT의 개발과 이용은 노동 생산성, 업무 처리, 거버넌스 관행을 개선시켜 경제 성장과 정치적 반응성을 뒷받침할 수 있다. ICT는 주요한 조력자로서 거의 모든 새로운 사업과 기존 산업에 영향을 줄 것이다. 사물 인터넷Internet of Things, IoT과 인공지능은 분석과 빅 데이터 처리를 통해 얻은 새로운 비즈니스 식견으로 업계를 변모시키고 사물 통신의 발전을 부를 것이다. 증강/가상 현실과 같은 기술의 이용은 사회(특히 미디어, 엔터테인먼트, 일상)에 혁신을 가져다줄 것이다.

- 새로운 ICT는 디지털 통화, 거래를 위한 '블록체인blockchain' 기술, 인공지능과 빅 데이터를 통한 예측 분석 등 금융 부문에 큰 영향을 미칠 것이다. 데이터는 금융 서비스의 새 국면을 열면서 제도의 안정성, 주요한 금융 인프라의 안보, 사이버 취약성에 영향을 미칠 것이다.
- 새로운 ICT는 운송과 에너지 소비를 근본적인 방식으로 변화시키고 있다. 실시간 지구물리학 정보, 데이터 분석, 알고리즘을 결합한 우버차량 공유 서비스 —역주와 웨이즈소셜 기반 길 안내 서비스 —역주 등의 애플리케이션은 교통 여건을 최적화하고, 에너지 소비 효율을 높이고, 도시 스모그를 감소시킬 수 있다. 반자동, 자율 주행 자동차의 효용은 이로 인해

높아진다. 자율 주행차는 통행 밀도와 사고율을 낮춤은 물론 큰 경제적 이익을 줄 것이다.

잠재적 문제. (신생 정보 기술 사이의 공통된 특징인) 자료에 대한 의존도가 높아지면서 자료 소유, 개인 정보 보호, 국가 간 자료 흐름, 사이버 보안에 대한 명확한 한계와 기준 마련이 필요하게 될 것이다. ICT 기술의 급속한 전파를 저지하고 정보 흐름을 통제하려는 일부 국가의 시도는 노동의 혼란과 변동성은 최소화할 수 있겠지만 경제적·사회적 이익을 제한할 것이다. 윤리성이 떨어지는 국가들은 다른 국가가 반대하는 기술을 채용하거나, 규제를 완화함으로써 첨단 기술 기업을 끌어들이거나, R&D 역량을 구축할 수 있다.

국가, 기업, 시민운동 단체, 종교 단체, 시민들 모두가 정보를 자신들에게 유리하게 관리하기 위해 노력하면서 치열한 메시지 전달 경쟁을 부채질하고 있다. 이는 정보의 범위를 인간의 인지와 감정의 더욱 민감한 영역까지 확장시킬 위험을 안고 있다. 등장 초기 소셜 미디어는 보다 자유롭고 더 많은 커뮤니케이션이 민주화의 새로운 시대를 열 것이란 희망을 키웠다. 하지만 독재 국가들은 정보에 대한 접근권을 능숙하게 통제했고, 개방된 국가에서의 자유로운 정보 흐름은 사회 분열과 정치적 양극화를 자극했다. 소셜 미디어는 위험한 역정보까지 빠르게 확산시킬 수 있다. 그 정보에 우호적인 개인은 잘못된 정보를 무비판적으로 받아들이고, 그것을 세상에 대한 경험이 없고 정치적 지식이 없는 다른 사람에게 전달할 수 있는 것이다.

- ICT로 인해 사실 확인, 오류 보고, 사생활 보호, 권리 침해에 대한 소송

등의 새로운 일거리가 생길 수 있다. 소셜 미디어에서의 진실 전달 기준은 점점 모호해지고 있다. 극단적으로는, 모든 사실 주장이 특별한 인식론적 중요성이 없는 선전이 된다.

- 사람들이 주장의 진실성을 판단하는 어느 정도의 공통된 기준을 마련하려면 수십 년, 심지어는 수백 년이 걸린다. 하지만 기술은 대인 관계의 많은 사안에 대한 틀을 바꾸었고 이로써 외교 정책이나 협상에 대한 '신뢰성' 정립을 원하거나 필요로 하는 정부는 새로운 일련의 문제에 봉착하게 되었다.

인공지능(혹은 강화된 자율 시스템)과 로봇 공학은 기술 변화의 속도를 과거의 경험을 넘어서는 정도로 크게 높일 가능성이 있다. 일부 전문가들은 기술 대체의 속도 증가가 경제, 사회, 개인의 적응 능력을 앞지를지 모른다고 걱정한다. 역사적으로, 기술 변화는 처음에는 고용과 생활 수준을 저하시키지만 이후에는 대체하기 전의 일자리보다 더 많은 더 좋은 일자리를 만드는 새로운 산업과 부문을 등장시켜 고용과 생활 수준을 높여왔다. 그렇지만 변화의 속도 증가는 규제 시스템과 교육 시스템의 적응 역량에 부담을 주면서 사회가 관련 기술과 교육을 받은 노동자를 찾기 힘든 상황을 만들고 있다.

- 자율 주행차로 인해 트럭, 택시, 기타 대형 수송 수단을 운전하는 사람이 필요치 않게 될 것이다. 이는 가까운 미래에 일어날 기술 대체의 가장 극적인 예가 될 것이다.
- 새로운 기술과 그들이 만드는 기회는 대체된 노동자가 쉽게 접할 수

없는 전문적인 지식과 복합적인 관리 기술을 필요로 할 것이다. 그 결과, ICT 발전은 수요가 있는 역량을 가진 사람들과 아무도 찾지 않는 기술을 가진 사람들 사이의 경제적 격차를 확대할 것이다.
- 새로운 기술로 인해 기회와 부의 불평등이 커지는 것에 대한 대중의 인식이 향상될 것이다. 이러한 인식의 역효과를 최소화하기 위해 프로그래머들은 종종 '공감 엔진empathy engines'이라 불리는, 공감 능력이 있는 가상 세계를 개발하려고 노력하고 있다. 하지만 사회 비평가들은 ICT의 오용이 이미 사회적 이탈로 이어졌고 AR/VR과 같은 새로운 발전도 마찬가지 결과를 부를 것이라고 걱정한다.

생명 공학과 인간 건강의 발전. 최근 CRISPR41페이지 참조의 개발을 촉매로 생명 공학은 ICT보다 빠른 속도로 발전하고 있으며, 세계 식량 공급과 인간 건강 개선의 가능성이 보이고 있다. (유전자 편집을 비롯한) 생명 공학을 식량 생산에 응용할 경우 농업 생산성을 크게 향상시키고, 경작 범위를 넓히고, 악천후나 식물 병해에 대한 작물의 저항성을 높일 수 있다. 유전자 편집 기술의 발전이 말라리아를 전염시키는 모기를 없애고 유전 암호 변경으로 낭포성 섬유증과 같은 질환을 고치는 등 인간의 건강에 돌파구를 마련할지도 모른다.

유전 공학을 비롯한 생명 공학은 더 나은 진단과 치료를 가능하게 하고, 길항미생물저항성을 극복하는 데 도움을 주며, 광범위한 전염 가능성을 가진 새로운 병원체의 조기 발견을 통해 질병의 확산을 막음으로써 질병의 예방을 도울 것이다. 일부 유전병을 근절하고 면역 시스템과 관련된 유전자 조작이 가능해지면, 이러한 돌파구가 삶의 질과 전 세계의 건강을 증진하고 의료비를 낮출 것이다.

- 미소 물질은 의료 장비 코팅, 진단 조영제, 감지 부품, 나노 크기 진단 프로그램의 감지 부품, 약물 투여에 점점 많이 사용되고 있다. 디지털 의료와 새로운 의료 시술이 전 세계인의 보건 증진에 기여할 것이다. 나노 수준에서 생체의 구조와 기능을 제어하고 조작하는 발전된 도구들은 다양한 기술 개발과 새로운 구성 기법에 생물학 기반 접근법을 접목시키는 데 도움을 줄 것이다.
- 컴퓨테이션과 고속 처리 시퀀싱, 배양 기술의 발전은 인간 미생물군 유전체에 대한 이해와 조작을 가능하게 할 것이다. 이는 당뇨, 류머티스성 관절염, 근이영양증, 다발성 경화증, 섬유 근육통, 일부 암과 같은 자가면역 질환의 치료로 이어질 수 있다. 특정 미생물은 우울증, 조울증, 기타 스트레스 관련 정신 질환에 대한 치료를 보완할 수 있다.
- 신경 세포의 광학적 모니터링과 신경 활동의 광유전적 조절은 신경과학자들이 치매, 파킨슨병, 조현병과 같은 질환의 예방과 치료를 목표로, 활동하고 있는 대뇌를 관찰하는 데 도움을 줄 것이다. 이러한 절차는 인공지능과 같은 대뇌 유사 시스템의 구성에도 식견을 제공할 수 있다.

잠재적 문제. 세계의 대부분이 여전히 유전자 조작genetically modified, GM 식품을 위험하거나 적절한 시험을 거치지 않은 식품으로 여기고 있으며, 앞으로도 그 발전과 효율적인 사용을 받아들이지 않을 것이다. 이는 식품 공급을 늘리고, 가격을 낮추고, 식품의 영양학적 혜택을 늘릴 가능성을 낮출 것이다. 모든 종의 게놈을 변경시킬 수 있는 '유전자 드라이브gene drives' 등의 일부 유전자 기술은 억누르기 힘들 것이고, 종 단계의 유전자 조작(예를 들어 모기가 말라리아나 다른 치명적인 병원체를 옮길 수 없게 만드는)은 예측하지 못한 결과를 불러올 수 있다. 그들의 잠재적 이득이 무엇이든, 그러한 기술은 필연적으로 국내외의 정치적 반대에 부닥칠 것이다.

- 2035년까지 인간 수명의 급속하고 '큰' 변화가 있을 것이다. 수명을 늘리고 삶의 질을 높이는 일은 고령화되고 있는 인구로 인해 정부 예산에 이미 부담을 안기고 있는 사회의 재무비용을 더 높일 수 있다. 하지만 이러한 비용은 유전자 기반 질환의 치료와 발전된 게놈 요법을 통한 의료 비용의 절감으로 상쇄될 수 있다.
- 생사가 걸린 의학적 문제와 과학 기술적 문제와 관련해 지적재산권 체제의 도덕성과 효율성에 관한 국제적 논란이 더욱 뜨거워질 것이다.
- 인간 증강human augmentation과 같이 인간의 능력을 향상시키고 질병을 치료하는 기술의 발전은 (대부분의 초기 기법은 고소득자들만이 이용할 수 있게 될 것이란 추정 하에) 이 기술에 대한 접근권을 두고 정치적 논란을 가열시키고 분열까지 초래할 수 있다. 근본적인 인간 능력을 변경시켜 지능과 체력을 높이는 기술로 인해 인간의 유전자 풀 변경이 불러올 영향과 윤리적 문제를 두고 국내외에서 심각한 다툼이 벌어질 것이다.
- (합성 생물학을 위한) 표준화 도구나 '프로그래밍 언어'의 개발과 자동화를 비롯한 생명 공학의 발전으로 개인이 치명적인 미생물을 조작해

바이오 테러를 일으킬 가능성도 있다.

에너지. 에너지 기술의 발전과 기후 변화에 대한 염려는 풍력 발전, 태양열, 파도, 폐수 또는 핵융합의 사용 확대와 관련된 이동형·고정형 에너지 저장 기술 등 에너지 사용에 파괴적 변화가 일어나는 토대가 될 것이다. (화석 연료와 경쟁하는) '그린' 에너지 시스템은 이미 효율적으로 사용되고 있고, 미래에는 탄소 기반 그리고 비탄소 기반 기술이 더 많이 나타날 것이다. (전력 계통망에 대한 연결이 필요치 않으며, 재생 가능한 에너지원을 이용할 수 있고, 가정과 수송 장비, 농장 설비를 위해 전력을 통합시킬 수 있는 소규모 분산 에너지 시스템 등의) 혁신은 사람들을 국가가 제공하는 에너지에 대한 의존으로부터 해방시켜 에너지 생산과 분배의 기존 모델을 변화시킬 것이다. 분산화·네트워크화된 에너지 생산과 저장 시스템은 동력 시스템과 주요 에너지 인프라 시스템의 자연재해 회복력을 높일 것이다. 이는 기후 변화와 악천후에 취약한 지역에서 특히 큰 가치를 가질 것이다.

잠재적 문제. 앞으로 20년 동안은 화석 연료, 핵, 재생 에너지원의 조합만으로도 세계의 에너지 수요를 감당할 수 있을 것이다. 그렇지만 비화석 연료 에너지 기술의 대규모 상업적 응용이 실현될 수도 있다. 이는 에너지 수익에 의존해 예산을 마련하고 국민들에게 서비스를 제공하는 에너지 공급 국가가 가진 화석 연료 자원의 가치를 낮출 것이다. 따라서 많은 국가가 경제를 새로운 환경에 순응시키는 데 어려움을 겪을 것이다.

세계 최대 규모의 기업이 여러 개 속한 원유와 가스 업계에 미치는 상업적 영향력도 상당할 것이다. 저비용 배터리를 비롯한 에너지 저장 형태의 큰 발전이 없다면 새로운 에너지원은 계속해서 상당한 인프라를 필요로 하게 될 것이다. 이 경우 가난한 나라에서 새로운 에너지원을 채택하는 속도가 느려지고 새 에너지원의 이동성과 적응성은 제한될 것이다.

기후 개입Climate Intervention. 지구 공학(지구 기후의 대규모 조작)을 가능하게 하는 기술은 아직 초기 개발 단계로, 주로 컴퓨터 모델 속에만 존재하고 있는 상황이다. 효과적인 지구 공학을 위해서는 다양한 기술이 필요할 것이다. 태양 복사 관리는 성층권에 연무제를 주입하거나, 화학적으로 구름을 생성시키거나, 우주 반사경을 궤도에 설치해 지구에 이르는 태양 복사량을 제한함으로써 지구의 온도를 낮추는 것을 목표로 한다. 보다 비용이 많이 드는(그리고 이용까지 더 긴 시간이 걸릴) 기술군은 직접적인 이산화탄소 포집, 대양 철분 비옥화, 이전에 수목 피도가 낮았던 지역에 숲을 만듦으로써 대기로부터 이산화탄소를 제거하는 데 초점을 맞추고 있다. 탄소 포집과 저장carbon capture and sequestration, CCS은 배출되는 시점에 이산화탄소를 포집해서 지하에 저장하는 것을 목표로 하는 기술로 알려져 있다. 조림(造林) 역시 많은 사람들에게 알려진 기술로 과학자들은 이미 제한적인 대양 철 비옥화 실험을 수행했다.

잠재적 문제. 기후 혼란이 증가함에 따라, 과학 공동체가 기후 공학의 개입이 가져올 충격과 예기치 못한 결과를 미처 파악하기 전부터 그에 대한 관심이 높아질 것이다. 선진 산업국들은 계속적인 연구를 통해 기후 변화로 예상되는 피해보다 훨씬 낮은 비용으로 태양 복사를 관리할 기술을 개발할 것이다. 그렇지만 기술 영향을 평가할 시간이 없기 때문에, 기온 패턴의 변화, 강우와 폭풍 시스템의 변화, 태양 표면 복사의 분포와 관련된 균형을 평가할 수(혹은 세계 기온에 대한 적절한 국제적 규제를 결정할 수) 없을 것이다.

- 기후 공학 전략의 치명적 단점은 대양 산성화가 약화되지 않는 등 대기 중 이산화탄소의 증가가 가져오는 모든 영향에 대응하지 못한다는 점이다. 탄소 포집 기술 역시 실행에 비용이 많이 들고, 속도가 느리며, 탄소가 대기 중으로 빠져나갈 경우에는 결국 효과가 없는 등의 경제적·물리적 한계가 있다.
- 대기 중의 탄소 제거 기술에는 비화석 연료원에 대한 상당한 연구와 큰 발전이 필요할 것이다.
- (소규모 실험일지라도) 지구 공학 기술의 일방적인 이용은 지정학적 긴장을 높일 것이 거의 확실하다. 전 세계 생태계의 의도적이고 일방적인 조작은 사람들이 자연계와 서로에 대한 관계를 생각하는 방식을 변화시킬 것이다.

신소재와 첨단 제조업. 소재와 제조업의 발달은 직·간접적으로 대부분의 기술 발전을 가능케 하는 핵심 요소이다. 미소 물질과 메타 물질이 가진 새로운 특성으로 인해 그 이용이 크게 늘어날 것이다. 사람들이 깨닫지 못하는 사이에 이미 많은 전자제품, 의료, 에너지, 운송, 건설, 소비재가 이들 물질을 사용하고 있다. 강화된 기계적·전자적 특성은 물론이고 독특한 광학적 성질까지 보여주는 미소 물질의 능력은 그것이 여러 분야에서 응용될 때 재래식 물질보다 훨씬 좋은 결과를 내고 대부분의 산업 부문에 혁신을 일으키리라는 것을 보여준다.

다른 첨단 합성 물질의 혁신은 제조업에서 유용하고 상대적으로 비용이 낮다는 것이 입증될 경우 상품 시장을 변화시킬 것이다. 고강도 합성 물질과 플라스틱은 기존의 금속을 대체하고 새로운 시장을 만들 수 있다. 초기에는 선진국들이 이러한 물질을 생산하고 이용하는 데 있어서 경제적 우위에 설 것이다. 하지만 시간이 지나면 신소재들을 보다 광범위하게 이용할 수 있을 것이다. 적층 가공(혹은 3D 프린팅)의 이용 가능성이 확대되고 있으며 장래에는 지금은 생각할 수조차 없는 것까지 사용될 것이다. 4D 프린팅(시간이 지나면서 형태나 기능, 환경에 대한 반응이 변화하는 사물의 구성) 역시 상업적 응용 방법을 개발하는 사람에게 경제적 우위를 가져다줄 것이다.

잠재적 문제. 첨단 물질은 상품 중심 수출국의 경제에 혼란을 줄 수 있다. 반면에 신소재를 생산하고 이용할 수 있는 역량을 개발한 선진국과 개발도상국은 경쟁 우위를 얻게 될 것이다. 미소 물질과 같은 신소재는 빠르게 발전할 것이고, 그들이 건강과 환경에 미치는 영향에 대한 분석은 신소재의 발전 속도를 따라가지 못할 것이다. 알려지지 않은 부작용의 가능성에 대한 대중의 염려는 일부 물질의 상업화를 방해할 것이다. 특히 의료와 개인위생 용품과 같은 분야에서는 부작용을 막기 위한 규제 때문에 이러한 물질의 이용과 확산이 억제될 수 있다.

제조업의 발전, 특히 정밀 생산의 일상적 부분에서 참신한 영역까지 아우르는 3D 프린팅의 발전으로 분산된 공급망 대신 지역 생산의 역할이 커지면서 세계 무역 관계에 영향을 미칠 것이다. 그 결과, 먼 곳에 있는 공장에서 제조함으로써 절약되는 돈보다 운송 비용이 낮은 지역에 효율적인 공장을 둠으로써 절약되는 돈이 많아질 것이고, 이로 인해 전 세계의 노동력 차익거래labor arbitrage 수익이 감소할 것이다. 첨단 제조 기술로 인해 저비용 제조업자와 고용인들은 상당한 비용 압박을 받을 것이며, 새로운 기술을 통한 혜택과 자원을 가진 국가들과 그렇지 않은 국가들이 구분될 것이다. 이로 인해 전통적인 남과 북의 구분은 자원과 기술의 이용 가능성에 기반한 새로운 구분으로 전환될 것이다. 그러나 3D 제조업자들은 여전히 원자재, 전기, 인프라는 물론 그들이 생산하는 대상에 대한 지적재산권을 필요로 할 것이다.

우주 기반 기술. 우주와 우주에서 이용 가능한 서비스에 대한 상업적 관심이 높아짐에 따라 효율이 개선되고 민간이나 군사 목적의 새로운 산업적 이용이 늘어날 것이다. 중국은 국제 우주 정거장과 유사하게 인간을 우주에 상주시키는 계획과 화성까지의 선구적인 유인 비행 계획을 시작하고 있다. (과거보다 작고, 효율적이며, 값싼) 위성 시스템이 원격 탐사, 커뮤니케이션, 환경 모니터링, 위치 파악에서 새로운 역량을 보여줄 것이다. 저고도 위성 덕분에 현재 온라인 연결이 불가능한 인구 3분의 2가 인터넷에 접속할 수 있게 될 것이다. 또한 고(高)대역폭은 클라우드 기반 서비스, 원격 의료, 온라인 교육을 가능하게 하고 이용 가능성을 확대시킬 것이다.

잠재적 문제. 우주 기반 커뮤니케이션과 원격 감지기를 통한 자료의 현저한 증가로 개인 사생활과 자신의 활동을 감추는 능력에 여러 가지 문제가 발생할 것이다. 일부 국가는 핵심적인 이해관계를 보호하기 위해 우주로부터의 자료를 차단하거나 통제하려 할 것이다. (과거 몇몇 국가만이 보유했던)

고감도 원격 감지기 사용과 자료의 개방형 전송을 두고 지정학적 긴장이 고조될 것이다.

중요한 선택

새로운 기술들이 생산성과 경제 생산의 증가에 미치는 영향에 대해서 전문가들의 의견은 나뉘고 있다. 일부 전문가들은 세계에 기술 주도 생산성 혁명이 도래하고 있다고 주장하는 반면, 다른 전문가들은 신기술의 영향력이 1870년대에서 20세기 초에 이르는 두 번째 산업 혁명보다 훨씬 적을 것이라고 생각한다. 이러한 회의론자들은 새로운 디지털 기술이 지금까지 운송과 에너지에 아주 적은 영향을 미쳤고, 경제 생산을 완전히 뒤바꾸려면 오랜 시간이 걸릴 것이라고 주장한다.

기술은 여러 가지 긍정적·부정적 영향을 촉발할 것이다. 한 전문가는 "기술은 미래에 대한 내 낙관론의 가장 큰 이유이자 내 비관론의 가장 큰 이유이다"라는 말을 남겼다. 역사는 기술의 영향이 사용자, 목적, 지역적 배경(지리, 경제, 인프라, 문화, 안보, 정치)에 따라 크게 달라진다는 것을 보여주었다. 모든 기술적 발전에는 대가가 따른다. 그 대가는 때로 천연자원이기도 하고, 때로는 사회의 결속이기도 하며, 때로는 예측하기 힘든 것이 된다.

기술 주도권을 가진 국가들에게는 국제적 기준과 규약을 설정하고, 연구의 윤리적 한계를 규정하고, 지적재산권을 보호하는 능력이 주어질 것이다. 기술 주도권을 지키기 위해 단기간에 취해질 조치는 인간의 건강을 개선하고, 생물학적 시스템을 변화시키고, 정보와 자동화 시스템을 확장하는 기술에 특히 중요하다. 개발 주기 초기의 다자간 협약은 국제적 긴장의 위험을 감소시킬 테지만, 국가들이 자신들에게 유리한 기술과 규제 체계를 추구하면서 일어나는 충돌을 피하기에는 불충분할 수 있다.

사람들은 어떻게 번영에 다다를 것인가

앞으로 수십 년에 걸쳐 새로운 그리고 예상치 못한 시험이 전 세계적으로 경제와 금융의 스트레스, 불안정, 불확실성을 증가시킬 것이다. 규모가 큰 개발도상 경제국들, 특히 인도와 중국이 세계의 성장을 주도할 것으로 보인다. 이들 국가의 성장 속도는 현재 수준보다 낮을 것이나 선진 경제국들보다는 빠를 것이다. 그렇지만 세계화의 확대는 확실치 않으며, 지정학적 긴장에 취약하다. 부유한 경제국들이 '정상적인' 성장으로 복귀하기 위한 노력을 계속하고 여러 국가에서 소득 불평등이 심화된다면, 세계적으로는 강력한 성장세가 나타나더라도 통합 강화의 혜택, 보호주의 지지에 대한 회의론은 증가할 것이다.

- 경제 성장 둔화의 주요 원인. 세계 최대 경제(중국과 EU)는 중국을 와일드카드로 하는 중요한 과도기를 거치고 있다. 대부분의 주요 경제국에서는 2차 대전 이후 노동 인구의 증가로 이어졌던(그리고 생산과 수요 모두를 촉진했던) 인구학적 추세가 역전되었다. 많은 개발도상국들은 장기적으로 성장률을 높일 힘겨운 경제 개혁 추진을 망설이고 있다.

- *세계적 경제 통합의 상황.* 세계적 무역 자유화 진척을 위한 추진력은 70년간의 진전 이후 약화되고 있으며, 자유 무역에 반대하는 대중적 합의의 강화는 보호주의 정서를 촉발하고 통합으로부터의 후퇴를 강화할 수 있다.
- *생산성의 문제.* 지난 150년의 생산성 향상은 기술 발전에 힘입은 바가 컸다. 경제의 신기술 이용은 예측하기가 불가능하다(기술이 중추적인 것으로 판명될 수도 있다). 하지만 신기술이 경제 생산의 내연기관으로 역할하면서 엄청난 충격을 가져올 것으로 기대하기는 힘들다. 노동자에게 새로운 기술을 이용하는 데 필요한 기량을 제공하는 교육과 경영 프로세스는 이전과 전혀 다르기 때문에 사회·정치·경제적 혼란이 야기될 것이다.

주요 트렌드

경제 성장 둔화의 원인. 세계 경제는 심각한 스트레스에 직면하고 있다. 세계 3대 경제국 중 두 곳(중국과 EU)이 투자 기반 경제에서 소비자와 서비스 기반 경제로 전환하고 있는 중국을 와일드카드로 하는 현저한 과도기를 겪고 있기 때문이다. 이러한 역사적 변혁은 세계 금융 위기 이후 8년이 지난 시점까지도 확실한 궤도에 오르지 못하고 있다. 이는 건축 활황을 주도하고, 생활 수준을 높이고, 자본수지 흑자를 낳아 세계를 대상으로 하는 대출 자금을 마련했던 중국의 산업화 시대가 끝나고 있음을 보여준다. 중국은 중국 정부가 수십 년에 걸쳐 고집한 '한 자녀 정책'으로 인해 급속한 인구 노령화를 겪을 것이고, 국내의 생산 과잉과 높은 부채, 취약한 은행 시스템은 성장을 제한할 것이다. 나머지 세계, 특히 개발도상국들은 더 이상 계속 늘어나는 상품 수요의 중심이 아닌, 보다 균형 잡힌 무역 상대국인 중국에 적응해야만 할 것이다. 이러한 이행의 불가피한 장애와 비용을 미연에 방지하려는 (2016년 초 중국 정부가 공식적으로 장려한 국영 기업 대출SEO의 최근 라운드에서 볼 수 있듯이) 중국 정부의 노력은 과도기를 연장시키고, 불균형을 확대하고, 대출에서 자금을 조달하는 비생산적인 투자로 인한 손실을 늘릴 것이다.

이행을 관리하고 혼란을 최소화하는 조치가 꼭 필요할 것이다. 극적인 성장 둔화로 대중은 정부가 과연 생활 수준을 높일 수 있을지 의심을 가질 것이며, 이로 인해 중국 공산당이 권력을 유지하고 사회를 안정시키기가 어려워질 수 있다. 중국 정부는 (점점 집중되는 권력에도 불구하고) 권위와 공격적인 사회 통제에만 의존해서는 사회 안정을 유지할 수 없을 것이다.

- 중국 정부는 지출을 확대하고, 국영 기업들의 투자 감소(특히 비효율적인 대규모 국영 기업 대출의 감소)가 광범위한 경제에 미치는 영향을 최소화하기 위한 프로젝트에 국영 은행이 자금을 조달하게 할 것이며 이로써 이행의 충격을 완화할 수 있을 것이다. 연금 수당과 의료 보험 혜택을 개선한다면 민간 소비를 진작시키고 진전의 속도를 높일 수 있을 것이다.
- 이행이 진행되는 동안, 중국은 최대 교역 상대국들에게 영향을 미치는 금융 위기나 대중의 신뢰를 약화시키는 국내의 잘못된 조치 등 국내외 원인에 의한 보다 급격한 단기 경제 충격을 겪을 위험이 있다.

세계 2대 경제국인 중국의 혼란은 세계적 불황을 야기하고 중국과 상대하는 여러 경제국의 성장 전망을 약화시킬 것이다.

중국의 도시화와 산업화 붐이 끝나고 경제 성장이 둔화되면서 세계적 상품 수요 전망에 대한 시장의 평가가 이미 낮아졌고, 이는 원유와 광물 수출에 의존하는 국가들의 수익 감소와 가격 하락에 영향을 미치고 있다. 추가적인 둔화는 러시아, 사우디아라비아, 이란을 비롯한 주요 국가의 재정적 압박을 증가시킬 것이다.

- 성공적인 이행은 전 세계에 큰 도움이 될 것이다. 강력한 중국의 소비자 수요로 다른 개발도상국의 저부가가치 상품에서 사치품과 첨단 개인기기에 이르는 다양한 물건이 새로운 고객을 얻을 것이다.

유럽 경제 역시 과도기를 거치고 있다. 높은 부채 수준으로 인해 노령화 인구와 불만이 많은 중산층을 달래고 경제 정책에 대한 극심한 분열 양상을 완화시킬 여지가 적은 많은 나라들이 2008년의 대침체 이래 긍정적인 추진력을 다시 얻으려 노력하고 있다. 이행의 진전(혹은 진전의 부족)은 경제 자유화를 위한 추진력과 서구의 세계적 주도권에 대한 인식에 영향을 줄 것이다.

- 유럽 경제의 미래는 정치적 미래가 받는 압박에 연결되어 있으며 영국과 EU의 정치적·재정적 관계에 대한 불확실성은 중기적으로 투자와 성장을 약화시킬 것이다. 또한 EU 집행위원회가 브렉시트 투표에 대한 독일의 압력과 EU의 월권에 대한 대응으로, 각국 국회가 최근

캐나다와 맺은 포괄적 경제무역협정Comprehensive Economic Trade Agreement, CETA을 승인해야 한다는 결정을 내리면서 성장을 촉진하기 위해 자유 무역 협정을 이용하는 EU의 능력은 전례로 인한 제약에 묶이게 되었다. 마지막으로, 국경을 넘는 난민의 대규모 이동을 제한하기 위해 많은 회원국이 국경을 통제함에 따라 26개 EU 회원국들 사이에 여권과 국경 통제를 푸는 셍겐 조약Schengen Agreement의 기반이 약화되고 있다.

- 고르지 못한 성장률과 그리스, 스페인, 이탈리아의 부채 문제가 EU의 결속을 무너뜨리고 있다. 영토 전반의 성장을 증진하는 통화와 재정 정책을 만들지 못하는 EU의 무능력은 EU 실패의 원인이 될 수 있다. EU 내에서 반 이민주의와 반 세계화의 목소리가 커지면서 자유 무역과 경제 자유주의에 대한 세계적 지지가 약화되는 중이다.

세계는 미국의 성장이 역사적으로 일반적인 수준까지 반등하는지 여부를 주시해서, 미국 경제 정책의 생존 능력을 확인하거나 부인하게 될 것이다. 많은 나라가 경제와 안보의 성가신 문제들에 대한 미국의 지도력을 십 년 전보다 절실히 원하고 있는 것으로 보인다. 그런 한편으로 대부분의 나라는 외부에 초점을 맞추려는 워싱턴의 의지나 역량에 의구심을 갖고 대비책 마련에 나서고 있다.

- 환태평양경제동반자협정이나 범대서양 무역투자동반자협정이 자리 잡기 위한 강력한 초당적 지지를 기대하기는 어려워졌다.

경제 대국들조차 경제 둔화를 겪는 가운데, 개발도상국들은 세계적 성장의 '간극을 메울' 능력이 없는 상황이 되었다. 대부분은 세계 경제로의 통합을 위한 조치를 취했지만, 경제와 정치의 불확실성이 확대되는 가운데 성장을 진작시키는 어려운 (하지만 필요한) 단계를 거치는 일을 많은 나라가 망설이고 있다. 국영 기업의 역할을 줄이고, 시장을 왜곡하는 소비자 보조금을 축소하고, 외국인 투자를 장려하는 법과 거버넌스의 개혁을 실행하고, 높은 수준의 성 불평등을 완화하는 것을 포함해 노동 시장을 자유화하는 등이 그것이다.

- 인도는 그 규모와 기술 분야의 성장으로 인해 세계의 성장을 진작시킬 가장 큰 잠재력을 가지고 있다. 하지만 높은 성장률을 유지하려면 에너지, 운송, 제조 인프라를 향상시켜야만 한다. 일부 지역에서는 인프라의 개선이 있었지만 국가 전체에 광범위한 개선이 일어나지는 못했다. 중국과 달리, 인도는 앞으로 몇십 년간 매년 천만의 새로운 생산 가능 인구를 얻게 될 것이다. 하지만 그런 거대한 노동력 풀을 생산성을 높이고 산출을 늘리는 방식으로 활용하기는 쉽지 않을 전망이다. 인도의 제조 업계가 거둔 성공은 미미했지만 기술적인 성과는 가히 세계적이었다. 이는 비교적 강력한 고등 교육에 비해 빈약한 기초 교육의 불균형을 보여준다. 고용률을 높이기 위해서는 기초 교육의 개선이 필요할 것이다.
- 최근 아프리카의 성장 잠재력에 대한 낙관론은 원자재 가격의 변동에 큰 영향을 받아왔다. 아프리카 대륙의 엄청난 인구 급증을 흡수할 수 있는 도시의 능력이나 몇몇 국가의 정치적 이행에 대한 불확실성

이 아프리카의 성장 잠재력을 약화시켰다. 인구학자들은 아프리카가 다음 20년 동안 세계 생산 가능 인구(15-64세) 성장의 대부분을 제공할 것으로 예상한다. 이는 경제적인 혜택이 될 수도 있다. 그러나 만약 아프리카 각국 정부가 대부분 도시에서 일자리를 찾는 이 사람들의 성장 잠재력을 활용할 만한 경제를 만들지 못한다면 사회 불안정의 주요한 원인이 될지도 모른다.

개발도상국의 정치 지도자와 대중들은 부유한 국가와 비교할 때 국가 전망에 관해 강한 자신감을 가지고 있다. 그러나 안정적인 발전 모델이 무엇인지에 대해서는 확신을 갖지 못한다. 많은 나라가 번영을 위해서 그들이 따라야 하는 최적의 길이 무엇인지 명확하게 알지 못하고 있다. 각국은 세계 경제에 참여해야만 혜택을 누릴 수 있다는 점은 인지하나, 방해되는 세력과 충격이 안정과 번영에 걸림돌이 되지 않을까 걱정하고 있다.

- 금융 위기, 중산층 사이에서 커진 취약성에 대한 의식, 확대되고 있는 불평등, 정치적 양극화로 일부 사람들은 서구의 성장 모델을 미심쩍은 눈으로 바라본다.
- 중국의 성장이 둔화되고, 금융과 주택 시장의 취약성이 드러나고, 비효율적인 국영 기업이 무거운 부채 부담에 무너지고, 대중에 대한 공산당 이념의 영향력이 줄면서 중국 정부가 취하고 있는 국가자본주의 접근법 역시 압박을 받고 있다.

위험에 처한 세계 경제 통합. 지난 몇십 년 동안 이어진 역사적이고 건실한

금융 조정의 문제

오랫동안 금융 부문은 신생 시장을 다루는 새로운 기제를 창안하는 데 있어 가장 적응력이 뛰어난 부문이었다. 하지만 이들 네트워크조차 주요한 한계를 노출하고 있다. 특히 세계 통화를 중심으로 하는 관행, 시장, 규제가 '조직화되지 않은' 미봉책에 머물러 있다 보니, WTO가 무역 경쟁력에 영향을 주는 일을 금지하고 있는데도 불구하고 각국 정부가 통화와 환율 정책을 세계 경제 경쟁의 도구로 사용하는 상황이다. 현재의 G20 체제 안에서는 이러한 긴장의 억제가 어려우며, 거버넌스에 통화와 관련한 새로운 압박이 주어질 경우 무너지거나 폭발할 수 있다.

40년 전 20개국 이상의 중앙은행가들이 기준을 편성하고 소통하는 데 도움을 주기 위해 설립한 바젤은행감독위원회(Basel Committee on Banking Supervision)는 금융 협력에 있어 괄목할 만한 성과를 냈다. 국제자금세탁방지기구(Financial Acton Task Force)는 자금 세탁을 방지하며, 투명성과 정보 교환에 대한 글로벌 포럼(Global Forum on Transparency and Exchange of Information)은 세금 포탈을 다룬다. 다만, 증가하는 군비 경쟁에서 횡행하는 새로운 불법적 전략으로 인해 계속해서 목표 달성에 어려움을 겪고 있다.

강대국들 사이의 격차와 합의를 도모하는 미국의 능력 쇠퇴가 금융 부문의 새로운 문제에 대한 합의를 확보하고 실행을 보장하려는 규제 기관의 사기를 꺾고, 금융계를 보다 단편적으로 만드는 상황을 조성할 수도 있다.

경제 통합의 증대는 자유 무역과 개방된 노동 시장에 반대하는 입장을 내세우는 정치 지도자들과 정치적 움직임이 점점 많아지면서 큰 저항에 부딪히고 있다. 70년에 걸쳐 이루어진 세계적·지역적 주요 무역 협상 이후, 대부분의 관련 국가들이 이미 농작물 이외의 상품 교역에 낮은 장벽을 적용하고 있어 좁은 의미의 무역 자유화에서 큰 이익을 볼 여지가 거의 없다. 자유화에 대한 국내의 정치적 저항이 가장 큰 농산물과 서비스 교역의 경우 전 세계적인 WTO 국제 협정에 대한 요구가 제한적이다. 그 결과, 최근의 무역

협상은 부수적인 사안, 특히 투자 정책에 초점을 맞추어 왔으며, 국가들은 혼성 협정(환태평양경제동반자협정이나 범대서양 무역투자동반자협정과 같은 지역 단위의 보다 포괄적이고 '자발적인 연합체')에 기대를 걸고 있다.

- 금융 시장의 변동성, 중산층의 약화, 불평등에 대한 인식 확대로 인해 무역 자유화가 극단으로 흐르고 있다는 의견이 부각되고 있다. (오랫동안 보다 개방된 시장을 추구하는 일에서 선두에 섰던) 미국에서도 자유 무역에 대한 강한 비판이 나오는 상황이므로, 다른 국가들은 경제 긴축의 조짐이 있지 않은지 미국의 지도자들을 주의 깊게 지켜볼 것이다. 미국에서의 교역 회의론은 농산물 거래를 위협하고 있고, 한편으로는 대서양 연안국들이 극심한 견해 차이를 보이고 있기 때문에 서비스에 대한 다양한 규제 문제에 의견을 합치시키기가 어려울 것이다.
- WTO는 일부 국가가 무역 규제조치와 TPP 같은 새로운 자유무역협정에 반대를 표하는 모습에서 '서서히 진행되는 보호무역주의'의 위험을 감지하고 있다. 통화 정책을 이용해서 수출 경쟁력을 높이려는 보다 공공연한 노력이나 제한적인 규제는, 그러한 조치에 굳이 반대해서 자국 경제를 취약한 상태로 남겨두고 싶지 않은 국가들이 경쟁적으로 자국 보호에 나서는 위험한 상황으로 이어질지 모른다.

생산성의 문제. 전 세계적으로 거대 경제국의 생산성 향상 및 노동력 향상 기세가 꺾이면서, 앞으로 몇십 년 동안은 생산성을 끌어올릴 새로운 방법을 찾는 일이 더욱 중요해질 것이다(한편 생산성을 유지하기는 더욱 어려워질 것이다). 미국에서 노동 가능 인구의 증가가 둔화되고 유럽, 중국, 일본, 러시아에서 노동 가능 인구가 줄어들면서 생산성은 특히 심각한 문제가 될 것이다. 아프리카와 남아시아의 개발도상 지역에서는 같은 연령 집단이 크게 늘어날 것이다. 하지만 해당 지역의 지도자들은 그에 따라 경제 규모도 급속히 확대해야 하는 큰 어려움에 처할 것이다.

- 기술은 생산성 향상의 결정적 동인인 동시에 자신들이 대체될 위험에 처해 있다고 생각하는 노동자들에게는 불안의 근원이었다. 계속적인 기술 발전은 노동 인구가 늘어나지 않거나 줄어들고 있는 국가의 경제 성장을 유지하는 데 필수적인 요소가 될 것이다. 하지만 선진국의 경우 기술이 주도하는 생산성 향상이 대단치 않을 수도 있고 실현되기까지 오랜 시간이 필요할 수도 있다. 지난 몇십 년간 새로운 정보 기술이 대규모로 투입되었는데도 이들 경제국의 생산성은 약화되거나 정체되어 왔다. 이는 기술 투입이 사용자가 비용을 부담하지 않거나, 간접적인 비용만을 부담하는 활동에 가장 큰 영향을 미쳤거나, 소셜 미디어를 비롯

**기술이 일자리에 미치는 영향 :
긍정적인 전력에도 불구하고 커지는 두려움**

새로운 로봇 기술이 많은 일자리를 없앨 가능성이 있다는 최근의 불길한 예측은 19세기 산업화가 시작된 이래 경제학자들의 저술에 계속 등장하는 내용이며, 노동자의 불안을 가중시켜온 요인이다. 한 연구는 자동화와 인공지능이 재무 관리자, 의사, 중역과 같이 비교적 소득이 높은 노동자를 비롯해 현재 인간이 보수를 받고 수행하는 활동의 45퍼센트를 대체할 수 있다는 예상을 내놓았다. 진전의 속도는 일부 부문에서 단기적인 혼란을 초래할 수 있지만 광범위한 대체에 대한 두려움은 근거가 없는 것으로 드러났다. 그럼에도 불구하고 두려움은 일부 정부 지도자와 대중이 일자리를 보호하기 위해 새로운 기술의 이용을 줄이자고 요구하는 데까지 이르고 있다. 이는 기술로 인한 개선을 둔화시킬 가능성이 있다.

한 온라인 활동, 게임, 개인 통신과 같이 비용을 청구하는 사업을 없애는 데 도움을 주었기 때문일 수 있다. 그렇지만 현대적인 ICT가 흔치 않은 가난한 나라들의 경우 지금까지 서비스가 부족했던 지역 주민들이 커뮤니케이션 접근권을 얻으며 생산성 향상 부문에서 상당한 효과를 거둘 것이다.

- 교육과 인프라, 연구와 개발, 규제와 관리 관행 등 다양한 분야에서 더욱 근본적인 조치를 통해 모든 국가의 생산성이 향상될 수 있다. 하지만 여기에는 자금 조달과 전문지식, 선행 기간이 필요하다. 대부분의 개발도상국들로서는 (그리고 선진국에서조차) 결집시키기 어려운 요소들이다.

중요한 선택

경제적 통합. 경제에 대한 현실적이거나, 인지되거나, 예상되는 문제들이 대중의 두려움이나 불확실성을 유발하고 있다. 그로 인해 정부는 보호무역주의로 복귀하라는 유혹을 받게 될 것이다. 경제 통합의 한도를 설정하는 것은 정치적으로 어려운 일이 될 것이며, 시장을 개방하고 개혁하는 새로운 조치는 더 큰 용기를 필요로 할 것이다. 제한된 예산과 부채 한도 내에서 시장 혼란으로 대체된 사람들을 다시 교육시키고 뒷받침하는 정책을 만드는 것 또한 점점 어려워질 것으로 보인다.

기술. 새로운 기술의 상업화를 다루는 방법은 각국의 경제적 성공이나 사회적 안정성과 직접적인 관계가 있다. 주요한 기술적 혁신은 기업이 각국에서 유리한 사업 조건을 찾는 데 큰 영향력을 행사할 것이며, 정부(그리고 소비자)는 새로운 기술을 얼마나 빨리 적용하고 파급 효과에 어떻게 대응할지 결정해야 할 것이다.

노동 인구 참여. 대부분의 국가에서 노동 인구에 참여하는 국민 비율의 증가는 경제 생산을 늘릴 좋은 기회가 된다. 여성의 취업률이 낮고 농촌 인구 대부분이 공식 경제에 관여하지 않는 사회라면 특히 더 그렇다. 오랫동안 이어진 문화적 규범들이 사회적 긴장을 자극하면서 인재 풀을 활용하려는 움직임을 어렵게 할 것이다. 하지만 세계 경제의 경쟁이 치열해짐에 따라 대책을 세우지 않으면 큰 대가를 치를 가능성이 높다.

고령화되고 있는 선진국들 역시 건강한 노인 노동자의 참여 비율을 높인다면 발전을 꾀할 수 있다. 고정된 은퇴 연령과 길어지는 수명은 일반 근로자가 일하지 않는 기간이 길어짐을 의미한다. 하지만 노동자의 연금 혜택을 줄이는 일은 재정 부담을 줄이는 효과에도 불구하고 결국 정치적 반대에 부딪힐 것이다.

사람들은
어떻게 사고할 것인가

사상과 정체성은 우리 자신을 정의하며 세계에서 자신의 역할에 대한 개인적인 믿음을 반영한다. 신념은 도덕적 지침과 미래를 이해하고 방향을 읽는 렌즈를 제공하며 누가 공동체, 집단, 사회, 국가, 문화, 문명에 속하는지(그리고 누가 속하지 않는지)를 규정한다. 사상과 정체성은 탄력적이며 고정적이지 않다. 별개의 사상과 정체성들은 (가치가 가장 큰 것에 대한 신념이나 사람을 대하는 방법에 문제를 제기하거나 강화하면서) 서로 상호작용한다. 사상과 정체성은 경제, 정치, 사회, 기술 등의 발전에 영향을 받는다. 인터넷 접속의 확대는 범지구적이고 초국가적인 정체성과 이념(어떤 지역에서는 종교나 인종적 정체성, 다른 곳에서는 세속주의와 자유주의)을 부각시킬 것이다.

사람들은 긍정적인 사상보다는 부정적인 사상에 보다 강한 반응을 보인다. 지난 몇십 년 동안 전 세계 대부분의 사람이 기대 수명, 생활 수준, 안보, 전반적인 건강과 행복의 면에서 혜택을 보았지만, 그들 대부분은 미래에 대해 여전히 비관적이다. 전 세계에 걸쳐 실제적·인지적 불평등과 기회 부족, 차별을 기반으로 소외되거나 부당한 대우를 받고 있다는 느낌이 커지고 있다. 여러 세대에 걸친 많은 경제학자들은 사람들이 일하는 방식을 변화시킨 기술적·경제적 발전의 이해득실에 주목했다. 일부 이론가들은 대부분의 사람들이 일에서 얻는 자존감과 정체성, 그리고 사람들이 일에 충분히 참여하지 못한다고 느낄 때 야기되는 (칼 막스의 '소외'로 거슬러 올라가는) 불만을 강조했다.

- 대부분의 사람들이 자신의 생산성에 대해서 긍정적인 감정을 느끼고자 한다. 이점을 인정하면 (온라인 커뮤니티나 지지층의 조성을 돕는) 연결성의 강화로 촉진된 '세계화된' 경제를 거부하는 조짐이 강해지는 상황을 설명할 수 있을 것이다.
- 물질적인 혜택, 기술적 엔터테인먼트와 오락에 대한 접근권의 확대에도 불구하고, 사람들은 의미의 상실을 경험하고 그들에게 자존감을 제공하는 사상을 간절히 원할 것이다. 자동화가 진행되는 발전된 산업 사회에서는 존재 의미와 자존감의 문제가 주목받을 것이다.
- 정보와 커뮤니케이션 기술은 사람들이 어디서든 불만과 불안을 공유하는 사람들과 접촉하고 공동체를 개발할 수 있게 만들었다. 그렇지만 이 동일한 기술들이 양극화를 조장하고 조직이 새로운 구성원을 충원하거나 집단적인 행동을 하는 데 드는 비용을 감소시킬 수도 있다.

사회주의나 신자유주의와 같은 경제 이념들은 공산주의의 몰락과 2008년 금융 위기의 도전을 받기까지 20세기를 풍미했다. 저성장과 높은 수준의 불평등이 정치 어젠다의 두드러진 특징인 세상에서도 이들 이념이 여전히 의미를 가질지는 확실치 않다. 민족주의, 정치적 자유주의, 종교에 기반한 정치사상 등 다른 형태의 정치사상이 대안으로 남아 있다.

연결성이 심화되고 커뮤니케이션 속도가 빨라짐에 따라 사상이나 정체성은 보다 빠르게 진화할 것이다. 디아스포라본국을 떠나 전 세계에 흩어져 살면서도 자신들의 규범과 관습을 유지하는 것 —역주는 사상의 형성에 점점 큰 역할을 할 것이다. 극단적인 견해를 가진 사람들은 뜻을 같이하는 추종자들을 보다 쉽게 찾을 수 있을 것이다. 특히 개발도상국에서의 인터넷 접속이 늘어남에 따라, 공통의 경험과 정체성(일부 지역에서는 종교와 인종적 정체성, 다른 지역에서는 세속주의와 자유주의)을 기반으로 하는 범 지구적이고 초국가적인 유대가 증가할 것이다.

과거의 사상과 정체성의 회복력이 증명될 것이다. 국가나 민족 공동체가 특정 지역에 대한 권력을 주장하려는 곳에서는 민족주의가 (특히 인터넷 연결을 통해 대안적 사상과 정체성에 접근할 수 있게 되고 그것이 국가의 이익에 위협을 가하면서) 눈에 띄게 부각될 것이다. 그러한 역학은 서구 자유주의와 중국이나 러시아의 권위주의적 민족주의 사이의 지정학적 경쟁에 직접적인 영향을 미칠 것이다. 정반대로, 서구에서는 대규모 이주와 늘어나는 경제적 불평등, 중산층 생활 수준의 저하에 대한 반응으로 원주민 보호주의와 포퓰리즘이 부상할 것이다.

- 기술, 여성의 경제와 정치 참여 확대, 환경 변화, 도시화, 이민, 종교나 기타 문화적 규범 해석에 대한 의견 충돌은 다음 20년 동안 각각의 추세를 형성할 것이다. 이러한 동인들이 배타적인 태도와 조치를 조장할지, 포괄적인 태도와 조치를 조장할지는 주목해야 할 문제이다.

주요 트렌드

초국가적 정체성이 보다 유력해질 것이다. 다음 20년 동안, 정보와 사상은 더욱 쉽게 국경 너머로 이동할 것이다. (인쇄기와 구텐베르크 성서가 있던 15세기나 월드와이드웹이 발명된 1989년 등에 그러했듯) 정보 기술의 발전은 종교 사상의 확산을 용이하게 하기 마련이다. 종교는 국경이나 국가 권력을 초월하기 때문이다. 이민과 난민화도 비슷한 결과를 낸다. 종교는 긴장의 주요한 원인이라는 것이 오래전에 입증되었다. 세계의 여러 부분에서 종교 집단 사이의, 또는 내부 그리고 종교 공동체와 세속 공동체 사이의 마찰이 늘어날 것이다.

정보의 확산, 사상의 전파, 상충하는 종교적 신념과 해석에 대한 인식은 16세기와 17세기의 종교 전쟁과 이슬람 등의 종교를 표방하는 오늘날의 테러리즘에 중대한 영향을 끼쳤다. 정보 기술에 대한 접근권의 확산 역시 극단적인 목소리를 내는 집단들이 사이버 공간에서 추종자와 지원, 동조자를 찾을 수 있는 기반을 마련했다. 그러한 역학은 개발도상국에서 인터넷 접속이 확대되고 가상현실과 같은 새로운 정보 기술이 시간과 장소에 구애 없이 외견상 강렬하고 개인적인 경험과 상호작용을 보다 많이 허용하면서 더 강화될 것이다.

종교의 역할. 퓨 리서치센터에 따르면, 세계 인구의 80퍼센트 이상이 종교를 가지고 있으며 개발도상국의 높은 출산율은 그 비율을 높이고 있다. 일부 종교 집단이 종교와 그 가치를 법과 규범에 통합시키기 위해 정부를 보다 적극적으로 압박함에 따라 (종교가 다수를 대변하든, 적극적인 소수를 대변하든) 사회적·정치적 긴장이 격화될 것이다. 이러한 전개는 이들 국가의 세속주의자들이나 종교적 소수자들 사이에 두려움을 조장하고, 이주나 반란을 자극할 것이다. (중동과 아프리카는 포함해) 점점 종교적 색채가 짙어지는 많은 공동체들은 정부가 종교와 종교 원리를 입법과 정부 정책에 통합시키고자 할 것이다. 그들은 종교로부터의 이탈이나 세속주의를 신과 믿음의 가치를 거부하고 사회의 결합력을 약화시키는 서구 사상으로 보는 경우가 많다.

- (노동조합과 같은) 세속적인 전통 중개 조직이 약화되고 자유주의와 같은 다른 이념적 옵션을 만족스런 대안으로 받아들이지 못한 지역에서는 새로운 영향력의 수단을 찾은 종교가 지정학적으로 중요한 의미를 갖게 될 것이다. (가톨릭구제서비스Catholic Relief Services, 컴패션 Compassion International, 월드비전World Vision을 비롯한) 많은 종교 단체들은 이미 기본적인 공공 서비스의 전달, 인도주의 원조와 개발에 필수적인 요소가 되었다.
- 12억 5,000만의 신자가 있는 가톨릭 교회는 평화와 분쟁에서 환경 관리에 이르는 다양한 사안에 대해 세계적인 지도력을 발휘하고 있다. 최근 가톨릭 교회는 배아를 파괴해서 만드는 줄기세포 연구와 영양과 식량 안보에 이르는 넓은 범위의 사안들을 다루고 있다. 하지만 현대 커뮤니케이션 환경에서 (공공 기관과 유사한) 기존의 종교 단체들은 점차 면밀한 검토의 대상이 될 것이다.
- 신념에 대한 규정과 통제의 문제를 두고 종교 단체들 사이의, 또는 내부의 경쟁이 확대될 것이다(정당을 지배하려는 투쟁은 더 개인화되고 분열

을 초래하게 되었다). 이러한 경쟁의 와중에서, 급진적인 소수 종교 활동가들이 온건 세력을 밀어내는 경우가 자주 생길 것이다. 극적인 행동이나 분노는 타협이나 절충에 대한 요구보다 주의를 끌고 불만을 집결시키는 경향이 강하기 때문이다.

카리스마가 있는 극단주의 지도자들이 와해 능력을 얻을 가능성이 있다. 다만 기술 관료적 기술이 부족한 폭력 집단과 극단주의 집단은 거버넌스를 제시하는 데 어려움을 겪을 것이다. 종교가 있는 사람들 대부분은 극단주의를 적극적으로 지지하지 않겠지만, 극단주의자들에 대한 소극적인 지원이나 암묵적인 수용이 집단 간 긴장을 악화시킬 것이고, 폭력적인 지도자들은 세계 무대에서의 영향력을 인정받게 될 것이다. 라이벌 종교나 외부 후원자가 대립되는 쪽을 지지하는 경우 종교적 분열이 증폭될 것이다. 이란의 시리아 알라위파 지지나 같은 신도를 지원하는 카타르, 사우디아라비아, 터키의 수니파 정권들이 그 예이다.

세속주의의 역할. 심화되는 종교적 폭력에 대한 일반적인 대응은 세속주의로 전환하거나 종교로부터 탈피하는 것이다. 전 세계적으로 스스로 '무교'라고 인정하는 사람들이 기독교와 이슬람교 그룹에 이어 3번째로 큰 그룹을 이루고 있다. 여론 조사에 따르면, 종교를 가지지 않은 사람들의 숫자는 전 세계적으로(특히 아시아 태평양, 유럽, 북아메리카에서) 증가하고 있다(단, 비율은 증가하지 않았다).

- 종교와 정부 구조의 통합 수준이 높은 국가에서조차 종교로부터의 이

탈이나 세속적 사상의 완만한 증가세가 나타나고 있다. 여러 여론 조사는 스스로 무교라고 밝힌 사우디아라비아 국민의 수가 증가하고 있음을 보여준다.

지정학적 경쟁은 보다 강력한 이념적 전환을 수반할 것이다. 자유주의는 앞으로 몇십 년간 경제와 정치 면에서 벤치마크 모델로 남겠지만, 단점을 해결하라는 대중의 강력한 요구와 경쟁에 직면할 것이다. 개인적 자유와 민주적 행동에 대한 서구적 원칙에 이끌린 전 세계 이민자와 반체제주의자들의 열망으로 보아, 이러한 원칙은 전 세계에 큰 영향을 미칠 것이다. 많은 개발도상국들은 서구식의 현대화를 위해 노력할 것이다. 그러나 서구 국가의 정치적 양극화, 금융 변동, 경제 불평등이 포퓰리즘을 부추기고 정치적·경제적 개방의 대가에 대한 의심을 유발하면서 자유주의의 매력은 상당 기간 큰 타격을 입은 상황이다. 국민의 니즈를 충족시키는 데 어려움을 겪고 있는 정부는 민족주의나 원주민 보호주의로 전환해 외부의 적에게 책임을 전가시키고 국내 문제로부터 관심을 돌리고 싶은 강한 유혹을 받을 것이다. 한편 이민자들에게 일자리를 빼앗기거나 경제적이 어려움을 겪게 될까 두려워하는 대중은 점점 더 배타적인 이념이나 정체성을 받아들이게 될 것이다.

- 아랍의 봄의 실패는 민주주의 기관과 규범의 비합법화, 조직화된 기관의 질적 저하 등 장기적인 영향을 미쳤다. 정신적 충격을 받고 환멸을 느낀 일부 시위 참여자들(이들 대부분은 서구가 세계의 일을 통제하고 있으며 그들의 역경에 책임이 있다고 믿는다)은 그들이 한때 지지했던 자

유주의 이상을 대체할 대안을 모색할 것이다.
- 중국의 가혹한 탄압과 심각한 오염, 대중의 불만 확대가 알려진 지 오래되었음에도 불구하고, 중국이 최근 거둔 경제적 성공과 다른 비서구 세력의 부상으로 몇몇 국가들은 확고하고, 안정적이며, 현대적인 사회라는 그들의 목표를 이루는 데 있어서 서구의 자유주의 모델과는 다른 대안을 고려하게 될 것이다. 중국 정부가 국가 경제에 대한 통제를 유지하면서도 성장을 유지할 수 있다는 증거(특히 경제 균형을 되찾으려는 중국 정부의 시도)는 선례가 되어 대안적 체제가 가진 매력을 높일 것이다.
- 국민으로서의 자격 대신 인종, 종교, 언어적 유대를 강조하는 민족주의가 러시아에서 상승세를 타고 있다. 이는 우크라이나를 침략하고, 반대파를 '외국 기관'으로 부르고, '동성애 선전'을 금지하는 입법을 행하는 러시아의 모습에서 여실히 드러났다. 일부 지역 전문가들은 이러한 조치들의 배경에 (세계 무대에서의 권력 상실과 여러 국내 문제에 대한 대응으로 공동의 목적의식을 형성하려는) 푸틴 대통령의 의도가 있다고 본다. 푸틴은 러시아 문화가 유럽의 타락에 맞서는 보수 기독교 세계관의 마지막 보루라고 치켜세우며 위대한 역사, 문학, 문화를 가진 러시아는 다문화주의의 조류에 굴하지 않을 것이라고 말한다. 민족주의를 내세운 러시아의 공격은 푸틴의 지배하에서 더 강해질 것이다. 이는 때로 (우크라이나와 그루지야와 같은) 이웃 국가들 사이에서 민족주의를 기반으로 하는 폭력적 대응을 유발하고 소수 인종 집단 사이에 박탈감을 촉발할 것이다.

민주주의 국가에서의 배타적 사상과 정체성이 자유주의를 위협하고 있다. 생활 수준이 더욱 평준화되지 않는다면, 서구에서는 경제적·사회적 압력이 원주민 보호주의와 포퓰리즘에 불을 붙이면서 정치 공동체가 편협해지고 배타적인 정책들이 나타날 수 있다. (민주주의의 전통적 본거지인) 미국과 서유럽에 나타나는 법치주의, 정치적 관용, 정치적 자유의 약화로 인해 전 세계에서 민주주의 사상의 권위가 실추될 수 있다. 세계는 미국과 유럽이 분리 정책과 이민, 인종적 정의, 난민, 세계화의 가치에 대한 논란에서 나타나는 무례한 수사를 해결하려 노력하는 모습을 주시하는 동시에, 인도가 힌두교의 민족주의적 충동을 어떻게 길들이는지, 이스라엘이 초정통파 극단주의자들의 균형을 어떻게 찾는지에 주의를 기울일 것이다. 그러한 역학은 (헝가리와 폴란드에서처럼) 민주주의의 퇴보나 터키와 같은 권위주의 지향이라는 결과를 낳을 수 있다. 다른 안정적 민주주의로부터의 강력한 대응이 없는 한, 이 추세는 가속될 것이다.

- 서구 민주주의 국가의 반이민과 외국인 혐오 정치는 기존 정당의 활동에 이의를 제기하고, 대중적 지지를 유지할 것이며, 점점 다양해지는 인구의 니즈를 충족시키는 포괄적 정책들을 실행하기 어렵게 할 것이다. 분열을 초래하는 포퓰리즘 정당과 사회 운동(그리고 재임 정부가 배타적인 정책으로 그들을 자기들을 위해 이용하려는 경향)이 부각된다면 서구 민주주의의 세계적 위신은 떨어지고 자유주의적 가치를 옹호하는 면에서의 신뢰성도 약화될 것이다.
- 인종적 긴장 역시 선진국과 개발도상국 모두의 정치에서 중요한 역할을 할 것이다. 정보와 커뮤니케이션 기술의 부상으로, 다양한 집단을

보호하는 데 있어서 구조적 차이가 점점 분명해질 것이고, 법과 국가의 강제에 반기를 든 소수 집단의 폭력은 긴장을 조장할 것이다.

중요한 선택

(각각이 현대성의 징후인) 기술의 발전, 성 평등의 확대, 도시화는 가정, 종교, 세속주의, 민족주의, 특히 자유주의의 미래를 만들어나갈 것이다. 이들은 나라마다 다른 기존의 문화 규범에 따라 도덕적·법적·사회적·정치적 문제를 제기할 것이다. 공동체, 사회, 국가는 인간 생물학 및 환경과 관련된 기술의 잠재력을 다루는 데 있어 얼마나 다른 신념을 택할지 중대한 선택 앞에 설 것이다. 이것은 도덕적으로 수용되는 것이 무엇인가에 대한, 치열한 의견 충돌을 발생시키고, 인간과 인간 집단을 규정하는 것에 대한 전통적인 정의나 '자아'와 '타자'의 정의를 무엇이 규정하는가에 근본적으로 이의를 제기할 것이다. 또한 더욱 많은 사람들이 자신의 의견을 주장할 수 있게 하는 기술 발전은 성 포용성, 도시화 및 정치 참여의 변화라는 사회적 개념의 차이점을 강조할 것이다.

기술과 삶. 사람들이 삶의 성격 자체에 대해 어떻게 생각하고, 어떻게 사랑하고 미워하는가는 인간의 해부학적 구조 조정과 관련된 주요한 기술적 발전에 의해 큰 도전을 받게 될 것이다. 이는 사람, 국가, 지역 사이의 심각한 분열을 야기할 수 있다. 이러한 상황은 신앙 공동체 내부와 신앙 공동체들 사이의 논쟁을 자극할 것이고, 이로 인해 종교적 세계와 세속 세계는 더욱 냉혹하게 구분될 것이다. 사생활과 안보 간 균형에 대한 상충되는 압력은 거버넌스, 경제적 경쟁력, 사회적 통합에 지대한 영향을 끼칠 것이다. 기술에서의 중요한 선택들은 점차 정치적·이념적 성격을 띠게 될 것이다.

- 인간 강화human enhancement. 커뮤니케이션, 생물학, 인지 과학, 약리학에서의 기술 발전은 기억, 시력, 청력, 주의력, 힘과 같은 기본적 기능에서조차 원래의 인간 성능과 강화된 인간 성능의 구분을 점점 흐리게 할 것이다. 많은 사람들이 그러한 기술적 향상을, 점점 경쟁이 치열해지는 세상에서 앞서기 위해 꼭 필요한 것으로 받아들일 것이다. 하지만 일부는 도덕적·윤리적 기반에서(그들이 '비정상적'이라든가 가난한 사람들이 이용할 수 없다는 이유로) 이에 저항할 것이다. 그러한 기술에 대한 접근권의 차이는 가진 자와 가지지 못한 자 사이의 분열을 더욱 확대할 것이다.
- 유전 공학. 보건 전문가들은 생명 공학 연구가 일부 암을 비롯한 질환과 싸우는 데 있어서 돌파구를 마련할 것으로 내다본다. 하지만 그러한 방법의 사용이 초기에는 비싸고 제한적이기 때문에, 그 기법이 생과 사를 가르는 경우 치료에 대한 접근권을 두고 논란이 고조될 것이다. 생명 공학은 개인의 생물학적·유전적 구조에 적합한 맞춤형 접근을 통해 광범위한 개인화 약물의 시대를 열 것이며 이는 진단, 개입, 예방의 혁명을 약속할 것이다. 부유한 국가들이 이러한 기술을 선택적으로 이용할 능력을 갖춘다면, 이미 치료법이 알려진 질병을 통제하기 위해 노력하는 개발도상국의 모습과 극명한 차이를 보일 것이다. 마지막으로 게놈 조작의 발전은 '디자이너 베이비designer baby',

즉 사회적 기호를 기반으로 미리 선택된 일련의 특징(이는 무엇이 '이상적인' 인간을 구성하는가에 대한 관심을 부를 것이다)을 반영하는 인간 태아의 가능성을 열 것이다.

- 삶의 마지막 결정. 수명이 길어지면서 전 세계에서 수백만이 넘는 사람들이 80, 90 혹은 100세 이상의 나이에 이르게 될 것이다. 미국의 경우 의료비 지출의 상당 부분이 삶의 마지막 8개월 내에 일어난다. 개발도상국들의 경우 현재의 은퇴 연령과 연금 혜택에 따라 지나치게 많은 국민을 돌보는 일이 개인과 공공의 예산과 의료 시스템을 압도할 것이다.

수명을 연장하는 생명 공학은 삶의 안락함을 증대하고, 고통을 줄이고, 개인의 독립성을 증진하고, 부양 지원 제공자의 부담을 줄이는 방식으로 기본적인 인간 기능을 확장하는 데 이용될 수 있다. 주택과 공공시설은 낙상의 위험을 줄이고 노인들의 일상 생활을 보다 용의하게 하는 기술을 통합하도록 설계될 것이다. 자택 요양을 촉진하는 추세는 병원이 아닌 집에서의 죽음을 선택하는 노인들에게 더 많은 선택안을 만들어 줄 것이다.

위독한 말기 환자의 통증과 고통을 경감시키고, 두려움을 줄이는 심리적 지원을 제공하고, 존엄하게 죽을 권리를 보장하는 호스피스 돌봄의 발전 등 죽음과의 싸움이나 임종에서 인도적 선택을 할 수 있는 역량에 대한 요구가 커질 것이다.

- 사생활과 안보. 감지와 감지 장비를 압수하기가 점점 더 쉬워지고 어디에서나 그것을 볼 수 있게 되면서 기술적으로 가능한 것과 법적·사회적으로 용인되는 것 사이의 구분이 시험대에 오를 것이다. 신원과

위치를 확인할 수 있는 도구는 일하는 방법, 범죄 행위를 추적하는 방법을 철저하게 바꿀 것이고, 행동의 패턴을 강조하는 알고리즘은 개인의 건강 문제, 범죄 활동, 교육적 잠재력, 직무 적성을 '예측'하는 데 사용될 것이다.

일반 사회 생활에서 드론의 광범위한 사용은 사생활 침해의 가능성을 높일 것이다. 또한 범죄 조직에 의해 사용되면서 드론이 안전하다는 사람들의 인식을 크게 손상시킬 것이다. 그러한 기술은 권위주의 국가에서 자유를 억압하는 데 사용될 수도 있다.

한편 공공 보건, 의료, 식량, 기타 주요 자원 등 공유재에 대한 세계적 거버넌스로 인해 사생활, 통제, 권력에 대한 기존 사고는 도전받을 수밖에 없을 것이다.

- 정치적 참여. 소셜 미디어는 사람들을 동원하는 데 드는 비용을 급격히 낮추었다. 하지만 일부 사회 과학자들은 가상의 능동주의가 (투표를 비롯한) 보다 실체적인 정치 참여를 대체하면서 정치 과정의 질이 저하될 것을 우려하고 있다. 더 심각하게는 새로운 기술이 분열과 양극화를 조장하지 않을까 걱정하는 사람들도 있다. 특히 소셜 미디어는 생각을 광범위한 청중에게 제시하는 전통적인 형태의 미디어 대신 기존에 존재하는 좁은 네트워크를 통해 자신이 선택한 구성원들에게 정보와 견해를 전달한다. 이런 정보의 선택적 전파와 수용은 편견, 차별, 양극화를 강화하고 확립하는 데 기여한다.

교육. 교육은 국가와 개인의 성공에 가장 결정적인 요인 중 하나가 될 것이다. 직업, 임금, 혁신, 개발에 대한 선택권을 결정짓기 때문이다. 미래 일자리의 대부분이 속하게 될 분야(과학, 기술, 공학, 수학 등)의 급속한 진전은 기술의 계속적인 유지를 필요로 한다. 수백만의 젊은이들이 고용 기회에 부응하는 교육을 요구함에 따라(그리고 수백만의 성인이 평생 교육과 급속하게 진화하는 분야의 직업 훈련을 구함에 따라) 다양한 소스에서 대안적 모델이 등장할 것이다. 교육에 대한 여성과 소녀의 접근권이 여성의 권리를 향상시키고 성 역할에 대한 기대를 변화시키는 데 결정적인 역할을 할 것이다.

- 많은 국가는 국민들에게 기초적인 교육을 제공한다. 하지만 이러한 교육 서비스는 정치적 판단에 의한 (혹은 검열을 받은) 교육 과정을 통해 이뤄진다. 일부 정권은 공립학교들을 친정부 선전을 확산하고 애국심을 고취시키는 방편으로 사용한다. 러시아는 최근 영국의 유명 대학 캠퍼스에 러시아 언어와 문화 센터를 건립함으로써 친모스크바 정서를 확산시키는 사업을 확대했다.
- 기업들은 변화하는 기술과 보조를 맞추기 위해 고도로 숙련된 기존의 노동 인구를 유지하는 데 관심을 두고 있다. 경쟁력을 갖추려 하는 고용주들은 교육을 복리후생 제도에 포함시키거나 고용 조건으로 평생 교육을 요구할 것이다. 교육 과정 자체에서도 기술의 역할이 커질 것이다. 유명 대학과 영향력 있는 기업이 학생과 직원들에게 다양한 과목의 교육을 제공하기 위해 거대 개방형 온라인 클래스Massive Open Online Classes, MOOC를 점점 많이 사용하고 있으며, 인공지능 기술은 개인 맞춤형 학습 프로그램 루틴을 만들 것이다.

성. 인구학적·경제적 요인들로 인해 거의 모든 국가에서 여성의 역할과 기회가 더욱 중요하고 논쟁을 초래하는 문제로 부상할 것이다. 여성들은 공식적인 노동 부문, 공공과 민간의 지도부, 보안 기획에 점점 더 많이 참여할 것이다. 성 역할과 성별에 따른 기대는 경제와 안보 기획에 필수 요소로 인식될 것이다. (오직 경제 생산성을 위해서라면) 더 나은 성 평등을 향한 추세는 계속될 테지만 진전의 속도가 느려질 것이고, 여성의 권한 강화가 아직 사회화되지 않은 일부 지역에서는 국내의 폭력과 퇴보가 동반될 것이다. 일부 공동체는 불안정에 직면해서 가부장적 가치 구조로 되돌아갈지도 모른다.

- 서구에서는 기업들이 생산성의 둔화를 극복하기 위해 급여와 기회의 성 격차를 다소 좁힐 것이다. 전 세계에 걸쳐 사회, 정부, 경제 기관에 대한 여성 참여가 늘어나면서, 여성이 전통적인 성 역할 이외의 부문에서는 눈에 띄지 않는 공동체에 본보기가 될 것이다.
- 재생산 노동과 생산적인 노동을 조화시키기 위한 지원이 확대되면서 여성들은 새로운 기회를 얻게 될 것이다. 임금을 받지 않는 가족 돌봄을 사회에 대한 중요한 노동 기여로 인식하게 하는 운동 역시 그렇다. 이러한 발전은 공공 정책과 공공 기관에 추진력을 부여하는 동시에 그들로부터 추진력을 얻게 될 것이다.
- 발전한 기술과 인프라는 전통적인 여성의 역할과 관련된 일상적인 부담을 덜어주어서 여성이 공식적인 노동이나 교육에 참여할 수 있게 할 것이다. 그렇지만 기후 변화와 그와 관련된 전염병 등의 문제가 가족 돌봄 등 전통적인 책임을 지닌 여성들에게 큰 영향을 줄 수도 있다. 재정적으로 심각한 압박을 받는 정부가 사회 안전망 프로그램에 대한

지원을 줄일 경우 노인이나 기타 취약 계층은 가족의 지원에 의존할 수밖에 없기 때문이다. 국가의 복지 프로그램 실행은 여성의 노동 시장 참여에 엄청난 영향을 미칠 것이다.

- 경제적인 면에서 여성의 역할을 제한하는 종교적 규범이나 문화적 규범은 (사회 발전을 위한 더 큰 기회를 찾는 여성과 생산성을 높이기 위해 노동력 풀을 확장해야 하는 경제적 필요에서 비롯된) 압력을 받게 될 것이다. (남성과 여성 사이의 관계에 직접적으로 영향을 미치는) 가족법의 문제는 사회적 화약고가 될 것이다.

도시화. 도시에 거주하는 첫 번째 세대는 확장된 가족이 없는 상황에서 신앙 공동체에 의존하기 때문에 전체 인구에 비해 종교색이 짙은 경향이 있다. 이러한 역학은 (세계에서 가장 급속한 도시화가 이루어지고 있는) 아프리카와 아시아에서 종교 조직이 발생할 가능성과 종교적 긴장이 촉발될 가능성을 안고 있다. 도시는 특유의 다양성 때문에 사람들이 문화적 경계를 넘어 서로 접촉하는 기회가 많고, 이것이 충돌의 원인이 될 수 있다. 도시가 급속하게 성장함에 따라 더 많은 사람을 뒷받침해야 하는 인프라는 한계에 이를 것이고, 한편으로 도시라는 배경 안에서 증가하는 불평등과 그에 대한 인식의 확대는 사회적 마찰을 증가시킬 것이다.

- 커지고 있는 도시 내부와 도시 주변에서, 종교 집단들은 경제적 변동이 심하고 거버넌스가 취약한 시기 동안 '스스로를 돌봄'으로써 지원을 제공할 것이다. 이는 대중의 니즈를 완화시키는 장점을 가지고 있지만, 권한과 규범을 두고 정부나 다른 시민들과의 긴장이 커질 우려

도 있다. 종교 집단이 사회의 기본적인 니즈를 충족시키고 정체감, 정의, 도덕적 지침을 제공하는 데 있어서 국가보다 더 효과적임을 보여줄 경우 그들의 추종자와 영향력이 커질 것이고, 이는 그룹 외부 사람들의 불안과 저항을 키우게 될 것이다. 레바논과 같이 종교적으로 다원적인 사회에서는 이것이 충돌의 근원이 될 수 있다.

- 도시화는 사람들을 뒤섞어 단기적으로 일자리와 자원에 대한 경쟁을 심화시키고 새로운 집단에 대한 혐오를 키울 것이다. 하지만 장기적으로는 통합과 수용이 확대되는 것이 보통이다. 도시는 다양성에 대한 관용과 편협성의 기이한 조합을 만들어낸다. 뒤섞여 있는 집단들은 친근함과 관용을 발전시킬 수 있고, 문화적 한계를 넘나들며 일하다 보면 인권 규범의 수용을 비롯해 자유주의에 대한 인식이 변화될 가능성이 있다. 학계의 문헌들은 사람들이 인권에 대한 관심이 높은 사회로 이주할 경우 이를 통해 인권 문제에 대한 규범이 전환되기 때문에, 이주한 사람들이 고국의 기준을 받아들일 수 없는 상황이 나타날 수 있다고 말한다. 용인할 수 있는 행동이 무엇이냐에 대한 이민자들의 태도 변화는 그들이 실제로 고국으로 돌아가지 않는 경우에도 고국의 규범을 전환시키곤 한다.
- 급속한 도시화는 도시에서의 현상 유지에 대한 분노를 키우고 새로운 사회적·정치적 운동을 낳음으로써 정치적 동원을 촉진할 것이다.
- 소수 집단이 그들을 배제하는 데 따르는 정치적 비용을 높이거나 정당이 문화적 경계를 넘어서는 지원을 필요로 할 경우, 정부는 보다 많은 권리와 영향력을 원하는 소수자의 요구를 어떻게 처리할지 다시 평가할 것이다. 소수 집단들의 규모가 작은 국가에서는 현(現) 정부가

핵심 유권자 이외 집단의 비위를 맞출 유인(誘因)이 거의 없었다. 정부는 그들의 기반을 닦는 데 소수자에 대한 분노를 이용하고 싶은 유혹도 느낄 것이다. 하지만 소수 집단이 성장하고 (정치적·사회적·경제적·폭력적 수단을 통해서) 영향력을 행사하는 데 있어서 보다 노련해지면서, 정부 지도자들은 소수자의 요구를 어디까지 수용하고 거부할 것인지 경계를 정하는 데 더욱 어려움을 느낄 것이다.

지도자와 미디어가 다양성을 어떻게 묘사하고 어떻게 정책을 적용해서 변화하는 인구를 통합시키는가가 앞으로 20년 동안 포괄적인 혹은 배타적인 정체성이 어떻게 전개될지에 큰 영향을 미칠 것이다. 청년 조직과 종교 조직을 비롯한 영향력 있는 집단들은 더 광범위한 인구를 형성할 잠재력을 가지고 있다. 여러 연구와 여론조사에 따르면, 젊은 인구는 다양한 집단에 보다 많이 노출되고 있으며 지리적으로 가깝지 않은 사람들과의 연결성과 유대를 비롯한 다양성을 자연스럽다고 여기는 경향이 있다. 다음 20년 동안 성숙될 젊은 세대들과 그들의 정치적 활동은 공동체의 정의를 재규정할 것이다.

- 여러 연구가 폭력에 대한 대중의 인식과 미디어의 묘사가 실제적인 위험이나 위협보다 사람들이 가지는 두려움에 더 큰 영향을 준다는 것을 보여주었다. 폭력 충돌이 없었던 곳에서의 테러 공격들이 널리 알려지면서, 대부분의 비이슬람 다수 국가에서는 이슬람교도와 중동과 북아프리카 출신의 사람들(그들의 실제 종교와 관계없이 대개 이슬람교도로 인식되는 사람들)에 대한 국제적인 차별이 이어질 것이다.

- 남성과 여성 사이의 적절한 관계에 대한 견해는 문화의 본질적 측면 중 하나이다. 여성의 지위에 대해 다른 견해를 가지고 있는 집단들이 합쳐질 경우 이 문제가 사회적 충돌을 야기할 수 있다.

영향력 있는 행동 세력들이 급증하는 가운데, 진실과 사실에 대한 시각 그리고 정보를 두고 상충하는 이기주의자들이 정부의 타협 능력을 약화시킬 가능성이 높다. 공식 기관에 대한 불신이 확대되며, 매스컴이 급증하고 양극화되는 현시대를 두고 일부 학자와 정치 평론가들은 '탈 진실post-truth', '무엇이 사실인지 중요하지 않은post-factual' 정치의 시대라고 표현한다. 이러한 결과는 정보를 제공하는 개인과 기관의 수가 증가한 데에도 원인이 있다. 이러한 분위기가 유지되느냐, 사람들과 정치 집단이 늘어나는 커뮤니케이션의 흐름에 적응해서 보다 균형 잡힌 견해 쪽으로 추세를 역행하느냐가 앞으로 수년간 중요한 문제가 될 것이다.

- 이러한 '탈 진실' 추세의 결과, 개인들은 사실보다는 느낌을 정치적 견해의 근거로 삼아 자신의 의견을 지지하는 정보를 찾는 듯 보인다. 상충되는 정보들은 새로운 정보가 편향된 혹은 적대적인 정보원에서 나온 것이라는 생각을 강화하고 집단들을 더욱 양극화시킨다.
- 엄청난 세부 정보들을 해석하기 위해서, 사람들은 자신들과 같이 생각하는 사람들에게 의지하고 그들이 해석하는 '진실'을 신뢰한다. 가장 최근의 에델만 신뢰도지표Edelman Trust Barometer 조사에 따르면, 대학 교육을 받은 뉴스 소비자와 일반 사이에 (이미 상당한 크기인) 신뢰 격차가 커지고 있다고 한다. 이 조사는 응답자들이 점점 '나와 비

숫한 사람'에게 의존하고 있으며, 이렇게 마음이 맞는 사람들은 CEO나 정부 관리보다 신임받는다는 것을 보여줬다.

- 퓨 리서치센터의 2014년 연구에 따르면 조사 대상인 미국인들 가운데 단일 통신사에 대한 최고 신뢰도는 54퍼센트에 불과했다. 그 대신, 개인은 소셜 미디어에 의존해서 뉴스를 얻고 사건에 대응한다.

사람들은 어떻게 통치할 것인가

정부는 안보와 번영을 제공하는 데 있어 점점 더 큰 어려움을 겪게 될 것이다. 이는 사회와 정부 사이에 타결된 역사적 거래가 계속 유지될 수 있는지 여부에 의문을 품게 한다. 이러한 불확실성과 정부에 대한 신뢰 하락으로 기존 시스템이 대중의 기대를 충족시키고 국경을 넘는 문제들을 다루기가 어려워질 것이다.

- 국가마다 차이는 있지만 지난 10년 동안 정부에 대한 신뢰는 대개 하락했다. 2015년 갤럽Gallup의 여론 조사를 이용한 OECD의 한 연구에 따르면, 전체 OECD 국가의 정부에 대한 신뢰도는 2007년의 45.2퍼센트에서 2014년의 41.8퍼센트로 3.3퍼센트의 하락세를 보였다. 슬로베니아, 핀란드, 스페인의 경우 25퍼센트 하락했지만 독일, 이스라엘, 아이슬란드의 경우 20퍼센트 이상 높아졌다. 2016년 9월 발표된 갤럽 여론조사에 따르면 국가의 정치 지도자들에게 '대단한' 혹은 '상당한' 신뢰를 가지고 있다고 대답한 미국인은 42퍼센트에 불과했다. 이는 2004년 이래 20퍼센트 하락한 수치로 갤럽 조사 최저 기록이다.

- 이러한 역학은 2차 대전 이후 유지되어온 정부 구조에 큰 영향을 미치고 있다. 일부 학자들이 지지 기반의 축소 가능성을 지적하는 가운데 세계 여러 곳의 민주주의는 압력에 시달리고 있다. 많은 민주주의 국가들이 지난 10년 동안 안정세를 유지한 반면, 세계적인 이민과 경제 침체가 (개인은 물론 극단주의 집단에 힘을 부여한 기술과 함께) 이전에는 안정적이었던 (헝가리와 폴란드와 같은) 민주주의 국가를 약화시켰다. 많은 국가에서 통제력을 유지하려는 욕구에 부합하지 못하는 자유주의와 민주주의 정부들이 나타나고 있으며, 학자들은 여러 대규모 자유 민주주의 국가들이 안정을 잃고 중대한 내부적 문제에 직면할 것이라고 주장한다. 영국과 미국같이 굳건히 자리 잡은 자유 민주주의 국가에서조차 양극화와 퇴락의 조짐이 나타나고 있다.
- 중국과 러시아는 새로운 기술을 이용해서 반대파의 표현을 더욱 효과적으로 통제할 수 있음을 보여주었으며 신기술을 더욱 세련되고 정교한 형태의 억압을 행사하는 데 사용해 왔다. 러시아는 강도 높은 선전을 행하고 다른 권위주의 체제와 공통의 대의를 마련하면서 민주주의, 자유주의, 인권의 기반을 약화시키려는 노력을 늘려왔다. 2015년 크렘린은 '바람직하지 못한' 외국 기관의 활동을 금지하는 법을 통과시켰다. 이는 반대 의견을 억누르는 도구로 보인다.

주요 트렌드

경제의 변화와 불평등에 대한 의식이 정부 능력에 대한 의심을 불러일으키고 있다. 경제 성장의 속도가 둔화되고, 성장의 원천이 변화하고, 소득 불평등이 커지고, 세계적인 경쟁에서 '밀려났다'는 인식이 강화되면서 생활 수준을 향상시키고 보호하려는 대중의 요구도 커질 것이다. 저부가가치 상품의 저비용 생산업자들 사이의 경쟁 강화, 많은 국가의 경제에 필수적인 업계와 부문에 혼란을 부르고 변화를 유발하는 기술의 등장, 세계 금융과 상품 시장의 변동 등 임금 상승 둔화를 유발하는 많은 요인들이 정부가 보편적인 번영을 제공하기 힘들게 만들면서 '세계화'로 인한 혼란이 빚어질 것이다.

- 다른 정책 선택안이 없는 상태이므로 이러한 변동성은 많은 부문에서 '승자독식'의 역학에 기여할 테고, 이로써 (개인 노동자나 국가 모두) 승자와 패자 사이의 불평등을 확대하고, 생활 수준을 보장하고 번영을 촉진하는 국가의 역할에 대한 더욱 첨예한 충돌을 일으킬 것이다. 성장을 촉진하기 위해 인적 자본과 인프라에 투자하고 있는 일부 정부들은 긴축 재정에 들어갈 수밖에 없음을 깨달을 것이다. 이들 계획이 결실을 맺을 때까지는 부채를 늘려가야 하기 때문이다.
- 경제적인 불안정은 사회 복지에 대한 약속을 지키는 정부 능력을 약화시킬 것이다. (인구의 고령화가 예상되고 기대 수명이 증가하게 될) 선진국에서는 기업 이익과 세입이 감소하고 정부의 부채가 높은 수준을 유지하는 한편으로 의료비용이 증가할 것이다. 부, 기술, 사회적 네트

워크를 통해 부유한 국민들은 교육, 의료와 같은 많은 공공재를 이용할 필요가 없게 되었다. 이에 운명 공동체 의식이 약화되고 국민의 이익을 보호하지 못하는 정부의 무능력에 대한 대중의 분노가 커질 것이다.

- 경제 성장의 둔화와 상품 가격의 하락은 최근에야 가난으로부터 벗어난 아시아와 라틴 아메리카 중산층에 타격을 주고 있다. 기업들은 계속해서 더 값싼 노동력을 찾고, 자동화를 더 많이 적용해 피해 국가의 산업과 노동 시장을 혼란에 빠뜨렸다. 그로 인해 아시아와 라틴 아메리카의 중산층들은 지난 몇십 년 동안 그들의 번영을 가능케 했던 힘이 이제는 그들이 최근에 얻은 이익을 무효화시킬 수 있다는 생각을 갖게 되었다. 그 결과, 정부가 그들의 요구에 응하지 않는다고 믿게 되었고 이는 최근 중산층이 확대된 브라질, 터키 등의 국가에서 세간의 이목을 끄는 대규모 시위가 발생하는 데 기여했다.

마찬가지로, 관리 부실과 경직된 관료 체제에 기인한 불평등에 대한 인식이 확대됨에 따라 사회는 현재와는 다른 대안을 찾게 될 것이다. 부패와 불의는 여전히 세계적인 문제로 남을 것이다. 국제투명성기구Transparency International에 따르면, 세계적으로 (몇 개의 G20 국가를 비롯해) 68개국이 심각한 부패 문제를 안고 있다고 한다. 부패는 청소년 인구가 많은 국가, 즉 앞으로 고용의 측면에서 큰 부담에 직면할 국가에서 특히 심각하다. 국제투명성기구의 중동과 북아프리카 부패조사Middle East and North Africa Corruption Survey는 이 지역 5,000만 명의 성인이 기본적인 서비스를 받기 위해서 뇌물을 제공해야 한다는 것을 발견했다. 이들 조사에서, 공무원과 정치인들은 종교 지도자들보다 더 부패한 것으로 인식되었다. 이는 서비스와 지원 제공을 두고 경쟁하는 종교 집단과 정부 사이의 긴장을 유발할 수 있다.

- 기존의 정치 지도자들이 정치적·사회적 문제를 해결하지 못한다는 견해는 기존의 거버넌스 형태가 부적절하다는 인식을 강화하고 있다. 학계의 연구들은 이러한 조정의 실패가 지금까지 지속되어 온 거버넌스의 문제를 악화시킬 수 있다고 말한다. 아프가니스탄의 지역 기관에 대한 조사는 명확한 체계가 없는 다수의 기관이 엘리트들 사이의 경쟁을 부추기고 거버넌스의 질을 저하했음을 보여주었다.

기본적인 거버넌스 기능을 수행할 능력의 부족, 사회와 상호 건설적인 관계를 개발하지 못하는 무능은 전 세계적으로 취약 국가 그룹이 늘어날 위험을 시사한다. 2013년의 한 보고서에서 OECD는 세계화의 영향이 합법적인 사업을 용이하게 할 뿐 아니라, 이러한 문제들을 처리할 능력이 부족한 국가를 약화시키는 불법적인 활동(초국가적인 조직범죄 등)도 증가시킨다는 점을 강조했다. 2015년, OECD는 50개 국가(세계 인구 중 5분의 1의 모국)가 취약한 상태이거나 분쟁 중임을 확인했다. OECD는 취약성이 국가 간에만 일어나는 것이 아니라 국가 내에서도 일어남에 따라 '대안적 거버넌스' 지역이 늘어날 전망이며, 많은 취약 국가의 중앙 권력을 재편하는 심각한 문제가 제기되고 있다고 강조했다.

불만과 기대 수준의 차이. 안보, 교육, 고용 부문의 정부 무능에 대한 불만은 대중의 불만을 키우고 더 큰 정치적 불안의 기반을 만든다. 때로 불만은 세계화의 영향을 받는 과정에서 생활 수준과 생활 양식이 악화됨에 따라 (혹은 자국의 생활 수준이 다른 나라의 생활 수준과 보조를 맞추지 못하고 있다고 생각함에 따라) 비롯된다. 점점 더 부유해지고 교육 수준이 높아지며 많은 정보를 얻게 된 대중은 정부에게 더 많은 것을 기대하지만, 정부가 반드시 해결해야 하는 문제들(기후 변화, 테러, 증가하는 이민 등)은 점차 복잡해지며 많은 비용을 필요로 하고 있다. 기술·경제·사회적 변화로 인한 권력의 분산 역시 문제에 대해 거부권을 행사할 사람들을 더 늘려 정부가 효과적인 정책을 실행하기 어렵게 만들며, 이는 기대수준의 차이를 더욱 확대하고 있다. 한편 경제와 사회의 변화로 대중의 이해관계를 종합해 그들의 이익을 대변했던 정당 등의 전통적 중개 기관은 약화되는 중이다. 직접 참여에 대한 대중의 요구가 현대 국가의 다층적 성격과 충돌하고 있기 때문이다.

- 정부는 시민들에게 직접 호소하고, 직접 연합체를 구축할 수 있는 다양한 행위자들(NGO, 기업, 기타 단체)을 상대해야 할 것이다. 정당이 약화되고, 개인과 단체가 돈과 미디어를 이용해서 대중과 직접 소통하고 지원을 끌어들일 수 있는(꼭 유지하는 것은 아닐지라도) 능력을 갖게 되면 정치가 개인화되면서 선거의 결과와 정책 결정 과정을 예측하기가 어려워질 것이다.
- 정부는 금융 시장에서 커지는 개인의 영향력과 기술적 변화를 다룰 수 있어야 한다. 이런 변화와 영향력은 대침체 때와 마찬가지로 국경을 무시하고 급속하게 확산되는 대규모 혼란을 유발할 수 있다. 금융 전문가들은 투기꾼들이 단기적인 수익을 내고 규제의 틈을 활용하는

새로운 수단을 찾거나 (빅 데이터 분석이나 인공지능을 이용하는 자동화 거래를 통해) 기존 시장과 수단을 기회로 삼는 새로운 역량을 개발하면서 금융 시장의 취약성이 커질 것이라고 경고한다. 반면에 국가와 지도력, 대중의 신뢰, 인프라를 가진 하위 단체들은 기술을 통해 보다 효율적이고 투명한 서비스를 제공하고, 부패와 싸우며, 활동을 규제할 수 있는 능력을 키울 수 있을 것이다.

- 대중이 범죄와 부패를 더는 참지 못하게 되면서 정부는 개혁을 하거나 그렇지 않으면 권력을 잃는 상황에 놓일 것이다. 그런 압력에 대응하는 각국 정부의 방법에는 큰 차이가 있을 것이다. 일부는 투명성과 반응성을 크게 높이는 쪽으로 움직일 것이고, 반면에 권위주의나 책임 회피 쪽으로 가는 정부도 있을 것이다. 대중들이 정부 운영에 대한 상세한 정보를 얻고 권력을 잃은 다른 정부의 소식에 접근할 수 있게 됨에 따라, 정부의 행동에 대한 대중의 기대는 높아질 것이다.

정치적 사업가political entrepreneur들은 이렇게 축적된 불만을 이용해 새로운 정치 참여의 형태를 만든다. 반부패와 관련된 소통으로부터 나타나는 포퓰리즘 정서는 남아시아의 정치에서 중요한 요소가 되었다. 인도와 파키스탄의 정당들은 '개혁' 정치, 기존 정치 엘리트와 주류 정당에 대한 혐오에서 일어난 대중 운동의 급증을 목격했다.

- 여러 조사는 유라시아 인구의 절대 다수가 통치 기관의 정통성을 부정하고, 의회, 대통령, 판사, 기타 엘리트들을 거의 신뢰하지 않는다는 것을 보여준다. 퓨 리서치센터에 따르면, 중국 국민의 가장 큰 걱정거

리는 부패와 불평등에 대한 우려이다.

비국가 활동세력. 정부의 기능을 맡을 태세를 갖춘 기업이나 다른 비국가 활동 세력과 정부 간 경쟁이 심화됨에 따라 서비스 제공자들 사이의 업무 분배가 진화하고 있다. 이런 많은 단체들이 새로운 존재는 아니지만, 행정부에 대한 신뢰가 약화되면서 보다 큰 기회를 찾게 될 것이다.

- 기업. 세계화는 다국적 기업의 세력권을 넓혀왔고 이로써 일부 기업은 민관 합작 사업에 참여해 서비스를 제공할 기회를 얻게 되었다. 때로 정부와 함께 대중의 요구에 대응하는 것이 그들의 입지와 재정적 성과를 개선한다는 분석 하에, 기업들은 오래 지속된 사회와 환경의 문제에 뛰어들기로 했다. 일례로 코카콜라와 미국 국제개발처United States Agency for International Development, USAID는 힘을 합해 탄자니아를 비롯한 여러 나라의 정수 처리를 지원했다.
- 종교 기반 단체. 신앙을 바탕으로 하는 조직들이 개발과 원조를 제공하는 것은 유서 깊은 일이다. NGO들은 정부가 불안정할 때 기꺼이 도움을 주려는 기부자들이 늘어난다고 말한다.
- 도시와 시장. 도시화가 진전되고 메가시티가 개발되면서 도시와 그 지도자의 영향력이 커질 것이다. 지난 몇십 년간, 세계 최대 도시의 지도자들은 C40(기후 변화를 다루는 데 초점을 맞추는 협력 네트워크)를 개발했다. 2014년, 이 그룹은 남아프리카공화국에서 기후 회의를 개최했다. 2016년 12월 멕시코시티에서 있을 다음 회의에는 전 세계 C40의 시장들과 수백 명의 도시 지도자, 지속 가능성 지도자들이 모여 기후

변화에 대한 도시의 해법을 진전시킬 것이다.
- 범죄 조직과 테러 조직. 이익을 위해 디지털 보안의 틈을 먹이로 하고 국가 법률의 차이를 이용하는 범죄 세력과 가상 범죄 네트워크가 확산되고 있다. 이는 범죄 집단이 페이스북을 사용해 난민과 연계를 형성하고 유럽으로의 이민 경로를 통제한 데서 알 수 있듯 강대국에서조차 큰 문제로 부상할 것이다.

거버넌스 변형의 증가. 앞으로 20년 동안 거버넌스는 국가가 취하는 형태, 국가의 성공 정도, 도시화, 경제 성장, 성 평등과 같은 기초적인 사회 규범, 이민 정도의 차이에 대한 대응에 있어서 국가 간 그리고 국가 내에서 점점 다양하게 나타날 것이다. 일부 도시와 지역이 기존의 행정 구역들보다 중요해지면서 국가, 지역, 지방 정부 사이의 권한 분배에 변화가 있을 것이다.

- 안정된 민주주의를 향한 확실한 방향감 없이 민주주의적 요소와 권위주의적 요소를 혼합시킨 국가의 수가 늘어나고 있다. 몇몇 연구는 이런 식으로 혼합된 국가들이 불안정한 상태에 빠지기 쉽다고 이야기한다. 많은 사회가 만성적으로 약하고 불안정한 정치 제도로 인해 고통받을 것이다. 기존의 제도화와 대중의 정치적 신뢰가 다양하게 나타나는 것은 정치와 환경의 충격을 흡수하는 국가의 능력에 상당한 차이가 있음을 의미한다.
- 동일 지역 내에서도 거버넌스가 가진 질의 편차가 커질 것이다. 유럽의 경우 북유럽 국가의 정부들은 비교적 높은 정치적 신뢰 덕분에 정보 기술을 이용해 더 나은 서비스를 제공할 수 있는 반면, 이탈리아같

이 대중의 신뢰가 부족한 정부들은 그런 조치를 취하는 데 제한을 받을 것이다. 중앙아메리카의 취약한 국가들은 침몰하고 있는 반면, 칠레 정부나 우루과이 정부처럼 보다 성숙한 정부들은 경제적 어려움이 주는 충격을 효과적으로 완화할 수 있을 것이다. 아프리카에서도 실패한 혹은 실패를 경험하고 있는 많은 국가들과 가나, 케냐같이 개혁을 실행할 가능성이 높은 국가들 간의 격차가 커질 것이다.

- 성공적인 국가와 하위 단체들은 민관 협력 관계를 이용할 것이다. 민관 협력 관계는 민주주의와 책임성을 보장하지 못하는 경우에도 변혁의 동인이 될 수 있다. 개발도상국들은 새로운 인프라의 구축을 활성화하고 국가가 쉽게 제공할 수 없는 농촌 지역에 정보를 전파하기 위해 그러한 협력 관계에 점점 개방적인 태도를 취하고 있다. 2008년 금융 위기 이후 경제 성장은 민간 부문과 규제가 느슨한 시장에서 가장 높게 나타났다. 이로 인해 기존 모델에 대한 회의감이 높아지는 가운데 싱가포르 스타일의 준국가기관에 대한 의존 모델이 모방할 만한 모델로서 매력을 얻을 것이다.

- 정부, 특히 개발도상국 정부의 무게 중심은 중앙으로부터 도시와 그들이 위치한 지역으로 옮겨질 것이다. 브루킹스 연구소Brooking Institution의 최근 보고서에 따르면, 이는 지방자치단체들이 전문 관료에 민간 전문가들까지 가세시킴으로써 합의에 의한 의사 결정을 가능케 하고 재정 자원을 통제하려 하면서 일어나는 현상이다. 도시들은 기후 변화를 경감시키는 정책의 핵심적인 활동 주체로 부상하고 있으며 이러한 과제 수행을 위해 국경을 넘나드는 네트워크를 형성하고 있다.

중요한 선택

경제적 발전을 이루고 안정적인 정치 시스템을 정립하는 개발도상국의 능력은 정부를 비롯한 행위 주체들이 인적 자원과 공공 서비스 발전에 얼마나 투자하느냐에 달려 있다. 인적 자원, 교육, 조직 설계에 대한 투자는 이 능력이 얼마나 빨리 구축되는지(혹은 이 능력이 구축되는지 자체)를 결정지을 것이다.

- 선진국과 개발도상국의 분권화가 혁신과 민관 협력의 선두주자인 (라고스와 같은) 도시로 권력을 이전시킬 것인지, 그리고 기업들이 이전에 정부의 기능이었던 일을 수행하는 데 개입할 것인지는 확실치 않다. 최근의 몇몇 분석은 보건이나 재생 가능 자원과 같이 전통적으로 국가의 책임으로 여겨졌던 분야에 투자하는 대기업의 주주들이 큰 수익을 올리고 있다고 말한다. 이는 기업의 역할이 이런 부문으로 확장될 수 있음을 의미한다.
- 국가들이 비서구 개발 모델에 기대를 거는 정도는 여전히 불명확하다. 결국 정부의 성과, 특히 경제 부분의 성과가 성공에 대한 국민의 평가를 결정지을 것이다. 행복이 증진되었다고 느끼지 못하는 국민은 지배권을 가지고 있는 엘리트에 대한 신뢰를 잃을 것이고 그것을 표현하는 현대적인 커뮤니케이션과 커뮤니티 형성 능력을 갖게 될 것이다. 중국 정부가 경제적 문제를 극복하고, 중위 소득의 함정에서 벗어나고, 기술을 이용해서 여론을 흔들거나 진정시킬 수 있다면, 다른 국가들은 중국과 같은 길을 따르려 할 것이다.

발전된 산업 민주주의 국가와 신흥 세력들 역시 불평등, 증가하는 부채 부담, 비효율적인 거버넌스에 대한 인식에 어떻게 대응할 것인가를 두고 중요한 선택에 직면하고 있다. 이러한 스트레스를 관리하는 지도자들의 능력이 시험대에 오를 것이다. 정부는 승자와 패자의 조합을 바꾸는 어려운 선택의 와중에서 대중의 신뢰를 회복하고 엘리트의 지지를 유지하기 힘들다는 점을 발견할 것이다. 기꺼이 거리 시위에 나서는 대중들로 인해, 정치 지도자들은 어려운 정책을 실행할 여지가 적고 결과를 보여주기까지 시간 여유가 없는 상황에 처했다. 이러한 환경에서, 산업 민주주의 국가든 (러시아나 중국같이 권력이 한 사람의 지도자에게 있어 권력의 갑작스러운 전환이 있을 경우 불안정의 가능성이 큰) 권위주의 국가든 지도부의 연속성을 유지하는 것은 흔치 않은 일이 될 것이다.

- 각국 정부와 지도자들은 성장 둔화와 경제적 불평등의 문제를 해결하기 위해 각기 다른 전략을 채택할 것이다. 사회의 격동으로 인해 새로운 연합체를 구축해 정부와 대중의 관계를 재형성시키는 변혁적 지도자가 나타날 가능성도 있다. 하지만 그들에게 성장을 늦추고 불평등을 유발하는 기술적 요인들을 다룰 옵션이 많이 주어지지는 않을 것이다.
- 정부는 노령화 인구와 성 불평등에 따르는 어려운 선택에 직면할 것이다. 지도자들은 (오랫동안 정치가 건드릴 수 없는 영역으로 치부되었던) 복지 시스템을 조정해야 할 필요와 인적 자원에 대한 투자, 여성을 비롯한 집단에 더 큰 기회와 보호를 보장하는 계획들에 대한 투자의 필요 사이에서 균형을 찾아야 할 것이다. 이들의 결정은 식량 안보, 보건,

아동 복지, 환경 안보에 장기적인 영향을 미칠 것이다.

국제 조직 : 주요 트렌드

기존의 국제 조직들(특히 UN 기관들)은 행위 주체의 확대된 범위와 새로운 문제(국가 주권이라는 예민한 부분에까지 이르며 국제 협정이 엘리트에 의해 타결되던 때에 비해 국내에 큰 영향을 주는)의 복잡성에 적응하느라 애를 먹을 것이다. UN과 같은 전통적인 기관들이 진화하기 위해 애쓰면서 평화유지군, 인도주의 지원, 기후 변화 등 공통의 문제를 다루는 포럼에 대한 요구가 증가할 것이다. 더 많은 비국가 활동 세력을 통합시키는 포럼과 지역 조직, 비공식 회담의 혼합 형태가 등장해 전통적인 접근법으로는 적절히 다루어지지 못했던 초국가적인 문제를 다루게 될 것이다. 세계은행World Bank의 지원 밖에 있는 사업을 맡는 아시아인프라투자은행Asian Infrastructure Investment Bank, AIIB의 창설은 이러한 지역적 접근의 한 예이다.

거부권의 부상. 강대국들 사이에 공통의 비전이 부족하고 강대국의 지위에 서려는 국가들 사이의 경쟁이 심한 상황은 국제 시스템의 대규모 개혁을 방해할 것이다. 모두가 UN 안전보장이사회의 개혁이 반드시 필요하다는 데 뜻을 같이하고 있지만, 개혁이 어떤 것이어야 하는지에 대해 국가 간 합의가 이루어질 전망은 밝지 않다. 따라서 그러한 변화가 필요하다는 인식이 존재하고 변화가 불가능한 것이 아님에도 불구하고 변화의 시점은 (다음 20년 안에 실현된다 해도) 대단히 늦어질 것이다.

각국이 환경과 경제의 변화나 내부 충돌을 다루는 동안 스트레스와 거버넌스의 문제를 경험하기 시작하면서 국제 시스템의 몇몇 측면은 더 큰 의미를 갖게 될 것이다.

다각적 원조에 대한 요구 증가. 환경과 인구 관련 요인들(지구 온난화, 에너지 부족, 불법 이민, 자원 부족, 전염병, 대양 산성화, 청소년과 노인 인구의 증가)이 국가 거버넌스에 주는 부담이 늘어날 것이다. 정부의 능력이 취약한 경우 특히 부담이 클 것이다. 국가들이 국내에서 정통성 문제에 직면함에 따라 정부 역량의 공백을 메울 다각적 원조에 대한 필요가 커질 것이다. 취약한 국가의 정부는 IMF 긴급 자금 지원, UN 평화 유지, 선거 지원, 국제 사법 수사, 기술 원조와 정책 조언, 인도주의 원조, 질병 억제와 근절을 위한 지도 등 다양한 범위의 다변적 원조를 필요로 할 것이다.

원조를 위한 개발 기구의 광범위한 조합. 취약 국가와 그들을 도우려는 국가들 간에 원조를 위한 다각적 접근의 요구가 커지면서, 인도주의적 문제로 타격을 받게 될 중위 소득 국가에 대한 대출과 자금 조달을 비롯한 여러 기구의 광범위한 조합이 가능해질 것이다. 진정한 다양성은 벤처 자본가들이 원조 기구의 대표들과 힘을 합치고, 기업 중역들이 외교 정책 고문과 협의점을 찾고, 기술자들이 NGO 리더들에게 자문하는 등의 개발 공동체에 뿌리를 두는 데에서 나타난다. 미래의 니즈에 보다 적절히 대응하려는 노력의 일환으로서 다양성과 경험을 조합하는 여러 가지 실험이 등장할 것이다. 그렇지만 중국이나 미국과 같은 최대 기부 국가는 원조의 대부분을 쌍무적인 경로로 제공할 것이다.

다자주의의 대안에 없는가

UN과 같은 정부 간 공식 기관들이 새로운 형태의 협력 관계에 참여하는 변화가 나타나겠지만, 다음 20년 동안은 이러한 변화가 다자주의의 일국일표 모델에 대한 반대로 이어지지는 않을 전망이다. 주권 국가는 국제적 의사 결정의 초석으로서 강한 회복력을 보여주었다. 지난 500년의 변화를 거치면서도, 국가는 정치적 질서의 핵심 요소로 남았고 앞으로도 지배적인 위치를 이어갈 것이다.

- 세계는 다양한 문제와 무대에서 국제적인 위기(기술적·사회적)에 직면할 것이다. 하지만 다음 20년 동안 국제 거버넌스에 급격하게 다른 접근이 나타나는 변곡점이 찾아올 가능성은 없을 것 같다. 현재로써는 어떤 국가도 급격한 변화를 가져오는 다른 대안을 옹호하지 않는다. 다만, ISIL이나 바하이교(Baha'i faith)와 같은 비국가 활동 세력들은(전자는 폭력적인 수단을 통해 칼리페이트 칼리프가 통치하는 이슬람 국가 -역주 시대로 돌아가려 하고, 후자는 평화적 행동주의를 이용해서 평등과 민주적으로 선출된 세계 정부를 조성하려 한다)은 급진적인 대체를 위해 노력하고 있다. 일부에서는 이러한 대안적 모델이 지지를 얻고 있지만, 개별 국가의 이해관계가 극히 다양하기 때문에 UNSC의 확장이 억제되고 있는 것과 마찬가지로 대안적인 시스템이 세계적인 수준으로 뿌리내리기는 힘들 것이다.
- 그러한 거버넌스의 4가지 기둥으로 여겨지는 것 중 2가지(국제 법원과 세계무역기구 같은 단체의 체제)가 최근에 보강되긴 했다. 그러나 세계 정부(World Government)라는 말이 많이 들릴 것 같지는 않다. 특히 이 두 기관은 민간인이 아닌 국가 그리고 어느 정도는 기업과 NGO에 법적 지위를 부여한다. 아직은 2가지의 빠진 기둥, 즉 입법과 행정을 위한 대규모의 혹은 상당한 움직임은 나타나지 않고 있다. 여기에 세계 시민의 입후보를 필요로 하는 것도 이유의 하나이다. 적어도 현재로써 세계 정부는 '극단적인 개념'으로 보이며, 국가들은 현상에 만족하고 있다.
- 2035년이면 UN의 도구와 어젠다는 진화하겠지만, 평화와 안보 기관의 면에서는 2016년과 비슷한 모습일 것이다. 헌장 개정의 장벽이 높은 데다, UNSC 구조의 실질적 불평등에 대한 불만에도 불구하고 소국이나 강대국의 지위를 얻으려는 국가들은 시스템을 유지하고 있고 그 안에 관여한 대규모 군사력을 유지하는 데 깊은 이해관계가 있기 때문이다.
- 세계적 어젠다나 국가 주도 어젠다에 적법성을 부여하는 능력 때문에 대다수의 국가들은 계속해서 UN이나 기타 다자간 기관의 가치를 인정할 것이다. 작은 국가들은 다자간 기구들이 그들의 이익을 보호하는 역할을 하고 있음을 인식하고 있다. 이러한 규칙들이 없다면 강대국과 지역의 우세한 세력들은 더 강압적인 힘을 갖게 될 것이다.

- 국제기구의 역할은 지역이나 하부 지역 단체, 국제, NGO, 자선 자본가, 다국적 기업, 개인에 의한 이들 기관의 상호 용인으로 강화될 것이고 이는 확실한 지속적 구심성을 확보할 것이다. IMF의 투표 관행이 개혁을 거친 것과 마찬가지로 타당한 경우에는 정책 개혁과 조정이 일어날 것이고 영향력이 커지고 있는 국가들은 자신들의 역할에 대한 재협상에 나설 것이다.
- 영향력 확대를 추구하는 다자간 기관들은 기업, 시민 사회 단체, 지역 자치 정부 등과의 관계를 더 확대할 것이다.

앞으로의 더 어려운 문제들

앞으로 UN과 그 기관 시스템은 인공지능, 게놈 편집, 인간 강화와 같은 새로운 문제에 대한 새로운 행동 기준을 개발하는 데 별로 도움이 되지 않을 것이다. 이는 국가, 민간 행위자, 과학과 기술 공동체 간의 다양한 가치관과 이해관계 때문이기도 하고, 기술과 정책 공동체에 걸친 커다란 지식 격차 때문이기도 하며, 기술 변화가 이들 요인이 공통의 어젠다 설정에서 제동 장치의 역할을 할 기준, 정책, 규제, 규범을 설정하는 국가, 기관, 국제 조직의 능력을 훨씬 앞지를 것이기 때문이기도 하다. 미래 국제 거버넌스는 이러한 기술을 비롯한 앞으로의 다른 문제들이 여러 분야에 미치는 영향으로 인해 도전받게 될 것이다. 이는 효과적인 국제 거버넌스의 진전을 위해서 (깊이 있게 한 분야에서만이 아니라) 문제 분야 전체의 시너지에 대한 조정과 전략적 이해가 필요하리란 것을 의미한다.

- 인공지능, 게놈 편집, 인간 강화의 발전은 사람들의 생활에 영향을 주는 법과 안전의 결정을 자동화시키고, 인간이 무엇을 의미하는지에 대한 개념을 확장할 것이다. 따라서 이들은 가치의 문제에 있어서 가장 큰 논쟁을 초래하는 사안이 될 것이다. 이 같은 기술 분야의 발전은 국가 간 관계, 그리고 국가와 그 국민들 간의 관계에 영향을 미칠 것이다. 이러한 기술의 전망과 위험을 두고 세계, 지역, 국가의 수준에서 국가, 민간 기업, 대중, 종교적 행위자들 사이의 논쟁이 격화될 것이다. 지지자들은 이들 분야의 큰 발전이 질병을 치료하고, 기아를 줄이고, 수명을 연장할 것이라고 주장하지만, 비판하는 사람들은 그러한 기술이 인류를 영구적으로 변화시킬(우연히든 고의로든) 위험이 있으며 개인이나 집단의 멸종으로 이어질 수 있다고 경고한다. 기술 발전의 속도와 확산적인 성질 때문에 그러한 기술을 관리하는 정책, 법, 조약의 성립은 뒤처질 것이다.

사이버와 우주 분야의 기술 발전은 새로운 규범적 문제를 제기할 것이다. 국가, 대중, 민간 행위 주체가 앞으로 20년 동안 이러한 영역에서 규범으로 삼고자 하는 것이 무엇이 될지는 아직 확실치 않다. 하지만 민간 산업 분야의 행위자들이 규범적 발전을 이루어가는 데 큰 역할을 하게 될 것만은 확실하다.

- 다음 20년 동안 (정보 유출, 이용, 파괴를 망라하는) 사이버 공격이 국가의 이익을 증진하고 적을 공격하는 데 보다 광범위하게 이용될 것이다.
- 보다 많은 국가와 영리 기업들이 우주 분야의 역량을 강화하고 있는

가운데, 이러한 활동을 통제하는 전통적이고 국제적인 접근법은 도전받을 것이다. 선진국은 자국의 정보와 군사적 우위가 약화되는 것을 목도할 것이다. 개발도상국과 민간 기업 등의 우주 이용이 확대되면서 보다 혼잡한 환경에서 안전한 활동을 확보하는 능력을 가진 국제 공동체의 중요성이 커지고 있다. 하지만 새로운 기술 역량만이 여러 분야에 걸친 문제를 야기하는 것은 아니다. 오래 계속된 많은 사안들도 광범위하고 복잡한 문제의 요소로 부각될 것이다.

- 대양의 온도 상승은 온도가 낮은 물로의 어족 이동을 유발하고 자원 문제와 지역의 경제 스트레스를 일으킨다.
- 기후 변화는 농작물 생산을 위협하고 급속하게 늘어나는 빈곤국의 취약성을 확대한다.
- 교역과 경제 협정 등의 무역 협정은 유전자 조작 생물, 지적재산권, 보건과 환경 기준, 생물 다양성, 노동 기준과 같은 복합적이고 논란이 많은 사안에 대한 합의를 필요로 할 것이다. 이는 국제 정책의 입안이 국내에 미치는 영향이 커질 것을 암시한다.

단일 사안의 여러 면이 시스템의 다른 부분에서 다뤄질 경우 UN은 조정 작용을 하거나 시너지를 내기가 힘들 것이다.

- 잔혹 행위 방지를 위한 사업은 UN 인권 체제와 안보 체제에 걸쳐 분산되어 있다. 비국가 활동 세력이 자행하는 대규모 잔혹 행위를 해결하는 UN의 능력에는 한계가 있다. 그러한 상황이 국가 권력의 부재와 관련되어 있는 경우가 많고, 따라서 '유효한' 대화 상대가 없다는 이유

가 가장 크다. 잔혹 행위 문제는 통치권이나 거버넌스 강화와 관련된 문제를 필수적으로 다뤄야 하는 경우가 많다.

- 테러 대응과 관련하여, 형사 사법 제도의 최전선에 있는 ICC(국제 형사 재판소)는 테러 집단의 활동에 사법권을 행사하기 어렵다. 대부분의 기소가 테러 조직이 아닌 국가나 민병대에 집중되어 있는데, 관리들이 그러한 집단을 어떻게 규정지을지에 대해 다른 의견을 갖고 있는 것이 부분적인 이유이다. 이러한 장애에도 불구하고, ICC는 테러 문제를 논의하고 그에 대응하는 토론의 장 역할을 할 것이다.

- 인구 이동의 규모, 범위, 복잡성이 커지고, 국가들 사이에서 커지는 인구학적 격차, 경제적 불평등, 환경 변화의 영향으로 인해 난민이나 이주민의 수가 계속 높게 유지되면서 사람들(주로 이민, 난민, 국내 난민)의 국제적인 이동은 국가 거버넌스에 스트레스가 될 것이다. 2050년까지 환경으로 인한 이동과 관련하여, 환경 과학자들의 예측은 2,500만에서 10억에 이르기까지 큰 차이를 보이고 있으며 가장 널리 인용되는 수치는 2억 명이다. 이러한 수치에 대한 논란이 고조되고 있다. 일부 이민 전문가들은 그 수치들이 인간의 회복력, 역경을 견디는 사람들의 능력, 이동할 수 없는 인구 비율을 과소평가하고 있다고 주장한다. 인류의 이동이 상당히 증가하면서 그러한 사람들에 대한 국가의 의무를 두고 깊이 있는 검토가 (현재와 비슷하게) 필요해질 것만은 확실하다.

따로 또 같이

오랜 문제와 새로운 문제의 복잡성이 커지면서 공동의 문제 해결이 필요해지고 있다. 국가들이 문제에 접근하는 방법은 변화하는 중이다. 문제의 복잡성이 증대되고, (특히 주요 강대국 간에) 세계의 목표가 무엇이어야 하는가에 대해 합의가 부족한 상황에서 집단 행동을 확보하려면 더 많은 국가의 수가 필요하기 때문이다. 그럼에도 불구하고, 최근의 눈에 띄는 이정표적 합의는 앞으로도 진보가 계속될 수 있음을 암시한다.

2015년 6월, UN 총회는 재난 위험 경감을 위한 센다이 강령Sendai Framework을 승인했다.

2015년 7월, UN 회원국들은 개발 재원 확대를 위한 아디스아바바 행동어젠다Addis Ababa Action Agenda를 채택했다.

2015년 9월, UN 총회는 지속 가능 개발을 위한 2030 어젠다2030 Agenda for Sustainable Development를 채택했다.

2015년 12월, 기후 변화에 관한 UN 기본 협약UN Framework Convention on Climate Change의 21차 당사국 회의에서는 세계의 기온 상승을 섭씨 2도 이하로 제한하자는 195개국의 합의가 도출되었다.

2016년, 국제이주기구International Organization for Migration가 UN에 합류했다.

전체적으로 공통의 전략적 이해가 부족한 상황이 이어지고 있다. 그 결과 선행적이고 다분야에 걸쳐 있으며 보편적인 범위가 아닌 문제 중심의, 임시적이며 특정한 문제에 대한 국제적 협력이 일반적인 방식으로 자리 잡았다. 국가, 기업, 활동가들은 그들의 구체적인 이상을 지지하며, 이러한 임시적 접근법은 장기적으로 국제적 체계를 이루는 (UN을 비롯한) 국제 조직들이 일관성과 방향성을 상실하는 상황으로 이어질 수 있다.

반면에 자발적이고 비공식적인 접근법은 신뢰, 공통의 언어, 공통의 목표를 형성하는 데 도움이 된다는 장점도 가지고 있다. 이러한 혜택은 결국 국제적인 수준에서의 합의 지지나 균형 조정으로 연결될 수 있다. 기존 기관들이 미래에도 효과적일 수 있을지, 새로운 기관이나 유사한 기제가 형성될 것인지 여부는 정부가 다양한 행위자와 어떻게 상호작용할 것이며 기존 기관과 강대국들이 국가가 핵심적인 국가 이익에 대해 성숙한 거래를 하도록 도울 수 있는가에 달려 있다.

- 많은 국가들이 세계적 공동 조치의 확보를 필요로 하고 있다. 문제 국가, 즉 협력 없이는 세계적 문제가 적절한 해결에 이를 수 없는 국가의 수가 늘어났다. 2008~2009년 금융 위기의 여파와 그 이후 핵심 그룹으로서 G20의 등장은 광범위한 국가가 어떻게 효과적인 문제 해결에 이를 수 있는지 보여주는 전형적인 예이다. 2008년 세계 금융 위기가 발발한 때로부터 거의 10년 전에 만들어진 이 그룹은 세계 경제 위기 관리의 주요한 포럼이 되었다. 좀 더 포괄적인 그룹을 바라는 강대국들의 욕구 때문이 아니라, 특정 국가 혹은 소규모 국가 그룹만으로는 임박한 문제들을 해결할 수 없었기 때문이었다. 기후 변화에 관한 UN 기본 협약은 진보의 결과로, (다양한 이해관계를 대변하는) 더 많은 국가가 정해진 목표에 이르기 위해 집단적으로 행동해야 함을 보여주는

또 다른 예이다.

- 점점 더 많은 행위자들이 문제를 해결하고 또 만들고 있다. 원조, 개발, 기타 경제적 사안이나 인권과 의미 있는 관계를 맺고 있는 민간, 지역, 하위 국가 행위자의 수가 증가할 것이다. 이러한 추세는 이들 분야에서 국가의 역할을 약화시킬 수 있지만 국제 기관이 내세우는 전체적인 목표는 강화할 수 있다. 그러나 그런 네트워크들은 두 방향 모두에 작용한다. (ISIL이나 어나니머스같이 다양한) 상호 연결이 강화된 '문명화되지 않은uncivilized' 세계가 시스템의 근본을 흔들 것이다. 또 포퓰리즘과 외국인 혐오가 늘어날 것이다. 하지만 새로운 기술은 국제적 인권 체제를 확대하고자 하는 사람들을 보호하고 그들에게 권한을 부여할 수도 있다.

- 국가는 논란이 많은 사안에 대한 공통의 이해를 형성하기 위해 포럼 구축에 나서고 있다. 국가들은 그들의 이해관계를 눈에 띄게 하고 이를 확실하게 표현하며 그들의 견해에 대한 지지를 구하기 위해 지역 기관, 다중 이해관계자 포럼, 비공식적인 협의 절차를 구축하고 참여한다.

중국과 러시아는 각각의 지역에서 정당한 우위라고 생각하는 것을 주장하기 위해 새로운 장치를 구축했다. 예를 들어 중국은 AIIB를, 러시아는 유라시아연합Eurasian Union을 지역 경제에서 영향력을 키우기 위한 발판으로 활성화할 것이다.

또한 중국과 러시아는 브라질, 인도, 남아프리카공화국과 함께 BRICS라고 알려진 (구속력이 없는) 정상회담의 장을 마련했다. 자신들의 견해를 알리기 위한 초국가적 연단을 스스로 마련하는 것이 목적이었다.

멕시코, 인도네시아, 한국, 터키, 호주 역시 공통의 가치관과 이해관계를 기반으로 이와 유사한 MIKTA를 만들었다.

이러한 조직이 등장하는 것은 강대국들이 세계적 문제를 해결할 방법에 대해서 새로운 아이디어를 가지고 있거나 그들이 세계의 규칙과 규범을 변화시키려 하기 때문이 아니다. 그렇게 함으로써 힘을 보여줄 수 있고, 때로는 일을 작은 그룹 내에서 처리하는 것이 더 쉽기 때문이다. 그렇지만 기존 시스템의 힘을 인정하는 한 강대국들은 전통적인 기관에 대한 투자도 (새로운 기구를 창설한 경우에도) 계속할 것이다.

한편 특권을 얻으려는 시도로 기존 기관의 국가 서열을 변화시키려는 노력이 계속될 것이다. 국가의 권력 서열을 재조정이 시도되고 있는 조직에는 BIRCS가 주도하는 신개발은행New Development Bank과 중국이 이끄는 AIIB(세계은행과 IMF를 보완한다), 세계신용평가집단 Universal Credit Rating Group(민간 부문의 무디스Moody's와 S&P와 같은 신용평가 기관을 보완한다), 차이나 유니온 페이China Union Pay(마스터카드Mastercard와 비자Visa를 보완한다), CIPS(SWIFT 결제처리 네트워크를 보완한다)가 있다.

- 다자주의가 국가의 노력을 보완할 것이다. 장래에는 정부 관리들이 다자간 협력을 주도할 것(하지만 독점하지는 않을 것)이다. 국가의 규제 기관과 기술 전문가들은 해외에 그들과 상응하는 위치에 있는 사람들과의 연계를 통해 거버넌스에 정보를 제공할 것이다. 복잡한 공급망의 시대에 약물의 신뢰성과 안전을 확보하기 위한 노력의 일환으로 이러한 다자간 협력이 이미 일어나고 있다. 자신의 한계를 인식한 미국 식품의약국US Food and Drug Administration, FDA은 세계적

으로 (특히 중국과 인도의 대규모 생산 업체의) 약물 안전의 격차를 줄이기 위해 비공식적인 세계 약물 규제 연합체global coalition of medicine regulators의 창설을 진두지휘했다. 국제회계기준위원회International Accounting Standards Board, IASB는 민간 기관이 어떻게 미래의 세계 거버넌스에 개입해야 할지 보여주는 좋은 예이다. 이 기관은 델라웨어에서 인가한 독립 재단을 통해 대형 회계 회사의 기술 전문가들을 모아 EU의 27개국과 약 90개 다른 국가의 회계 기준을 개발한다.

중요한 선택

국가의 정치 지도자들이 기관들 전체의 학제적 관계를 요구하는 전략적 지침을 만드는 것은 미래의 여러 가지 문제를 해결할 방법 중 하나다. 금융 분야에서는 일부 행위자들이 이미 그러한 모델을 시험하고 있다. 지속 가능한 개발 목표와 같은 다부문 어젠다에 존재하는 시너지 효과를 보다 잘 이해한다면, 국가와 기관 모두가 더 나은 권고를 하고 긍정적인 결과를 도출하도록 도울 수 있다. 정치 지도자들이 핵심적인 열쇠가 될 것이다. 국가의 수장들만이 그들 국가 내에서 내각의 여러 부문에 걸친 어젠다를 밀어붙일 권한을 가지고 있기 때문이다. 그러한 접근법은 단편화된 국제 시스템에 필요한 균형을 잡아줄 것이다.

- '국익'에 대한 보다 넓은 정의, 즉 상호성의 개념에 기초하는 새로우며 보다 광범위하게 규정된 정의로 인해 국가들은 국제적인 수준을 고려

함에 있어 훨씬 더 큰 통일성을 발견할 것이다. 인류가 직면한 실존적 문제들이 점점 많아지면서 '집단의 이익'이 곧 '국가의 이익'이 되고 있다.

그렇지만 다음의 발전은 여전히 불확실한 상황이다.

- 국가와 국제 조직의 연합체가 공통의 문제를 계획에 따라 이끌고 해결할 수 있을 만한 적절한 자원을 구할 수 있을까. 이는 정부가 국제적인 약속을 (경쟁적인 사항으로 보는 대신) 국가의 요구만큼 중요하게 생각하여 이들 우선 사항을 지원하기 위해 연합체를 동원하며 대중의 신뢰를 받는가에 달려 있다. 또한 게이츠 재단Gates Foundation, 백신 및 면역 글로벌 연맹Global Alliance for Vaccines and Immunization, GAVI, 에이즈, 결핵, 말라리아 퇴치를 위한 세계기금Global Fund to Fight Aids, Tuberculosis and Malaria, 세계교육기금Global Education Fund 등 대규모 민간 연합체와 재단이 자금을 조달하고, 현장에서 중요한 프로그램을 실행하는 접근법을 개발하는 데 어떤 역할을 맡는가가 큰 영향을 끼친다.
- 국제 조직이 가진 감시와 이행의 도구들이 지정학적 긴장을 줄이는 신뢰 조성 장치의 역할을 할 수 있을 것인가. 이는 국가가 선거 감시, 무기 사찰, 기타 국제적 협정에 개술된 준수 합의를 지킬 의향이 있는가에 달려 있다. 예를 들어 시리아의 화학 무기 프로그램을 제거하기 위한 UN의 파견단은 이례적인 국제적 협력을 얻어 내전 국가에서 모든 범주의 대량 살상 무기를 제거하는 데 최초로 성공했다.

- 범지구적인 과도기 동안 기관과 국가를 인도하고, 기후 변화의 영향을 최소화하고, 인류 공동 자산의 방향을 찾는 등의 중요한 사안에 대한 전략적 비전을 제시하는 데 있어 엘리트는 얼마나 효과적인 역할을 할 수 있을 것인가. 국제 조직의 지도부는 편협성에 대한 유혹을 극복하고 난관을 타개하기 위해 장기적인 관점과 세계적 사고방식을 고취해야 하며, 단기적으로는 결단력이 있어야 한다.
- 민간 행위자들은 국제 규칙 제정, 집행, 분쟁 처리 등 전통적으로는 국가와 공권력의 책임이었던 영역에 어느 정도까지 참여하게 될까. 국내법과 국제법은 국가의 다양한 법적 체계에 따라 다르게 성립되고 집행된다. 하지만 대부분이 (전부는 아니라 할지라도) 국가 권력과 관련되어 있다. 그럼에도 앞으로는 민간 행위자의 규칙 제정, 집행 분쟁 처리가 흔해질 것이다. 예를 들어 이베이/페이팔 고객 센터는 16개 언어로 서비스를 제공하면서 매년 구매자와 판매자 사이에서 발생하는 거의 6,000만 건의 의견 충돌을 해결한다. 인터넷의 침투가 심화되면서 온라인 커뮤니티들 사이의 자기 조정이 가능해졌다. 집단의 규범에 맞지 않는 행동을 한 사람은 부끄러움을 느끼게 되는 것이다. 전 세계 모든 사회가 이러한 기제들을 같은 정도로 이용하는 것은 아니지만, 이들은 거버넌스에 기여하는 행동을 제시하며, 시간이 흐르면 사람들이 행동을 선택할 수 있는 광범위한 준거를 제공할 것이다.

사람들은 어떻게
싸울 것인가

앞으로 20년 동안 강대국들 사이에 다양하게 갈리는 이해관계, 지속적인 테러리스트의 위협, 취약 국가에서 계속되는 불안정하며 치명적이고 파괴적인 기술의 확산으로 인해 내전을 비롯한 분쟁의 위험이 커질 것이다. 분쟁의 수와 강도가 감소한 지난 20년간의 추세가 역전되고 있는 것으로 보인다. 여러 기관의 보고서에 따르면, 현재 분쟁 수준은 증가하고 있으며 전쟁과 연관된 사망자를 비롯한 분쟁의 인적 피해가 급격히 증가하고 있다. 더욱이 기술의 발전, 새로운 전략, 진화하는 세계의 지정학적 배경으로 인해 분쟁의 성격이 변화하면서 전쟁의 개념을 바꾸고 있다. 이러한 전개는 미래의 분쟁이 보다 확산적이고, 다양하고, 파괴적일 것임을 시사한다.

- 확산 _ 전쟁 도구의 이용 가능성 확대로 국가, 비국가나 하위국가 활동 세력(테러리스트 집단, 범죄 조직, 반란군, 용병, 민간 기업)과 동기를 지닌 개인을 비롯한 다양한 행위자가 분쟁에 참여할 수 있기 때문이다. 분쟁 지역에서 국가의 군대를 대체하고 보완하는 인력이나 평화 유지군을 제공하는 민간 군사 보안 기업과 조직이 증가했다는 것은 분쟁

이 확산되고 있음을 보여주는 한 가지 예이다. 분쟁은 더 복잡해질 것이고 참여자의 범위가 늘어나면서 전투원과 비전투원의 전통적인 구분은 의미를 잃게 될 것이다.

- 다양_ 분쟁의 수단이 넓은 범위에 걸쳐 (경제적 강압, 사이버 공격, 정보작전 등 비군사적 역량부터 발전된 재래식 무기와 대량 살상 무기에 이르기까지) 다양해지고 우주와 사이버 공간을 비롯한 다수의 영역에서 발생하기 때문이다. 일어날 수 있는 분쟁 형태의 다양성으로 인해 정부가 가능한 긴급 사태에 효과적으로 대비하는 능력을 갖추기가 점점 어려워질 것이다.
- 파괴_ 국가와 테러리스트 집단이 과거에 사용하던 군사적 수단을 통해 전장에서 적을 물리치는 대신 주요 인프라, 사회적 결합, 정부의 기능을 파괴시키는 데 초점을 맞추기 때문이다. 적들은 크게 향상된 사회의 연결성과 어디에나 존재하는 사이버 공간의 성격을 이용해서 파괴라는 목적을 이루려 할 것이 거의 확실하다. 예를 들어 테러리스트들은 소셜 미디어를 비롯한 여러 형태의 미디어를 활용해 두려움을 확산시키고, 표적으로 삼은 사회 구성원의 의식에까지 그들 공격의 파괴적 영향을 강화할 것이다.

주요 트렌드

앞으로 20년 동안 전체적으로 4가지 트렌드가 분쟁의 성격 변화를 대표적으로 보여줄 것이다.

모호해진 평시와 전시의 구분. 미래의 분쟁은 전쟁과 평화를 구분되는 별개의 상황으로 바라보았던 기존 개념을 약화시킬 것이다. 핵무기와 발전된 재래식 무기의 존재가 강대국들 사이의 전면전을 막는 효과를 내겠지만, 그보다 낮은 수준의 안보 경쟁은 계속될 것이다. 그러한 분쟁은 강압적인 외교술, 사이버 침투, 미디어 조작, 비밀 작전과 사보타주, 정치적 전복, 경제적·심리적 강압, 대리전, 기타 군사력의 간접적인 적용 등을 특징으로 한다.

- 이러한 접근법의 목적은 주로 비전투적 도구를 채용함으로써 전면적인 전쟁을 촉발하는 한계를 넘지 않는 것이다. 이 접근법은 종종 군사력 배치로 뒷받침되며, 오랜 시간에 걸쳐 정치적 목적을 이루는 데 사용된다. 이러한 추세는 이미 드러나고 있다. 각각 남중국해와 우크라이나에 대한 중국과 러시아의 조치는 이러한 접근법의 현대적 사례이다.
- 분쟁에 대한 이런 접근법은 새로운 것이 아니지만, 중국과 러시아 같은 국가들은 이러한 방법을 앞으로의 분쟁에서 종래의 군사력에 비견되는 필수적인 부분으로 인식하고 있다. 사이버 도구와 소셜 미디어 등의 기술 발전 역시 전면전의 수준에 이르지 않는 범위에서 분쟁을 수행하고 불안정을 싹트게 하는 새로운 수단을 가능케 한다. 이러한 역량은 종종 공격의 출처를 모호하게 만들어 효과적인 대응을 방해할 것이다.

이러한 전략이 주기적인 테러 공격의 위험과 결합됨에 따라, 앞으로 수십 년간 (평시와 전면전 사이의 그레이 존에서) 지속적인 경제·정치·안보 경쟁이 이어질 것이다.

- 그레이 존 접근법은 전면 전쟁을 피하기 위해 사용되지만, 이 접근법은 계산 착오, 사고, 상대의 한계선에 대한 오해로 인해 의도치 않게 확대될 위험을 안고 있다.
- 국가와 비국가 활동 세력 모두가 정보 네트워크와 멀티미디어 역량과 같은 '비군사적' 도구를 채용함으로써 신앙을 기반으로 하는 이념, 민족주의, 기타 다른 정체성 정치학의 형태를 활용해 그들의 대의를 정당화시키고, 추종자들을 고무시키고, 마음이 맞는 사람들에게 행동의 동기를 부여할 것이다. 예를 들어 군사 문제를 다룬 중국의 문서자료들에 따르면, 중국은 미디어·법·심리적 형태의 전쟁(이른바 '3대 전쟁')이 장래 중국의 군사 작전에 대한 국내적·국제적 지원을 확보하고 적의 의지를 약화시키는 데 중요하다고 생각하고 있다.

큰 혼란을 조장할 수 있는 비국가 집단. 파괴적이고 치명적인 기술과 무기의 확산은 국가의 권위에 도전하는 비국가 혹은 하위 국가 집단(테러리스트, 반란군, 사회 운동가, 범죄조직)의 역량을 강화할 것이다. 종교적 열정과 정치적 이념, 탐욕에 의해 동기를 부여받는 이러한 집단들은 상대에게 피해를 입히고 국가 거버넌스를 약화시키는 데 더욱 능숙해질 것이다. 예를 들어 아니머스와 같은 활동 세력은 정부 인프라에 점점 파괴성이 짙은 사이버 공격을 적용함으로써 자신들의 대의에 대한 관심을 이끌 것이다. 비국가 집단들 역시 더 큰 화력을 사용할 것이다. 헤즈볼라나 ISIL와 같은 테러리스트 집단이나 우크라이나의 반란군은 지난 10년 동안 정교한 무기에 대한 접근권을 얻은 비국가 혹은 하위 국가 집단의 예이다.

- 상업적 기술과 무기의 지속적인 확산 및 그러한 집단을 자신의 이익을 증진시키는 대리인으로 사용하려는 국가들의 지원으로 인해 이러한 추세는 계속될 것이다. 무기와 기술의 효과 및 휴대성이 점점 발전하고 널리 확산되면서 등장한 대전차 유도 미사일, 지대공 미사일, 무인 드론, 암호화 커뮤니케이션 시스템 등이 테러리스트와 반란군에 의한 위협을 확대시키고 있다. 정밀 유도 로켓이나 드론과 같은 무기에 대한 접근권은 그러한 세력에게 주요 인프라, 전진 작전 기지, 외교 기관을 공격할 수 있는 역량을 제공할 것이다.

그러한 집단들은 상업적 기술들(첨삭 가공, 자율 제어 시스템, 컴퓨터 프로세서, 감지기 등)까지 활용해서 맞춤형 무기와 '지능형' 사제 폭발물을 만들어 대응책 개발을 어렵게 할 것이다. 또한 도시 환경에서 작전을 펼침으로써 효율성과 생존 가능성을 높이려 할 것이다.

- 치명적이고 파괴적인 기술의 확산은 반란군, 테러리스트, 군사력이 약한 군대가 '비정규적'인 형태의 전쟁을 보다 효과적으로 수행할 수 있는 가능성을 제공할 것이다. 위성 항법 장치와 이동 통신의 사용으로 더욱 효과적이고 조직화된 소부대 공격과 분산 작전이 가능해졌다. 이에 따라 우월한 군사력을 가진 대규모 군대의 직접적 개입을 피하는 동시에 사상자를 내고 적의 자원과 정치적 의지를 꺾을 수 있게 될

것이다.

- 폭력의 사유화와 행위자의 다양성이 늘어나는 것은, 규모는 작지만 서로 연결된 여러 건의 분쟁이 발생해 정부와 국제 기관의 통제 능력을 압도할 가능성을 암시한다.

원격 공격 능력의 증대. 사이버 역량, 정밀 유도 무기, 로봇 시스템, 장거리 타격 무기, 무기를 탑재하고 공중·지상·해양·해저를 항행하는 무인 운송 수단이 확산되고 있다. 이로 인해 (특히 충돌의 초기 단계에서) 대치하는 양쪽 군대가 직접 부딪히는 전쟁에서 원격 작전으로의 전환이 일어날 것이다. 정밀 무기와 무인 시스템이 미국 무기고의 중추가 되었지만, 이러한 역량의 지속적인 확산은 앞으로의 충돌에서 양측 모두 이러한 능력을 지닐 가능성을 높이고 있다.

장거리 정밀 유도 기능을 갖춘 재래식 탄도 미사일과 순항 미사일, 무인 수송 기술, 방공 체계로 선진 군사력을 가진 군대는 통치 영역 인근의 상공과 해양 공유지에 대한 접근권을 확보하려는 라이벌 세력을 위협할 수 있게 될 것이다. 초음속 연소 램제트 엔진과 초음속 운송 수단의 개발은 표적을 타격하는 속도를 크게 높일 것이다. 일례로 미국 군사 전문가들에 따르면, 장거리 정밀 타격 능력(미사일, 초음속 운송 수단, 유인 타격 무기 등)의 개발은 미국 해군과 원정군에 의한 서태평양 작전의 위험을 높이려는 중국의 전략에 필수적이다.

장거리 원격 공격 능력은 외국 군대의 개입에 대응하는 외에도, 주요한 해상 요충지를 지배하고 세력 범위로 만들 수 있게 한다. 주요 인프라와 정보 네트워크에 대한 사이버 공격을 통해 행위자는 우월한 적의 군사력과 직접 대결을 피하면서 먼 거리에서 상대에게 피해를 입힐 수 있다. 예를 들어 러시아 관리들은 미래 전쟁의 초기 공격은 정보 네트워크를 통해 중요한 인프라를 파괴하고 적의 정치적·군사적 지휘와 통제를 방해하는 일이 될 것이라고 공공연히 말해 왔다.

- 무인 무장 드론을 비롯한 타격 시스템의 자동화와 자율 무기 시스템의 확산은 위험에 처하는 인명의 수를 줄임으로써 분쟁 시작의 문턱을 낮출 것이다. 상대 역시 방어를 압도하는 대규모 무인 시스템을 채용할 것이다.
- 장거리 정밀 유도 무기의 확산은 주요 인프라(국가의 에너지, 생산, 커뮤니케이션, 외교 기관, 경제, 안보 관련 인프라 등)에 대한 공격을 비롯해 상대로 하여금 큰 대가를 치르게 하는 전략을 조장할 것이다.
- 미래 인류는 장거리 정밀 유도 재래식 무기를 갖춘 군대와 관련하여 위험을 안고 있다. 충돌하는 양측 모두 자기 시스템이 공격을 받기 전에 선제 타격을 해야 하는 동기가 있기 때문이다. 더구나 지휘, 통제, (항행과 표적 정보를 제공하는 위성을 포함한) 표적 공격 인프라는 적의 타격 능력을 파괴하려는 세력의 공격 목표가 될 것이다. 러시아와 중국은 계속해서 궤도 상의 위성을 파괴하는 능력을 가진 무기 시스템을 개발하려 애쓰고 있으며 이로 인해 앞으로 미국을 비롯한 다른 나라의 위성들은 큰 위험에 처할 것이다.
- 테러리스트 집단은 마음이 맞는 개인을 모집하고 그들을 고무시킴으로써 다른 국가의 영토 내에서 테러 공격을 수행하는 '가난한 이poor man's' 버전의 원격 타격에 관여할 것이 거의 확실하다.

- 민간 부문 네트워크와 인프라에 대한 사이버 공격은 기업을 미래의 분쟁에 끌어들이는 결과를 낳을 수 있다. 이러한 추세는 개인이나 비국가 집단의 우발적인 사이버 공격과 함께, 국가가 승인한 활동과 민간 활동 사이의 구분을 흐릿하게 할 것이다. 결정적인 에너지, 커뮤니케이션, 보건 시스템 등의 주요 인프라 보호가 국가 안보에서 점점 더 중요한 문제가 될 것이다.

핵을 비롯한 대량 살상 무기의 새로운 문제. 앞으로 20년 동안, 핵과 다른 형태의 대량 살상 무기들로 인한 위협이 계속될 것이다. 기술의 진보와 경쟁 세력 사이의 불균형 확대로 위험은 더욱 커질 전망이다. 현재의 핵 보유국들은 2035년까지 자신들의 핵 전력을 (현대화하지는 않더라도) 유지할 것이 거의 확실하다. 예를 들어 러시아는 핵무기를 전쟁 억지 수단이자 더 강력한 재래식 군사력에 대한 대응책, 초강대국의 지위에 이르는 입장권으로 여기고 이를 유지할 것이다. 러시아 군사 정책에는, 러시아의 극히 중요한 국익이 위태로운 상황이라면 핵무기의 제한적 사용을 통해 지속적인 재래식 분쟁이 위기를 대규모 쌍방 핵 공격으로 치닫게 할 수 있음을 보여줌으로써 분쟁을 '단계적으로 줄이는' 방법이 포함되어 있다고 한다.

- 마찬가지로, 파키스탄은 사정 거리가 짧은 '전장' 핵무기를 도입해 이를 인도의 침입에 대응하는 데 사용하겠다며 위협하고 있다. 이는 핵 이용의 임계 값을 낮춘다. 핵을 이용한 북한의 (대륙 간 탄도 마사일의 개발을 비롯한) 무력 과시, 그리고 이란이 포괄적공동행동계획과 핵확산방지조약 하에서의 약속을 저버리고 핵무기를 개발할 가능성은 향후

20년 동안에도 여전히 문제로 남을 것이다.
- 그 외에 고급 기술(특히 생명 공학)의 확산은 새로운 행위자의 손에 대량 살상 무기가 들어갈 가능성을 높일 것이다. 취약한 국가가 내부적으로 붕괴될 경우 테러리스트들이 승인되지 않은 무기 장악을 통해 대량 살상 무기를 사용할 길이 열릴 수 있다.
- 인도, 파키스탄 그리고 어쩌면 중국의 핵무기 해상 배치는 다음 20년 동안 인도양을 핵무장 지대로 만들 것이다. 이들 국가는 이러한 상황을 전략적 전쟁 억제력을 강화하는 일로 보겠지만, 핵 무장 선박들 사이의 해상 사고 관리에 대한 원칙이 불확실한 다수 핵 보유국의 존재는 계산 착오나 부주의의 위험을 키울 것이다.
- 전 세계적으로 제조 비용이 감소하고, DNA 염기 서열과 합성, 게놈 편집 기술의 이용 가능성이 확대됨에 따라 생물학 작용제를 사회 혼란이나 테러의 무기로 개발하는 기술 장벽이 줄어들 것이다.
- 일부 국가는 계속해서 화학 작용제를 전쟁 억제 방안으로 여기고 전장에서 전술적으로 사용할 수 있는 도구로 생각할 것이다. 일부 화학 무기는 제조가 쉽기 때문에 테러리스트나 반란군이 이용할 가능성이 있다.

중요한 선택

미래에 사람들이 싸우는 방법이 미치는 영향은, 분쟁과 확전의 위험을 늘리거나 줄이는 주요 행위자의 결정과 새로운 지정학적 배경에 좌우될 것이다. 일부 영역에서는 미국의 상대적 우위가 감소하고 있지만, 미국은 경제력, 유리한 인구학적 구성, 지리적 위치, 기술적 우위, 정보에 대한 개방성, 동맹 체제로 인해 다른 국가에 비해서 안보와 군사적 우위를 유지할 것이 거의 확실하며 이는 워싱턴에 새로운 안보 환경을 조성할 기회를 제공할 것이다. 그렇지만 다른 국가들과 비국가 활동 세력은 미래 전쟁에 대한 자신들만의 개념과 역량을 개발함에 있어 계속해서 미국 군을 경쟁(또한 모방)의 대상으로 볼 것이다. 대규모 전쟁의 발발 가능성과 그 비용, 확대의 가능성은 여전히 불확실한 상태이다. 이러한 불확실성은 미국과 그 동맹국들이 신뢰 구축 조치, 회복력의 증대, 확전 도구의 개발과 사용을 제한하는 국제 협정의 촉진을 통해서 최악의 결과를 막을 가능성도 암시한다.

앞으로 20년 동안 세계와 지역 무대의 행위 주체들이 미래의 지정학적 상황과 초국가적 테러리즘, 종파 분쟁, 내전, 취약 국가와 같은 안보의 문제에 대응하는 방식은 국내의 경쟁과 광범위한 분쟁의 가능성에 어떤 영향을 미칠 것인가. 중국, 이란, 러시아는 인근 지역에 큰 영향력을 행사하려 할 테고 미국을 비롯한 다른 나라들이 그들의 이해관계, 즉 아시아와 중동의 주변부에서 벌어지고 있는 주요 항로 편입을 위한 지정학적 경쟁과 안보 경쟁에 개입하지 않기를 바랄 것이다. 경제력과 군사력의 세계적 재편, 그리고 민족주의의 부상에 대응하는 과정에서 강대국과 지역 세력 간 긴장이 높아질 것이다. 안보 위협의 다양성과 동시 다발적 지역 충돌은 미국의 군사력을 압도할 위험이 있으며, 이는 합법적 군사 동맹과 다자간 접근법이 계속 필요하다는 점을 강조한다.

- 강대국들이 경쟁의 심화에 대응해 어떠한 선택을 할 것이냐가 미래의 충돌 가능성을 결정지을 것이다. 핵 억제력과 경제적 상호의존 등 강대국 간 전면전을 억제하는 통제력은 유지될 것이다. 그러나 경쟁국들이 신뢰 구축에 착수하지 않는 한, 분쟁의 성격 변화로 강대국의 충돌 가능성을 높이는 계산 착오의 위험이 커질 것이다.
- 초국가적 테러리즘과 그레이 존 전략의 사용으로 인한 위험은 외부 세력이 미래의 국가 내부 충돌에 개입하거나 대리전에 관여하는 상황을 증가시킬 것이다. 국내 분쟁을 해결하기 위한 강대국들과 국제 기관 사이의 협력이 안정성을 제공할 수 있을 것이다. 그렇지만 상충되는 목표를 가진 다양한 행위자의 개입은 지역 분쟁을 장기화하고 확대시킴으로써 더 큰 불안을 야기할 위험을 안고 있다.

장거리 타격 시스템과 사이버 공격 능력의 확산, 더욱 정교해진 테러리스트와 반란군 작전은 피해는 크지만 결정력은 부족한 분쟁으로의 전환 추세를 암시한다. 주요 인프라, 사회, 정부 기능, 지도부의 의사 결정에 지장을 주는 데 초점을 맞추는 강대국과 비국가 집단의 전략이 이런 추세를 악화시키고 미래의 충돌이 자국 공격으로 확대될 위험을 키울 것이다. 사이버 공격 역량이 대부분의 현대군이 갖추고 있는 고급 정보 방어 군사 시스템을 심각하게 손상시킬 수 있게 되면 미래 분쟁의 성격은 크게 변화할 것이다.

- 미래의 분쟁은 전통적인 육·해·공과 수중의 범위를 벗어나 컴퓨터 네트워크, 전자기 스펙트럼, 소셜 미디어, 우주 공간, 환경(적들이 경쟁 우

전쟁의 성격 변화

전통적인 전쟁의 형태	새로운 전쟁의 형태
군대의 이용	비군사적, 비밀 수단의 사용 증가
적군의 표적화	적의 인식과 사회의 표적화
군대의 직접적인 충돌	원격 정밀 무기, 로봇 시스템, 정보 공격을 이용한 원거리 타격
군 인력과 무기의 파괴	중요한 군사, 민간 인프라의 확대
보복의 두려움을 통한 전쟁 억제	확전의 두려움을 통한 전쟁 억제
전장에서 적을 물리침으로써 승리	적군이 의존하는 자원 시스템 (정치, 경제, 정보 등)에 지장을 초래함으로써 승리

위와 피해를 키우는 새로운 수단을 얻기 위해 애쓰기 때문에)을 아우르는 다수의 영역에서 벌어질 것이다. 예를 들어 환경 영역에서 벌어지는 미래의 분쟁에는 물 공급을 통제하거나 적에게 경제적 피해를 안기기 위해 의도적으로 환경 피해를 유발하는 등의 활동이 포함될 것이다.

- 주요 인프라 및 네트워크의 안보와 중복성을 강화하고 사회의 비상 대처 수준을 높여 회복력을 키운다면 심각한 피해를 막을 수 있을 것이다.

반응 시간을 줄이는 고속 장거리 타격 시스템과 무인 자동화 무기 시스템 같은 군사력의 발전이 위기 시의 (새로운 하지만 불확실한) 확전의 역학을 만들 것이다. 여기에 더해 기술 발전(사이버, 유전학, 정보 시스템, 컴퓨터 프로세싱, 나노 기술, 지향성 에너지, 자율 로봇 시스템의 빠른 속도)은 미래 충돌에서 예기치 못한 사태의 발생 가능성을 높일 것이다.

- 전투부대 사이의 이해관계와 역량이 불균형한 분쟁은 의도적인 혹은 의도치 않은 확전의 가능성을 높인다. 일부 국가가 우월한 재래식 병력에 대응하기 위하여 (대량 살상 무기 사용을 포함한) 확전의 위협 조치를 선택함으로써 군사 개입을 단념시키고 정전을 강제할 수 있기 때문이다.

테러리즘

국가, 비국가 혹은 하위국가 활동 세력이 해를 가할 수 있는 수단 및 동기가 다양해지고 있다. 이러한 추세는 다양한 형태의 폭력 사이의 경계를 더 흐리게 할 것이다. 정부는 계속해서 어떤 활동이 '테러리즘'이고 어떤 활동이 '전쟁', '반란', '범죄 활동'인지를 두고 논쟁을 계속할 것이다. 이러한 전개는 테러리즘과 싸우는 방법이 계속해서 진화할 것임을 시사한다.

앞으로 20년 그리고 그 이후까지 미래의 테러리즘을 형성하는 추세는 현재 진행되고 있는 2가지 국면이 어떻게 해소되는지에 좌우될 것이다. 우선 많은 내전과 국가 간 분쟁(가장 중요한 시리아 내전은 물론 아프가니스탄, 이라크, 리비아, 사헬, 소말리아, 예멘 등지의 분쟁)이 현재 해결 중이거나 진행 중이다. 이것이 미래 폭력의 강도와 지형을 결정지을 것이다. 특히 지난 5년 동안 통제되지 못한 지역이 확산되면서 극단주의가 발생하기 쉬운 환경이 되었고 수천 명이 자발적으로 싸움에 나섰다. 외형적으로라도 안보 상태가 정립되기 전까지는 교전 상태가 지속될 것이다.

둘째, 외국인 전투원들을 식별해서 그들이 급진주의 성향을 버리고 사회에 다시 통합되도록 하지 않는다면, 그들은 폭력적인 비국가 활동 세력의 새로운 구성원 풀에 들어가게 될 것이다. 마찬가지로 더 나은 통합, 교육, 경제적 기회가 제공되지 않는다면 반감을 품은 이민자들이 폭력적인 극단주의 집단의 이상적인 보급 풀이 될 수 있다.

- 안정을 유지하거나 정치적·경제적 안정을 유지하는 역량이나 의지가 부족한 국가나 지역은 높은 수준의 폭력을 경험하거나 극단주의자들이 번창하는 지역과 일치한다. 안정성과 대응력 있는 거버넌스의 부재는 (특히 아프리카, 중동, 남아시아에서) 계속해서 테러리즘이 번성할 환경을 제공할 것이다.

극단주의 소수 집단의 종교 해석은 테러리즘을 정당화하는 데 가장 많이 이용될 것이다. 지금부터 5년 동안은 이러한 추세가 계속될 것이 확실하고 앞으로 20년간 지속될 가능성도 있다. 주요한 3가지 동인은 다음과 같다. ❶ 중동 대부분 지역의 계속적인 국가 구조 와해, 시아파와 수니파의 파벌주의를 부채질하는 이란과 사우디 사이의 대리전. ❷ 종교를 끌어들이는 다양한 형태의 교전 세력 간 혹은 내부에 존재하는 긴장, 서구 패권에 대한 인식의 지속. ❸ 극단주의 활동에 존속하는 '외부의 적'이라는 이념.

종교 주도 테러리즘의 장소는 변동을 거듭하겠지만, 시아파와 수니파 간, 극단주의 수니파와 그들이 '비(非)신자'로 여기는 이들 간의 분열은 단기적으로 악화될 것으로 보이며 2035년까지 약화되지 않을 것 같다. 정치적 변화가 광범위하고 급속하게 진행되는 지역에서 (ISIL의 것이든, 알카에다의 것이든) 살라피 지하디즘salafi-Jihadism과 같은 강성 이념이 수 세대에 걸친 독재 정부, 성 불평등, 경제적 격차와 결합될 경우 폭력으로 이어질 가능성이 높다.

심리적 요인과 상황적 요인의 결합은 테러리즘에 대한 가담을 조장하고 테러리스트 집단이 용이하게 자원을 끌어들이고 응집력을 유지할 수 있게 할 것이다. 동기 부여 요인이 새로운 참여자와 지지자에 대해 가지는 상대적 가치는 개인과 상황에 크게 좌우되기 때문에 일반화하기 어렵다. 그럼에도 불구하고 개인을 테러리즘에 가담하게 하는 가장 중요한 동인은 다음과 같다.

- 권리 박탈, 억압, 굴욕을 경험한 사람들은 폭력을 통해 힘과 통제력을 찾으려 한다. 사회문화적 주류로부터의 단절, 정치적 절차에 참여할 수 없는 무능력, 결혼 기회의 감소, '응당한' 경제적 혜택과 지위로 인식하는 것을 사회로부터 얻지 못하는 상황에서 비롯된 일정 수준의 소외감은 불만으로 인한 폭력의 원인이 될 것이다. 그러한 불만은 모든 계층에 영향을 줄 수 있다. 테러리스트가 될 가능성을 안은 사람은 사회적 계층, 경제적 지위, 교육적 배경에 제한되지 않는다. 게다가 (또래나 사회적·가족적 네트워크를 포함하는) 인종이나 혈연적 유대 등 공통점을 가진 집단에 대한 불만은 가해자로 인식된 사람들에 대한 보복과 폭력의 동기를 부여할 것이다. 모험, 명예, 소속감에 대한 욕구도 개인을 테러에 가담시킬 수 있다.
- 유럽 국가라는 정체성이 주는 보상이 부족해질 경우, '탈 국가화'(출신

지인 유럽 도시 공동체와의 연결 상실)는 극단주의 조직의 새로운 구성원을 계속 생성할 것이다.
- 기존의 분쟁 지역을 넘어서는 인종적·종교적 긴장은 체첸족과 러시아인, 태국의 말레이 사람과 타이 사람, 버마의 이슬람교도와 불교도, 중앙아프리카의 기독교도와 이슬람교도 사이에서와 같은 민족주의적이고 집단주의적인 폭력과 테러리즘을 유발할 것이다. 그런 국면은 초국가적 테러 활동이 벌어지는 분쟁 지대를 만들어낸다.
- 토양, 물 자원, 생물 다양성의 저하와 극단적인 이상 기후의 빈도 증가, 특히 기후 변화의 영향과 관련된 환경 변화는 국민들에게 충분한 식량과 물을 제공하는 데 실패하고 있는 국가와 취약한 국가가 받는 압력을 가중시킬 것이다. 지역의 식량, 물, 에너지 시스템에 가해지는 만성적이고 극심한 여러 스트레스의 상호작용으로 인해, 일부 정부(특히 중동과 중앙아시아, 남아시아)는 대중의 요구에 부응하고 부족한 자원이 불공평하게 분배되고 있다는 인식을 해소하는 데 실패했다. 이는 불평등을 바로잡으려는 국민들의 폭력 행동을 촉발할 수 있다.

기술은 일련의 수백 년간 지켜진 거래와는 다른 거래를 제시해 테러리스트의 커뮤니케이션, 신규 모집, 병참을 용이하게 하고 치명성을 키우는 한편, 당국에게도 위협을 발견하고 그 특징을 확인할 수 있는 더 정교한 기법을 제공할 것이다. 기술은 비국가 활동 세력들이 자신들의 활동과 정체를 감출 수 있게 할 것이고, 서로 이야기 나누고, 새로운 구성원을 찾고, 자신들의 의도를 전파하는 능력의 열쇠가 될 것이다. 기술의 발전은 파급 효과가 큰 대량 살상 무기를 사용하는 테러 시나리오의 가능성을 높이고 더욱 치명적인 재래식 무기가 테러리스트 집단에 확산되게 할 것이다.

- 기술은 비교적 조직과 규제가 확립된 알카에다에서부터 세분화된 지하드 투쟁에 이르기까지 위협을 더욱 분산시킬 것이다. 이 같은 추세로 대테러 활동은 더 어려워질 것이고, 앞으로 테러리스트들의 음모와 전략이 가지는 속성은 변화될 것이다.

수 세대를 거치면서 테러리즘의 움직임은 절정에 이르렀다가 위축되었다. 종교가 중심이 되는 현재의 테러리즘 움직임(1990년대 중반부터 세계 테러리즘을 지배하고 있는)은 동기, 범위, 동원력, 정당화의 면에서 이전의 움직임과 다르며 상당히 오랫동안 지속될 것으로 보인다. 수니파와 시아파의 분열, ISIL의 부상이 전 세계적으로 극단주의와 양극화를 심화시키면서 현재 종교 분쟁은 감소하기보다는 심화되고 있다. 아프가니스탄으로 간 오사마 빈 라덴 세력이 십 년 혹은 그 이상 알카에다의 핵심이 되었던 것처럼, ISIL(그리고 다른 여러 극단주의 집단)에 의해 과격화되고 있는 현재의 젊은 세대들이 다음 20년 동안 수니파 극단주의 국면을 지배할 것이다.

- 테러리즘이 극심해지고 있음에도 불구하고, 국가들이 테러리즘의 기반이 되는 동인을 처리할 수 있다면 중동과 북아프리카의 테러리즘을 상당히 감소시킬 수 있을 것이다. 정치적·경제적 개혁을 단행하는 정부의 능력은 불만과 권리를 박탈당했다는 대중의 인식을 해소할 뿐 아니라, 극단주의 이념의 신뢰성을 떨어뜨리는 데 기여할 것이다.
- 앞으로는 성gender이 특히 정치적 개혁의 전제 조건으로서 폭력을 조

장하는 서사와 관련한 대테러 활동에서 점점 큰 역할을 하게 될 것이다. 여러 비정부 국제 조직들이 이 문제를 다루고 있다. 예를 들어 맥킨지 연구소는 어머니와 아내에 대한 연구를 통해, 여성(특히 어머니)이 자녀의 급진화 조짐을 조기에 인식할 수 있는 특유의 능력을 가지고 있어 폭력적 극단주의를 저하시키는 데 중요한 역할을 할 수 있다고 결론 내렸다. 여성이 가정과 사회에서 자신의 견해를 표현할 수 있는 권한을 찾게 하는 일은 대테러 활동의 핵심적인 부분이다. 그렇지만 여성을 평화적인 도구로만 국한 시키다면, 정책 결정권자들은 여성을 정보 수집과 폭력 예방을 위한 중요한 도구로 사용할 기회를 놓치게 될 것이다. 여성들은 폭력을 조장하고, 폭력에 참여할 자원자를 찾고, 폭력을 행하는 데에서도 적극적인 역할을 한다. 2016년 9월 4일 프랑스 경찰은 노트르담 성당 인근에서 폭발물을 가득 실은 채 주차되어 있는 차를 발견했다. 이 차의 발견은 ISIL과 연계된 여성 테러리스트 조직의 파괴로 이어졌다.
- 성 역할과 남성성에 대한 아이디어는 정보 기술과 수용할 수 있는 '남성적' 행동에 대한 인식을 넓히는 아이디어의 공유를 통해 대테러 활동에 영향을 줄 수 있다. 여러 연구는 남성성이 손상되었다는 느낌과 폭력이 때로 연관될 수 있음을 보여준다. 전통적인 남편, 아버지, 부양자로서의 역할을 실현할 수 없는 경우 남성들은 폭력에 의존해 자신의 가치와 권위를 입증하려 한다. 이미 여러 NGO들이 착수하고 있는 바, 성 규범의 개념을 수정하는 활동 역시 남성성과 폭력 사이의 연계를 개선하는 데 도움을 줄 것이다.

정리하며 : 방법론에 관한 정보

지금까지 그래왔듯이, 국가정보위원회NIC는 접근 방식을 혁신하고, 엄격한 예측 방법을 채택하고, 계속 다양해지는 관점에서 배우고, 정책의 적절성을 극대화하기 위해 노력한다. 우리는 분석 과정에 몇 가지 새로운 요소를 도입함으로써 이번 호와 여섯 번째 ≪글로벌 트렌드≫를 위한 이 전통을 세웠다.

- 더욱 폭넓은 세계적 역학을 확인하고자 지역적인 트렌드를 검토하고 그런 평가를 종합했다.
- 새롭게 부상하는 트렌드와 그 영향을 2가지 타임프레임으로 평가했다. 단기적으로는 차기 미국 행정부가 직면할 문제에 초점을 맞추는 5년간의 전망, 장기적으로는 미국의 전략적 계획을 지지하는 20년간의 예측을 제시했다. 제목에서 연도를 뺀 것은 이 때문이다.
- 지정학적 '세력'에 대한 사고를 위해 새로운 개념을 개발함으로써 국내 총생산, 군비 등 국가 기반의 물질적인 힘에 지나치게 강조했던 과거의 방법에서 벗어나 아이디어와 관계 같은 힘의 비물질적인 측면과 여기에서 비롯되는 기업과 사회 운동, 개인의 부상을 고려했다.
- 세계 각 지역의 미래 행보, 국제 질서, 안보 환경, 세계 경제를 탐구할 목적으로 (국제무대의 핵심 관련자를 대변하는 전문가 팀을 구성해) 분석 시뮬레이션을 포괄적으로 이용했다.
- 모든 지역과 주요 지역의 단절 가능성을 고려해 현상의 근본적인 변화를 대변할 수 있는 형태의 단절들을 평가했다. 이 결과를 본문에서

미래의 가상 기사로 담았다.

초반에는 새로운 전략적 환경에서 긴장을 조성할 가능성이 가장 높은 가정과 가장 낮은 가정을 확인하고자 1945년 이후 미국의 지속적이고 초당파적인 계획에 대한 가정을 검토했다. 이런 훈련들이 문제와 방문해야 할 국가와 사람의 우선순위를 정하고 연구 영역을 관리하는 데 도움이 되었다. 결국 핵심 트렌드와 불확실한 일들을 2년 동안 탐구하면서 35개국이 넘는 나라를 방문하고 2,500명이 넘는 사람들을 만났다. 이는 그들이 현재 경험하는 트렌드와 불확실성, 미래에 이런 상황에 직면했을 때 엘리트층과 비(非) 엘리트층이 할 선택을 이해하는 데 도움이 되었다. 전 세계의 고위 관리와 전략가들을 만나면서 주요 강대국의 변화하는 전략적 의도와 국익에 대한 정보를 얻을 수 있었다. 세계적으로 수백 명의 자연 과학자와 사회 과학자, 선구적인 사상가, 종교계 인물, 재계 대표, 외교관, 개발 전문가, 여성이나 청년, 시민 사회 단체를 만나고 소식을 주고받았다. 사우스 바이 사우스웨스트 인터렉티브 페스티발South by Southwest Interactive Festival과 같은 여러 행사에서 소셜 미디어와 전통적인 워크숍, 그리고 개인의 의견을 통해 우리의 예비 분석에 대한 피드백을 구하는 방법으로 이 연구를 보충했다.

이전의 ≪글로벌 트렌드≫ 보고서와 마찬가지로 우리는 다양한 시나리오를 개발해서 불확실한 주요 상황과 새로운 트렌드가 어떤 식으로 결합해서 다양한 미래를 창조할 수 있는지 묘사했다. 이런 시나리오에서는 또한 현재의 궤도를 재조정해서 좀 더 나은 미래를 만들어낼 새로운 트렌드를 살펴보고 정부와 조직, 개인이 이 트렌드에 대응하기 위해 할 수 있는 중대한 선택도 탐구했다.

　마지막으로 세계의 복잡성과 머지않아 혹독한 단절들이 일어날 가능성을 이해하는 프레임워크로서 ≪글로벌 트렌드: 진보의 역설≫을 제시한다. 이 프로젝트는 전문 분석가인 우리가 트렌드와 그 여파들을 평가한 내용일 뿐 미국 정부의 공식적인 정책이나 미국 인텔리전스 커뮤니티의 통합된 입장이 아니다. 우리는 이 임무가 얼마나 대담한 일인지를, 그리고 우리가 실수를 저지를 수 있다(그리고 실수의 책임도 우리가 져야 한다)는 사실을 전적으로 겸허하게 인정한다. 그러나 가까운 미래와 좀 더 먼 미래에 대한 우리의 평가를 세상과 공유하는 것이 앞으로 닥칠 위험과 기회를 함께 이해할 출발점이라고 믿는다.

NIC 미래 예측 보고서 : 글로벌 트렌드 2035, 진보의 역설

초판 1쇄 발행일 2017년 2월 20일 • 초판 2쇄 발행일 2017년 3월 9일
지은이 미국국가정보위원회 • 옮긴이 이미숙, 이영래
펴낸곳 (주)도서출판 예문 • 펴낸이 이주현
등록번호 제307-2009-48호 • 등록일 1995년 3월 22일 • 전화 02-765-2306
팩스 02-765-9306 • 홈페이지 www.yemun.co.kr
주소 서울시 강북구 솔샘로67길 62 코리아나빌딩 904호

ISBN 978-89-5659-324-1 13320

저작권법에 따라 보호받는 저작물이므로 무단전재와 복제를 금하며,
이 책 내용의 전부 또는 일부를 이용하려면 반드시 저작권자와
(주)도서출판 예문의 동의를 받아야 합니다.